Entscheidungsstile von Führungskräften
in öffentlichen Verwaltungen

D1724241

Die vorliegende Arbeit ist im Rahmen des Forschungsschwerpunktes „Entscheidungsverhalten von Führungskräften in öffentlichen Verwaltungen" bei Prof. Dr. Rainer Koch am Institut für Verwaltungswissenschaft, Universität der Bundeswehr Hamburg entstanden.

Bernd Kosub

# Entscheidungsstile von Führungskräften in öffentlichen Verwaltungen

### Erfolgsbedingungen des Entscheidungsverhaltens als Bezugspunkt einer Weiterentwicklung des öffentlichen Personalmanagements

## PETER LANG

Frankfurt am Main · Berlin · Bern · New York · Paris · Wien

Die Deutsche Bibliothek - CIP-Einheitsaufnahme

Kosub, Bernd:

Entscheidungsstile von Führungskräften in öffentlichen
Verwaltungen : Erfolgsbedingungen des
Entscheidungsverhaltens als Bezugspunkt einer
Weiterentwicklung des öffentlichen Personalmanagements /
Bernd Kosub. - Frankfurt am Main ; Berlin ; Bern ; New York ;
Paris ; Wien : Lang, 1998
   Zugl.: Hamburg, Univ. der Bundeswehr, Diss., 1997
   ISBN 3-631-32878-8

D 705
ISBN 3-631-32878-8
© Peter Lang GmbH
Europäischer Verlag der Wissenschaften
Frankfurt am Main 1998
Alle Rechte vorbehalten.

Printed in Germany 1 2 3 4   6 7

# Inhaltsverzeichnis

Abbildungsverzeichnis............................................................................9

Tabellenverzeichnis............................................................................10

Abkürzungsverzeichnis............................................................................13

**Kapitel 1**

**Problem- und Fragestellung: Zur Bedeutung von Entscheidungs-
stilen für die Leistungswirksamkeit von Entscheidungen**............15

1.1     Informationsverarbeitungsprobleme bei der öffentlichen
        Leistungserstellung............................................................................15
1.2     Ansätze zur Verbesserung der Informationsverarbeitungs-
        fähigkeit in der öffentlichen Verwaltung..........................................23
1.3     Personal als Mittel einer verbesserten öffentlichen Leistungs-
        erstellung............................................................................25
1.4     Fragestellung und Zielsetzung der Untersuchung..........................27
1.5     Vorgehensweise ............................................................................30

**Kapitel 2**

**Theorie und Empirie zum Entscheidungsverhalten von Führungs-
kräften in öffentlichen Verwaltungen: Zur Herleitung und
Bestimmung eines Untersuchungskonzeptes**............................33

2.1     Meta-theoretische Ansatzpunkte zur Auswahl eines ange-
        messenen Untersuchungskonzeptes..................................................37
2.1.1   Problemlösen als Erkenntnisobjekt..................................................41
2.1.2   Umweltabhängiges, individuelles Problemlösen als Er-
        kenntnisebene ............................................................................45
2.1.3   Situative Ansätze des Entscheidens als Erkenntnisperspektive......49
2.1.4   Funktionale Aussagen als Erkenntnisziel.........................................54
2.1.5   Empirische Erfassung des Entscheidungsverhaltens als
        Erkenntnismethode............................................................................56
2.1.6   Resümee............................................................................60

2.2 Theoretischer Bezugsrahmen der Untersuchung: Zur „Erklärung" der Leistungswirksamkeit des Entscheidungs- verhaltens.................................................................59

2.2.1 Theoretischer Ansatz..............................................61
2.2.2 Umwelteinflüsse auf das Entscheidungsverhalten..................64
2.2.3 Einflüsse von „Organismus"- Größen...........................67
2.2.3.1 Einflüsse der Arbeits- und Führungsorganisation..............68
2.2.3.2 Aufbau und Bedeutung von Entscheidungsstilen...............72
2.2.3.3 Entscheidungsstile und Entscheidungsverhalten...............75
2.2.4 Die Leistungswirksamkeit von Entscheidungen.................81
2.2.5 Untersuchungszusammenhang....................................84

2.3 Untersuchungsmethode...........................................88
2.3.1 Bestimmung der Untersuchungsebene............................88
2.3.2 Auswahl der Stichprobe.........................................89
2.3.3 Verfahren der Datenerhebung...................................97
2.3.4 Auswahl des Prüfverfahrens.....................................99

**Kapitel 3**

**Untersuchungsergebnisse: Der Einfluß von Entscheidungsstilen auf die Leistungswirksamkeit von Entscheidungen**..........................103

3.1 Prüfzusammenhang................................................103

3.2. Entscheidungsstile von Generalisten und Experten..................105
3.2.1 Vorbemerkungen................................................105
3.2.2 Generalisten vs. Experte........................................106
3.2.3 Entscheidungsstile und Studium..................................111
3.2.4 Entscheidungsstile und Dienststellung............................113
3.2.5 Entscheidungsstile und Führungstätigkeiten.......................115

3.3 Die Leistungswirksamkeit von Entscheidungen.....................119
3.3.1 Vorbemerkungen................................................119
3.3.2 Herleitung und Operationalisierung...............................120
3.3.3 Situationskontrolle als subjektiv relevantes Maß der Leistungswirksamkeit von Entscheidungen......................121

3.3.4 Arbeitsleistung als objektives Maß der Leistungswirksamkeit von Entscheidungen..................................122
3.3.5 Situationskontrolle und die Qualität der Arbeitsleistung.............124

3.4 Die Leistungswirksamkeit von Entscheidungen und die
Komplexität der Aufgabenstellungen..........................126
3.4.1 Vorbemerkungen........................................126
3.4.2 Herleitung und Operationalisierung.........................126
3.4.3 Die Ausprägung von Aufgabenkomplexität...................128
3.4.4 Situationskontrolle und Aufgabenkomplexität.................131
3.4.5 Arbeitsleistung und Aufgabenkomplexität....................132

3.5 Die Leistungswirksamkeit von Entscheidungen und die
Qualität der Arbeits-und Führungsorganisation..............134
3.5.1 Vorbemerkungen........................................134
3.5.2 Herleitung und Operationalisierung.........................135
3.5.3 Die Qualität der Arbeits- und Führungsorganisation.............138
3.5.4 Die Leistungswirksamkeit von Entscheidungen und die
Qualität der Arbeits- und Führungsorganisation..............143
3.5.5 Die Leistungswirksamkeit von Entscheidungen und die
Qualität der Arbeits- und Führungsorganisation unter
Berücksichtigung der Aufgabenkomplexität..................146

3.6 Die Leistungswirksamkeit von Entscheidungen und der
Einfluß der Entscheidungsstile..............................151
3.6.1 Vorbemerkungen........................................151
3.6.2 Entscheidungsstile und die Komplexität der Aufgabenstellung...152
3.6.3 Entscheidungsstile und Entscheidungsverhalten...............154
3.6.3.1 Entscheidungsstile und Informationsverarbeitungsverhalten.......155
3.6.3.2 Entscheidungsstile und Entscheidungsanforderungen.............162
3.6.3.3 Entscheidungsanforderungen und Informationsverabeitungs-
verhalten.............................................170
3.6.4 Entscheidungsstile und die Leistungswirksamkeit von
Entscheidungen.........................................174
3.6.5 Entscheidungsstile und die Leistungswirksamkeit von
Entscheidungen unter Berücksichtigung der Aufgabenkomplexität............................................180

3.6.6 Entscheidungsstile und die Leistungswirksamkeit von Entscheidungen unter Berücksichtigung der Qualität der Arbeits- und Führungsorganisation............185

3.7 Art der Bestätigung............188

**Kapitel 4**

**Entscheidungsstile als Ansatzpunkt für Verwaltungsreformen**........193

4.1 Entscheidungsstile als Schlüsselqualifikationen............194
4.2 Die Berücksichtigung von Schlüsselqualifikationen bei der Rekrutierung von Führungskräften............200
4.3 Die Berücksichtigung von Schlüsselqualifikationen bei der Steuerung des Personaleinsatzes............204
4.4 Die Berücksichtigung von Schlüsselqualifikationen bei der Fort- und Weiterbildung von Führungskräften............207

**Kapitel 5**

**Schluß: Beiträge zu einer allgemeinen Theorie des Entscheidungsverhaltens von Führungskräften**............211

**Literaturverzeichnis**............218

8

# Abbildungsverzeichnis

Abb. 1: Erfassung des Erkenntnisobjektes.............................45

Abb. 2: Erfassung der Erkenntnisebene................................49

Abb. 3: Erfassung der Erkenntnisperspektive.........................54

Abb. 4: Erfassung des Erkenntnisziels................................56

Abb. 5: Erfassung der Erkenntnismethode.............................58

Abb. 6: S-O-R-Paradigma...............................................63

Abb. 7: Entscheidungsstile und die Definition von Entscheidungssituationen...........................................................77

Abb. 8: Die Definition der Entscheidungssituation...................78

Abb. 9: Entscheidungsstile und Entscheidungsverhalten...............79

Abb. 10: Leistungswirksamkeit des Entscheidungsverhaltens...........83

Abb. 11: Theoretischer Bezugsrahmen.................................84

Abb. 12: Operationalisierung der Untersuchungsgrößen...............87

Abb. 13: Organisationsplan eines Regierungspräsidiums..............91

Abb. 14: Einflüsse auf die Ausprägung von Entscheidungsstilen.......118

Abb. 15: Die Leistungswirksamkeit von Entscheidungen...............125

Abb. 16: Die Leistungswirksamkeit von Entscheidungen und
Aufgabenkomplexität.................................................134

Abb. 17: Die Leistungswirksamkeit von Entscheidungen und die
Qualität der Arbeits- und Führungsorganisation.....................151

Abb. 18: Entscheidungsstile und Entscheidungsverhalten.............174

Abb. 19: Aufgabenkomplexität, Entscheidungsstile und Leistungswirksamkeit von Entscheidungen.....................................184

Abb. 20: Bedingungen leistungswirksamen Entscheidens...............191

Abb. 21: Problemlösefähigkeiten von Experten und Generalisten......198

Abb. 22: Schlüsselqualifikationen als Ansatzpunkt der Weiterentwicklung des Personalmanagements.......................................200

# Tabellenverzeichnis

Tab. 1:  Zusammensetzung der Stichprobe............................96

Tab. 2:  Regierungspräsidium............................ 98

Tab. 3:  Faktorenanalyse Entscheidungsstile............................108

Tab. 4:  Entscheidungsstile............................110

Tab. 5:  Entscheidungsstile nach Studium............................112

Tab. 6:  Entscheidungsstile nach Dienststellung............................113

Tab. 7:  Studium nach Dienststellung............................114

Tab. 8:  Entscheidungsstile nach Führungstätigkeiten............................115

Tab. 9:  Führungstätigkeiten nach Dienststellung............................117

Tab. 10: Situationskontrolle............................122

Tab. 11: Qualität der Arbeitsleistung............................123

Tab. 12: Qualität der Arbeitsleistung nach Situationskontrolle............................125

Tab. 13: Wirkungszusammenhänge............................128

Tab. 14: Lösungsweg............................129

Tab. 15: Anforderungen............................130

Tab. 16: Aufgabenkomplexität............................130

Tab. 17: Situationskontrolle nach Aufgabenkomplexität............................132

Tab. 18: Arbeitsleistung nach Aufgabenkomplexität I............................133

Tab. 19: Arbeitsleistung nach Aufgabenkomplexität II............................133

Tab. 20: Qualität der Arbeits- und Führungsorganisation............................138

Tab. 21: Qualität der Organisationsstruktur............................142

Tab. 22: Qualität der Organisationsprozesse............................142

Tab. 23: Situationskontrolle nach Qualität der Organisationsstruktur....143

Tab. 24: Situationskontrolle nach Qualität der Organisationsrozesse....144

Tab. 25: Qualität der Arbeitsleistung nach Qualität der Organisationsstruktur............................145

Tab. 26: Qualität der Arbeitsleistung nach Qualität der Organisationsprozesse ........................................................................ 145

Tab. 27: Situationskontrolle nach Qualität der Organisationsstruktur unter Konstanthalten der Aufgabenkomplexität ......... 147

Tab. 28: Situationskontrolle nach Qualität der Organisationsprozesse unter Konstanthalten der Aufgabenkomplexität ........ 148

Tab. 29: Qualität der Arbeitsleistung nach Qualität der Organisationsstruktur unter Konstanthalten der Aufgabenkomplexität ......... 149

Tab. 30: Qualität der Arbeitsleistung nach Qualität der Organisationsprozesse unter Konstanthalten der Aufgabenkomplexität ........ 150

Tab. 31: Entscheidungsstile nach Aufgabenkomplexität ....................... 153

Tab. 32: Der Aufbau von Entscheidungssituationen ............................. 156

Tab. 33: Anlässe des Handelns nach Entscheidungsstilen ..................... 157

Tab. 34: Informationserarbeitung nach Entscheidungsstilen ................. 157

Tab. 35: Maßnahmentauglichkeit nach Entscheidungsstilen ................. 158

Tab. 36: Anforderungen nach Entscheidungsstilen ............................... 159

Tab. 37: Schrittabfolge nach Entscheidungsstilen ................................ 159

Tab. 38: Intensität der Informationsverarbeitung ................................. 160

Tab. 39: Intensität der Informationsverarbeitung nach Entscheidungsstilen ........................................................................ 161

Tab. 40: Anforderungen für erfolgreiches Entscheiden ........................ 163

Tab. 41: Politische Unterstützung nach Entscheidungsstilen ................ 164

Tab. 42: Informationsversorgung nach Entscheidungsstilen ................. 164

Tab. 43: Unterstützung durch die Öffentlichkeit nach Entscheidungsstilen ........................................................................ 165

Tab. 44: Innerbehördliche Kooperation nach Entscheidungsstilen ........ 166

Tab. 45: Unterstützung durch politische Gruppierungen nach Entscheidungsstilen ........................................................................ 167

Tab. 46: Entscheidungsanforderungen ................................................. 168

Tab. 47: Entscheidungsanforderungen nach Entscheidungsstilen..........169

Tab. 48: Intensität der Informationsverarbeitung nach Politischer
Unterstützung..........170

Tab. 49: Intensität der Informationsverarbeitung nach Unterstützung
durch die Öffentlichkeit..........171

Tab. 50: Intensität der Informationsverarbeitung nach Unterstützung
durch politische Gruppierungen..........171

Tab. 51: Intensität der Informationsverarbeitung nach Entscheidungs-
Anforderungen..........173

Tab. 52: Situationskontrolle nach Entscheidungsstilen..........175

Tab. 53: Situationskontrolle nach Intensität der Informationsverarbeitung..........176

Tab. 54: Situationskontrolle nach Intensität der Informationsverarbeitung unter Konstanthalten der Entscheidungsstile......177

Tab. 55: Situationskontrolle nach Entscheidungsanforderungen..........178

Tab. 56: Situationskontrolle nach Entscheidungsanforderungen unter
Konstanthalten der Entscheidungsstile..........179

Tab. 57: Situationskontrolle nach Entscheidungsstilen unter
Konstanthalten der Aufgabenkomplexität..........181

Tab. 58: Situationskontrolle nach Intensität der Informationsverarbeitung unter Konstanthalten der Aufgabenkomplexität......182

Tab. 59: Situationskontrolle nach Entscheidungsanforderungen
unter Konstanthalten der Aufgabenkomplexität..........183

Tab. 60: Situationskontrolle nach Entscheidungsanforderungen unter
Konstanthalten der Qualität der Organisationsstruktur..........186

Tab. 61: Situationskontrolle nach Entscheidungsanforderungen unter
Konstanthalten der Qualität der Organisationsprozesse..........187

# Abkürzungsverzeichnis

| | |
|---|---|
| a.a.O. | am angegeben Ort |
| Abb. | Abbildung |
| Aufl. | Auflage |
| BbauG | Bundesbaugesetz |
| bearb. | bearbeitet |
| BHO | Bundeshaushaltsordnung |
| BimSchG | Bundesimmissionsschutzgesetz |
| BWVPr | Baden-Württembergische Verwaltungspraxis |
| bzw. | beziehungsweise |
| erw. | erweitert |
| d.h. | das heißt |
| f. | folgende |
| ff. | fortfolgende |
| GOBezReg | Geschäftsordnung für die Bezirksregierungen |
| GG | Grundgesetz |
| ggf. | gegebenenfalls |
| Hrsg. | Herausgeber |
| i.d.R. | in der Regel |
| Jg. | Jahrgang |
| Kap. | Kapitel |
| LHO | Landeshaushaltsordnung |
| N | Anzahl der Fälle |
| Nr. | Nummer |
| PBefG | Personenbeförderungsgesetz |
| S. | Seite |
| sog. | sogenannten |

| | |
|---|---|
| SES | Senior Executive Service |
| SPSS | Statistical Package for Social Sciences |
| Tab. | Tabelle |
| u.a. | unter anderem |
| überarb. | überarbeitet |
| VA | Verwaltungsarchiv |
| Vgl. | Vergleiche |
| VOP | Zeitschrift für Verwaltung, Organisation, Personal |
| VR | Verwaltungsrundschau |
| VuF | Verwaltung und Fortbildung |
| z.B. | zum Beispiel |

# Kapitel 1

## Problem- und Fragestellung: Zur Bedeutung von Entscheidungsstilen für die Leistungswirksamkeit von Entscheidungen

### 1.1 Informationsverarbeitungsprobleme bei der öffentlichen Leistungserstellung

Die öffentliche Verwaltung steht seit geraumer Zeit im Kreuzfeuer der Kritik von Öffentlichkeit, Wissenschaft und Politik. Die Produktion und Bereitstellung öffentlicher Leistungen gilt als langsam, unwirtschaftlich und wenig effektiv.[1] Zudem verschärft sich die Kritik durch den Umstand, daß mittlerweile fast 50% des Bruttosozialproduktes für die öffentliche Leistungserstellung verausgabt werden.[2] In praktischer Hinsicht sind hiermit u.a. leistungserhebliche Probleme einer angemessenen Informationsverarbeitung bzw. Fragen eines angemessenen Mitteleinsatzes bei der öffentlichen Leistungserstellung angesprochen. Diese Probleme resultieren nicht zuletzt auch aus den besonderen Merkmalen gegebener Aufgabenstellungen, mit denen Staat und Verwaltung konfrontiert sind.

Gemäß der generellen Funktion staatlichen bzw. administrativen Handelns ist zu bedenken, daß von Staat und Verwaltung sog. öffentliche Aufgaben zu erledigen sind.[3] Dem Prinzip nach sind damit solche Aufgaben angesprochen, die sich eben nicht schon nach der Qualität, der Menge und der Gewährleistungssicherheit über den Markt bzw. über ein wettbewerblich organisiertes Verhältnis von Angebot und Nachfrage wahrnehmen lassen.[4] Vielmehr haben Staat und Verwaltung aus dieser Sicht der Dinge gerade solche Aufgaben wahrzunehmen, die einen unmittelbaren Nutzen für die Aufrechterhaltung gesellschaftlicher Verhältnisse besitzen. Bei genauerer Betrachtung sind öffentliche Aufgaben durch besondere technische Merkmale wie die Nicht-Rivalität im Konsum, die Nicht-Ausschließbarkeit über den Preis und dem Vorhandensein negativer oder positiver externer

---

1 Vgl. *Müller, Axel*, Entscheidungsprozesse, 1984, S. 1 ff.
2 Vgl. *OECD*, Government, 1995, S. 20.
3 Vgl. *Becker, Bernd*, Öffentliche Verwaltung, 1989, S. 65 und *Thieme, Werner*, Verwaltungslehre, 1984, S. 116 ff.
4 Vgl. hierzu grundlegend, *Bargehr, Brigitte*, Marketing, 1991, S. 56 ff. und *Nowotny, Ewald*, Sektor, 1991, S. 28 ff. sowie *Lane, Jan-Erik*, Public Sector, 1993, S. 16 ff.

Effekte gekennzeichnet.[5] Aufgrund der vorgegebenen Funktion haben Staat und Verwaltung also im Unterschied zum marktlichen Handeln statt Tauschwerte unmittelbar nützliche Leistungen zu erbringen. Staat greift also da ein, wo Markt versagt bzw. wo Marktmechanismen nicht greifen können. Entsprechend muß bei der Erstellung öffentlicher Leistungen auch weitgehend auf marktgesteuerte Bewertungs- und Auswahlmechanismen verzichtet werden.

Statt exakt quantitativ bestimmbarer Größen dominieren aufgrund politischer Wertentscheidungen festgelegte, oft qualitativ formulierte Sachziele,[6] die der Lösung gesellschaftlich regelungsbedürftiger Probleme dienen sollen. Den Zielinhalten nach handelt es sich dabei häufig um Ziele, die zunächst nur verbal umschrieben sind, wie z.B. „Schutz vor schädlichen Umwelteinwirkungen"[7] oder „Führung eines Lebens, daß der Menschenwürde entspricht".[8] Diese Zielsetzungen stellen dann auch insoweit ein besonderes Problem dar, als deren Zieldimensionen und Zielmaßstäbe einer weiteren Operationalisierung bedürfen, um letztendlich als Kriterien für eine adäquate Auswahl und Bewertung von Alternativen fungieren zu können.[9] Qualitative Sachziele sind somit mit Hilfe von Indikatoren in möglichst quantitativ meßbare Ziele zu transformieren. Zur Gewährleistung einer wechselseitigen Kompatibilität der Ziele entsteht dadurch ein erhöhter Informationsbedarf. Gleichzeitig kann bei der Operationalisierung von Sachzielen in der Regel auch nur ein vergleichsweise niedriges, nominales oder bestenfalls ordinales Meßniveau zugrunde gelegt werden. Somit lassen sich häufig auch nur in unzureichendem Maße Kriterien für eine zwingende Suche, Auswahl und Bewertung geeigneter Maßnahmen vorgeben.[10]

Des weiteren ist im Bereich öffentlicher Aufgabenstellungen von einem vergleichsweise hohen Maß an Entscheidungskomplexität auszugehen, da zum Zweck der Zielerreichung eine gewisse Vielfalt, Vernetztheit und Dy-

---

5  Vgl. *Nowotny, Ewald*, Sektor, 1991, S. 36 ff und *Lehner, Franz*, Regieren, 1979, S. 12 ff.

6  Zum Unterschied zwischen Sach- und Formalzielen vgl. *Laux, Helmut/Liermann, Felix*, Organisation, 1987, S. 41 sowie *Oechsler, Walter A.*, Zweckbestimmung, 1982, S. 70 ff.

7  Vgl. § 1 BImSchG.

8  Vgl. § 1 (2) BSHG.

9  Vgl. *Braun, Günther E.*, Ziele, 1988, S. 96 ff. und *Hauschild, Jürgen*, Entscheidungsziele, 1977, S. 8 ff. und *Müller, Axel*, Entscheidungsprozesse, 1984, S. 87 ff.

10  Vgl. *Bea, Franz-Xaver*, Informationsbedarf, 1987, S. 18 ff.

namik qualitativ höchst unterschiedlicher Bedingungs- und Wirkungszusammenhänge mit unterschiedlich gearteten Kausalitäten zu berücksichtigen ist.[11] So sind etwa für die Entwicklung und Durchsetzung von Maßnahmen des Umweltschutzes neben technischen Abläufen sowohl ökonomische als auch sozial-psychologische Zusammenhänge in Betracht zu ziehen.

Unter den Bedingungen nicht-marktlicher Entscheidungsverhältnisse lassen sich angemessene Problemlösungen aber wiederum nicht schon quasi automatisch aufdecken, weil auf marktbezogene Indikatoren, wie z.b. Preise oder Grenzerträge kaum zurückgegriffen werden kann. Ganz im Gegenteil sind in diesem Fall von vornherein nur wenige eindeutige Informationen über Prioritäten, Ziele und brauchbare Mitteleinsätze gegeben. Zwangsläufig läßt sich dann auch nicht die Effizienz bzw. Effektivität der öffentlichen Leistungserstellung über das Verhältnis von Angebot und Nachfrage bzw. Markpreise bestimmen.[12] Aufgrund dieser Überlegungen wird deutlich, daß das politisch-administrative System schon grundsätzlich mit einer insgesamt hohen Aufgaben- und Entscheidungskomplexität konfrontiert ist. Dementsprechend liegen also besondere Anforderungen an die Informationsverarbeitung vor.

Das Problem einer angemessenen Informationsverarbeitung stellt sich noch einmal gravierender, weil sich die Aufgaben- und Entscheidungskomplexität staatlich-administrativen Handelns nun nochmals aufgrund der Auswirkungen eines wohlfahrtsstaatlich bedingten Aufgaben- und Funktionswandels erhöht.[13] So führen diese Entwicklungen zunächst zu einer qualitativen Erweiterung des öffentlichen Aufgabenbestandes. Beispielhaft sei auf die Übernahme moderner Planungs- und Steuerungsaufgaben verwiesen, wie etwa Raumordnung und regionale Wirtschaftsförderung.[14] Gleichzeitig nimmt unter diesen Bedingungen nun auch das Ausmaß der zu berücksichtigenden Problemkomplexität zu. Denn mit zunehmendem Zielausmaß staatlich-administrativen Handelns erhöht sich auch die Zahl und Vielfalt der jeweils zielerreichungserheblichen Bedingungs- und Wir-

---

11 Vgl. hierzu *Schuppert, Gunnar Folke*, Öffentliche Aufgaben, 1981, S. 259ff.

12 Vgl. *Stewart, John/Ranson, Stuart*, Public Domain, 1994, S. 54 ff. und *Thieme, Werner*, Entscheidungstheorie, 1997, S. 97 ff.

13 Vgl. *Böhret, Carl/Klages, Helmut/Reinermann, Heinrich/Siedentopf, Heinrich*, Innovationskraft, 1987, S. 29 ff.

14 Vgl. *Grimm, Dieter* (Hrsg.), Staatsaufgaben, 1996 sowie *Wahl, Rainer*, Aufgabenabhängigkeit, 1993, S. 187 ff. und *Hill, Hermann*, Staatliches Handeln, 1990, S. 55 ff.

kungszusammenhänge. Bei gleichzeitig zunehmender Interventionstiefe in diversen gesellschaftlichen Bereichen ist mit einer zunehmenden Vernetztheit unter den Bedingungs- und Wirkungszusammenhängen und damit mit einem Auftreten schwer kalkulierbarer Nebenwirkungen zu rechnen, so daß Staat und Verwaltung daraufhin mit zusätzlichen Wissensproblemen, insbesondere bei der Prognose von Wirkungen potentieller Maßnahmen, konfrontiert sind.[15] Viele öffentliche Entscheidungen haben Auswirkungen auf andere Entscheidungen, die berücksichtigt und soweit wie möglich kontrolliert werden müssen.

Da nun unter nicht-marktlichen Bedingungen ein automatisches Auffinden geeigneter Mitteleinsätze nicht schon zwangsläufig vorausgesetzt werden kann, bedient man sich im hoheitlich-rechtlichen Bereich nun zwangsläufig auch besonderer Mittel der Handlungskoordination, um zu einer komplexitätsgerechten Informationsverarbeitung und damit letztendlich jeweils zu einer angemessenen Mittelauswahl zu kommen. Staat und Verwaltung greifen dabei auf ein über formale Entscheidungsprozeduren organisiertes System zurück und ergänzen so den Markt, wo dieser versagt.[16] So wird zunächst mit Hilfe einer politisch gesteuerten Werturteilsfindung über Prioritäten und relevante Sachziele entschieden. Mit dem Aufbau einer Planungsorganisation werden dann die organisatorischen Voraussetzungen für eine angemessene Informationsverarbeitung geschaffen. Die öffentliche Verwaltung versucht somit zu einer weitgehenden Abbildung zielerheblicher Ursache-Wirkungsbeziehungen zu kommen. Über die Prognose der Wirksamkeit alternativer Mitteleinsätze wird dann versucht, zu einer Bestimmung von angemessenen Mitteleinsätzen zu kommen.[17]

Gemäß rechtsstaatlicher Vorgaben, insbesondere dem Primat der Politik und den Prinzipien des Vorranges und Vorbehaltes des Gesetzes, ist es dabei ein grundlegendes Anliegen, daß sich Staat und Verwaltung der Vorgabe von Entscheidungsprogrammen in Form gesetzlicher Regelungen bedienen, um gegebene Problemkomplexität zu erfassen und auf entscheidungserhebliche Tatbestände zu reduzieren. Mit der Struktur gegebener Entscheidungsprogramme werden der öffentlichen Verwaltung somit bereits generelle Muster der Informationsverarbeitung vorgegeben. Die Programmstruktur beinhaltet also Anleitungen dafür, wie es generell betrachtet

---

15 Vgl. *Lehner, Franz,* Regieren, 1979, *S. 35 ff*
16 Vgl. *Lehner, Franz,* Regieren, 1979, S. 13 ff.
17 Vgl. *Willke, Helmut,* Staat, 1983, S. 43 ff.

zu einer angemessenen Verknüpfung von Zielen und Mitteleinsätzen kommen soll. Gemäß den rechtsstaatlichen Vorgaben hat die öffentliche Verwaltung als vollziehende Gewalt nun die Aufgabe, Vorgaben des Gesetzgebers und der Regierung in verbindliche Einzelfallregelungen umzusetzen.[18] Die wesentliche Aufgabe öffentlicher Verwaltungen liegt also in der Erstellung „verbindlicher Entscheidungen".[19] Unter Entscheiden in der öffentlichen Verwaltung ist somit der gesetzesförmig vorstrukturierte Prozeß der Er- und Verarbeitung von Informationen zu verstehen. Durch die Anwendung von Gesetzen auf Lebenssachverhalte stellt sich auch erst das jeweilige Maß an Aufgabenkomplexität ein. Der Grad der Komplexität resultiert aus der Anzahl, Vielfalt und Vernetztheit jeweils zu berücksichtigender Bedingungen bei der Prognose adäquater Zweck-Mittel-Beziehungen.[20]

Man versucht nun, den gegebenen Entwicklungen des staatlichen Aufgabenbestandes wiederum Rechnung zu tragen,[21] indem jeweils nach Umfang gegebener Problemkomplexität auch unterschiedliche Muster der Informationsverarbeitung vorgegeben werden. So ist faktisch feststellbar, daß auf zunehmende Problemkomplexität mit zunehmend komplexen bzw. variablen Kriterien in der Programmstruktur reagiert wird. In entsprechender Weise werden für den Fall vorweg „unkontrollierbarer Situationen" auch keine festen Verknüpfungen von Ausgangsbedingungen und Mitteleinsätzen vorgesehen. Unter diesen Bedingungen werden zwar Ziele und denkbare Ausgangsbedingungen vorgegeben, die Prognose und Auswahl geeigneter Mittel ist durch die öffentliche Verwaltung jedoch an den jeweils maßgeblichen Situationsbedingungen bzw. den Besonderheiten des Einzelfalles auszurichten.[22]

Trotz dieser Anpassungsversuche haben es die Bediensteten mit zunehmend komplexen Entscheidungsverhältnissen zu tun. So sind im Rahmen der Gesetzesanwendung, Handlungsanlässe häufig erst selbst von den Füh-

---

18 Vgl. Art 20 Abs. 2 und 3 GG und *Becker, Bernd*, Öffentliche Verwaltung, 1989, S. 166 ff.

19 Vgl. *Thieme, Werner*, Verwaltungslehre, 1984, S. 271 ff. sowie *Thieme, Werner*, Entscheidungen, 1981, S. 7 ff. und *Thieme, Werner*, Entscheidungstheorie, 1979, S. 97, sowie *Reichard, Christoph*, Betriebswirtschaftslehre, 1987, S. 25 ff. und *Oechsler, Walter A.*, Zweckbestimmung, 1982, S. 42.

20 Vgl. *Fisch, Rudolf/Wolf, Michael F.*, Komplexität, 1990, S. 13 ff.

21 Vgl. *Scharpf, Fritz W.*, Institutionelle Reform, 1987, S. 111 ff.

22 Vgl. *Becker, Bernd*, Öffentliche Verwaltung, 1989, S. 166 ff.

rungskräften zu erarbeiten. Eine grundlegende, wesentliche Anforderung an die Führungskräfte ist das selbständige Auffinden und Erschließen von geeigneten Informationsquellen sowie die adäquate Bewertung und Auswahl der Informationen.[23] Geht es dann etwa für den Fall der Landesplanung um die Prüfung der Naturverträglichkeit bei bestimmten Vorhaben, so ist eine frühzeitige Beteiligung häufig nur durch eine eigenständige, gezielte Beobachtung laufender Projekte zu erreichen.

Daneben zeigt sich die Komplexität der gegebenen Anforderungen auch in der Anzahl der bei der Entscheidung zu berücksichtigenden fachlichen Interessen. Insbesondere im Bereich der Wirtschaftsförderung und der Wirtschaftslenkung hat die öffentliche Verwaltung auf eine große Anzahl unterschiedlicher Informationen zurückzugreifen.[24] So sind bei der Prüfung von Anträgen auf Wirtschaftsförderung, Stellungnahmen vom zuständigen Arbeitsamt, der Industrie- und Handelskammer, der entsprechenden Landkreise bzw. Städte und des Gewerbeaufsichtsamtes einzuholen.[25] Bei der Entscheidungsfindung sind dann die vielfältigen situativen, regionalen und branchenmäßigen Aspekte zu berücksichtigen.

Den zunehmend variierenden Umweltbedingungen und der Vielfältigkeit situativ angemessener Lösungen kann nicht schon durch weitere rechtliche Schematisierungen entsprochen werden. Unter der Bedingung weiterhin steigender Problem- und Aufgabenkomplexität und auch dementsprechend steigenden Wissensdefiziten von Staat und Verwaltung erfolgt die Steuerung der Informationsverarbeitung dann auch lediglich durch die Vorgabe von zeitlich gegliederten Abfolgen von Entscheidungsprozessen[26] oder der Einrichtung von iterativen Verfahren der Informationsverarbeitung zwischen Staat und Verwaltung einerseits und beteiligten privaten Akteuren andererseits. So werden z.B. im Bereich der Planungsverwaltung, insbesondere bei städtebaulichen Großprojekten, der regionalen Wirtschaftspolitik und auch bei der Erarbeitung und Durchführung von Umweltschutzmaßnahmen, häufig kooperative Steuerungsstrategien angewandt.[27] Das Gebot des situationsgerechten „Abwägens" konkurrierender Interessen stellt eine besondere Herausforderung für die öffentliche Ver-

---

23 Vgl. *Staak, Magnus*, Entscheidungsstrukturen, 1988, S. 36.
24 Vgl. *Blümel, Willi/Hill, Hermann (Hrsg.)*, Zukunft, 1991 sowie *Schuppert, Gunnar Folke*, Öffentliche Aufgaben, 1981, S. 259 ff.
25 Vgl. *Hahne, Ulf*, Regionalförderung, 1995, S. 10 ff.
26 Vgl. hierzu das Verwaltungsverfahrensgesetz.
27 Vgl. *Ritter, Ernst*-Hasso, Kooperativer Staat, 1990, S. 89 ff.

waltung bei der Aufgabenerledigung dar.[28] Das zentrale Merkmal der Entscheidungsfindung ist nun nicht mehr nur eine möglichst exakte Alternativenauswahl. In diesem Fall müssen die Führungskräfte im Rahmen eines iterativen Verfahrens der Problembearbeitung möglichst alle unterschiedlichen, öffentlichen und privaten Belange berücksichtigen und bewerten, wobei es zu einem angemessenen Ausgleich der Belange kommen soll.[29] Notwendige Kriterien für die Entscheidungsfindung müssen von den Führungskräften erst in einem kooperativ ausgerichteten Prozeß der Informationsgewinnung und -verarbeitung mit den beteiligten Akteuren ermittelt werden. Nicht zuletzt die hier dargelegten, besonderen Handlungsbedingungen der öffentlichen Aufgabenerledigung dürften nun auch dafür verantwortlich sein, daß es im Rahmen administrativen Entscheidens zumindest zu einem erhöhten Risiko erwartbarer Effizienz- und Effektivitätseinbußen kommt.[30]

Staat und Verwaltung versuchen, die zunehmende Problem- und Aufgabenkomplexität mit vergleichsweise offenen Formen der Entscheidunsprogrammierung zu erfassen. Durch die Anwendung flexibler Muster der Informationsverarbeitung wird dann zwar zum einen eine verbesserte Kapazität zur Abbildung komplexer Aufgabenstellungen bereitgestellt, jedoch ist damit zum anderen gleichzeitig verbunden, daß der öffentlichen Verwaltung nicht schon von vornherein alle notwendigen entscheidungserheblichen Bedingungen, Mittel und Ziele des Handelns sowie Kriterien für die Ableitung eines brauchbaren Mitteleinsatzes vorgegeben werden können. Die Entscheidungsverhältnisse sind daher von den Führungskräften in der öffentlichen Verwaltung erst selbst komplexitätsgerecht aufzubauen, um dann zu adäquaten Entscheidungen gelangen zu können.

Eine erhöhte Informationsverarbeitungslast resultiert dabei aus den nicht-marktlichen Bedingungen im Bereich der öffentlichen Leistungserstellung.[31] Da eine Quantifizierung der öffentlichen Leistungen aufgrund der gegebenen Merkmale durch Marktpreise nicht durchführbar ist, ist es in

---

28  Vgl. *Ladeur, Karl-Heinz*, Abwägung, 1985, S. 19 ff. sowie *Schuppert, Gunnar Folke*, Steuerung, 1993, S. 103 ff.

29  Vgl. dazu beispielhaft die bei der Aufstellung von Bauleitplänen zu berücksichtigenden Belange nach § 6 BBauG

30  Vgl. hierzu auch die Ausführungen bei *Koch, Rainer*, Wirtschaftlichkeitsprobleme, 1990, S. 181 ff.

31  Vgl. *Bargehr, Brigitte*, Marketing, 1991, S. 56 ff. und *Nowotny, Ewald*, Sektor, 1991, S. 28 ff. sowie *Lane, Jan-Erik*, Public Sector, 1993, S. 16 ff.

diesem Zusammenhang auch kaum möglich, den ökonomischen Markterfolg als Indikator für erfolgreiches Verwaltungshandeln heranzuziehen. Entsprechend lassen sich von den Führungskräften in diesem Fall auch nicht schon uneingeschränkt betriebswirtschaftliche Planungs- und Entscheidungsmethoden anwenden,[32] die über eine exakte, quantitative Bewertung von Maßnahmen, z.b. nach Grenzerträgen, zu einer quasi automatischen Ableitung vorteilhafter Zweck-Mittel-Relationen führen.[33] Soweit sich die angemessene Mittelauswahl primär an Sachzielen zu orientieren hat,[34] haben die Führungskräfte bei ihrer Mittelauswahl auf die Analyse und Prognose zielerheblicher Ursache-Wirkungsbeziehungen zurückzugreifen.[35] Unter Effektivitätsgesichtspunkten geht es im Bereich der öffentlichen Leistungserstellung somit um die Auswahl gewissermaßen „technisch" funktionierender Mittel und die Vorhersage ihrer Wirkungen.

Unter den gegebenen Bedingungen ist es für die Führungskräfte häufig jedoch recht schwierig, im Rahmen ihrer Entscheidungsfindung angemessene Prognosen für ihren Mitteleinsatz zu erstellen.[36] Da eine logisch zwingende Auswahl von Alternativen nicht schon systematisch vorgegeben ist, kann es auch häufig zu einem Verfehlen eines problemadäquaten Zielerreichungsniveaus bei der öffentlichen Aufgabenerledigung kommen.[37]

Aufgrund dieser Ausführungen wird deutlich, daß Staat und Verwaltung zwangsläufig mit besonderen Problemen bei der Bestimmung von Zielen und der Auswahl von Mitteln konfrontiert sind. Einerseits erwächst eine gewisse Komplexität der Entscheidungsverhältnisse prinzipiell schon aus dem Typus öffentlicher Aufgabenstellungen bzw. dem Sachzielcharakter öffentlicher Aufgaben. Andererseits erhöht sich diese Komplexität dann nochmals bei zunehmender Breite und Tiefe staatlicher Interventionen. Da marktliche Entscheidungskriterien weitgehend fehlen, werden im staatlich-administrativen Bereich auf hoheitlich-rechtliche Formen der Handlungskoordination zurückgegriffen. Dabei wird durch die Gestaltung unter-

---

32  Vgl. hierzu *Braun, Günther, E.*, Ziele, 1988, S. 299 ff.
33  Vgl. *Stewart, John/Ranson, Stuart*, Public Domain, 1994, S. 54 ff. sowie *Thieme, Werner*, Entscheidungstheorie, 1979, S. 97 ff.
34  Vgl. *Laux, Helmut/Liermann, Felix*, Organisation, 1987, S. 41.
35  Zu unterschiedlichen Analyse- und Prognosemethoden vgl. *Braun, Günther E*, Ziele, 1988. S. 271 ff.
36  Vgl. *Niedersächsischer Landesrechnungshof*, Jahresbericht, 1995, S. 112.
37  Vgl. *Niedersächsischer Landesrechnungshof*, Jahresbericht, 1995, S. 125.

schiedlicher Strukturgrößen der Versuch unternommen, die Informationsverarbeitung zu regulieren. Jedoch läßt sich feststellen, daß unter den gegebenen Bedingungen ein relativ hohes Maß an Aufgaben- und Entscheidungskomplexität verbleibt, das im administrativen Entscheidungsprozeß
noch bewältigt werden muß. Der Grad der Zielerreichung bzw. der Leistungswirksamkeit öffentlichen Entscheidens ist nun im erheblichen Maße
davon abhängig, ob und inwieweit es tatsächlich gelingt, zu einer Bewältigung gegebener Aufgaben- und Entscheidungskomplexität durch eine jeweils angemessene Er- und Verarbeitung von Informationen zu kommen.[38]

## 1.2 Ansätze zur Verbesserung der Informationsverarbeitungs-
fähigkeit in der öffentlichen Verwaltung

Die öffentliche Verwaltung versucht nun, die Effizienz bzw. Effektivität
politisch-administrativen Entscheidens zum Gegenstand dauerhafter Reformbemühungen zu machen.[39] Mit Ansätzen der Verwaltungsmodernisierung[40] bzw. der Anpassung unterschiedlicher Strukturgrößen wie Programm, Organisation und Budget[41] soll letztendlich immer die Zielsetzung
einer Verbesserung der Informationsverarbeitungsfähigkeit verfolgt werden. Damit soll eine angemessene Bewältigung zunehmender Aufgaben-
und Entscheidungskomplexität durch Staat und Verwaltung gewährleistet
werden.

So gibt es schon immer Bemühungen, die auf eine Anpassung der Organisationsstruktur abzielen. Durch den Aufbau von Planungsorganisationen,
so z.B. durch die Einführung von Planungsstäben, Grundsatzabteilungen
und Gruppenreferaten sollen über eine Flexibilisierung gegebener Kom-
munikations- und Entscheidungsstrukturen die Informationsverarbeitungskapazitäten der Verwaltungsorganisation verbessert werden. Auch wird mit
der Entwicklung von Fachplanungssystemen und Projektgruppen der Versuch unternommen, die für die Bearbeitung fachübergreifender Aufgaben-

---

38  Vgl. *Hauschildt, Jürgen,* Effizienz, 1990, S. 138 ff.

39  Vgl. die Darstellungen zu unterschiedlichen Reformansätzen bei *Scharpf, Fritz,*
    Institutionelle Reform, 1987, S. 111 ff. sowie *Derlien, Hans-Ulrich,* Bureaucracy,
    1996, S. 145 ff. sowie *Seibel, Wolfgang,* Verwaltungsreformen, 1996/97, S. 87 ff.

40  Vgl. *König, Klaus/Beck, Joachim,* Modernisierung, 1997 und *Röber, Manfred,*
    Modernisierungsdebatte, 1996, S. 98 ff.

41  Vgl. hierzu die begrifflichen Unterscheidungen bei *Dose, Nicolai,* Steuerungsmedi-
    en, 1995, S. 107 ff. sowie *Schuppert, Gunnar Folke,* Steuerung, 1993, S. 65 ff.

stellungen notwendigen, direkten Kooperations- und Koordinationsmöglichkeiten bereitzustellen.[42] Letztendlich sollen mit unterschiedlichen Mitteln der Aufgabenintegration die Möglichkeiten einer verbesserten Erfassung und eines Austausches von Informationen gewährleistet werden.[43] Insbesondere auf kommunaler Ebene wird zur Verbesserung des Verwaltungshandelns schon immer auf Maßnahmen zur Disaggregation bzw. Dezentralisierung zurückgegriffen, um so die Möglichkeit für eine situativ angemessene Aufgabenerledigung zu schaffen. Auch wird häufig versucht, über die Einrichtung von Management-Informationssystemen eine Optimierung der Informationsversorgung bei den Führungskräften zu erreichen.[44]

Neben diesen und weiteren Ansätzen zur Flexibilisierung der Organisationsstruktur kommt es auch zu weiteren Anpassungen der Struktur von Entscheidungsprogrammen. Aufgrund zunehmender Problemkomplexität lassen sich auftretende Prognoseprobleme kaum noch von vornherein durch den Gesetzgeber lösen. Damit die öffentliche Verwaltung möglichst flexibel auf variierende Situationsbedingungen reagieren kann, wird auf vergleichsweise offene Formen der Programmierung zurückgegriffen. So zeigt sich beispielsweise eine zunehmende Anwendung finaler, prozeduraler und kooperativer Programmelemente, um somit den nötigen Raum für die situations- und komplexitätsgerechte Erledigung von Verwaltungsaufgaben zu schaffen.[45]

Auch läßt sich auf jüngere Entwicklung zur Flexibilisierung der Budgetstruktur verweisen. Über die Einrichtung von Globalbudgets wird der Ressourceneinsatz lediglich durch eine jeweils produktbezogene, globale Veranschlagung von Betriebskosten und Erlösen und den Ausweis gegebener Deckungsgrade gesteuert. Durch die Einräumung einer weitgehend uneingeschränkten Deckungsfähigkeit können die Budgets flexibel bewirtschaftet werden. Die Möglichkeit der Einbehaltung von Überschüssen und eines großen Teiles zusätzlicher Einnahmen schafft zusätzliche Handlungsspiel-

---

42  Vgl. § 6, GOBezReg, 1981.

43  Vgl. *Kieser, Alfred/Kubicek, Herbert*, Organisation, S.354 ff.

44  Vgl. auch die Hinweise auf die Gestaltungsbedingungen solcher Systeme bei *Lenk, Klaus*, Informationsmanagement, 1985, S. 59 ff.

45  Vgl. *Eder, Klaus*, Prozedurales Recht, 1990, S. 155 ff. sowie *Becker, Bernd*, Entscheidungen, 1981, S. 286 ff.

räume im Rahmen einer situationsgerechten öffentlichen Leistungserstellung.[46]

Selbst wenn es nun aufgrund der veränderten Anforderungen zu partiellen Anpassungen, insbesondere der klassischen Steuerungsmedien Programm, Organisation und Budget kommt, so dürften die erreichten Wirkungen dieser Größen unter den gegebenen nicht-marktlichen Verhältnissen nicht überschätzt werden.[47] Die Probleme bei der Prognose angemessener Bedingungs- und Wirkungszusammenhänge lassen sich weder durch einen Rückgriff auf offene Formen der Programmierung und Veränderungen der Budgetstruktur, noch durch Maßnahmen zur Flexibilisierung einer weiterhin bürokratischen Organisationsform uneingeschränkt lösen. Bei genauer Betrachtung versucht man im Rahmen all dieser Reformen, einer erhöhten Problemkomplexität doch nur insoweit Rechnung zu tragen, als der Verwaltung zunehmend ein höheres Maß an Wahlfreiheit bzw. zusätzliche Handlungsspielräume gewährt werden. Damit soll ein möglichst komplexitätsgerechtes, situativ angemessenes Entscheiden ermöglicht werden.[48]

## 1.3 Personal als Mittel einer verbesserten öffentlichen Leistungserstellung

Die im Rahmen der öffentlichen Leistungserstellung auftretenden Informations- und Bewertungsprobleme können durch partielle Anpassungen der klassischen Steuerungsgrößen nicht vollends bewältigt werden. Durch die Einräumung von Wahlfreiheiten bzw. zusätzlicher Handlungsspielräume werden sie vielmehr auf die Ebene der Führungskräfte transferiert.

Unter diesen Bedingungen dürfte dann zwangsläufig die relative Bedeutung der Steuerungsgröße "Personal" hinsichtlich der Produktivität der öffentlichen Leistungserstellung zunehmen. In dieser Hinsicht lassen sich im Bereich öffentlicher Verwaltungen nun auch zahlreiche Bemühungen zur Effizienz- und Effektivitätssteigerung finden.[49] Dabei wird dann auch dementsprechend auf die Optimierung des Personalfaktors im Prozeß der

---

46 Vgl. *Bonorden, Volker*, Konzepte, 1995, S. 122 ff.
47 Vgl. *Grimm, Dieter* (Hrsg.), Steuerungsfähigkeit, 1990, und *Voigt, Rüdiger*, Steuerungsinstrument, 1986 sowie *Wahl, Rainer*, Aufgabenabhängigkeit, 1993, S. 186 ff.
48 Vgl. *Hill, Hermann/Klages, Helmut*, Reform, 1995.
49 Vgl. *Deckert, Klaus/Wind, Ferdinand*, Steuerungsmodell, 1996, S. 65 ff.

Leistungserstellung abgestellt. So bemüht man sich, Verbesserungen in verschiedenen Teilfunktionen des öffentlichen Personalmanagements zu erzielen. Beispielhaft ist hier zu nennen die Einführung von analytischen Dienstpostenbewertungen sowie Verbesserungen im Beurteilungswesen.[50] Durch eine gezielte Rekrutierung, Verwendung und Entwicklung soll die Leistungsfähigkeit des Personals zur Bewältigung der Komplexität bei gegebenen Aufgabenstellungen erhöht werden.

Entsprechend versucht man auch, die bei der Aufgabenerledigung auftretenden Informationsprobleme über eine Professionalisierung bzw. Spezialisierung des Personals, d.h. durch die partielle Öffnung gegenüber bestimmten Berufsgruppen, wie z.b. Sozialwissenschaftlern, Ökonomen etc. zu lösen.[51] So soll z.b. die Einrichtung von Laufbahnen besonderer Fachrichtungen neben den allgemeinen Verwaltungslaufbahnen und ein direktes Anknüpfen an beruflich relevanten Ausbildungsabschlüssen eine Spezialisierung des Personals im Hinblick auf die Wahrnehmung bestimmter Aufgabenstellungen ermöglichen. Gleichzeitig versucht man, die allgemeine Leistungsfähigkeit des Personals zu erhöhen, indem eine generelle Anhebung von Ausbildungsabschlüssen eingeführt wird.[52]

Des weiteren werden gezielt Fortbildungsprogramme für Führungskräfte angeboten, die auf eine Anpassung und Erweiterung von beruflichen Qualifikationen abzielen, wie z.b. im Rahmen des Führungskollegs bei der Hochschule für Verwaltungswissenschaften Speyer und an der Führungsakademie des Landes Baden-Württemberg.[53] Auch bemüht sich die öffentliche Verwaltung, zu einer jeweils situationsadäquaten Mitarbeiterführung zu kommen, so daß ein im Hinblick auf die gewollte Zielerreichung notwendiger Einsatz sachlicher und sozialer Führungsmaßnahmen gewährleistet wird.

Durch die Aufstellung von Führungsrichtlinien und das Propagieren eines kooperativen Führungsstils soll dann der Versuch unternommen werden, eine möglichst zielorientierte Aktivierung von Leistungspotentialen

---

50  Vgl. *Seibel, Wolfgang*, Verwaltungsreformen, 1996/97, S. 97.

51  Vgl. *Derlien, Hans-Ulrich*, Bureaucracy, 1996, S. 152.

52  Vgl. in diesem Zusammenhang insbesondere die Einführung der Fachhochschulausbildung für den gehobenen nichttechnischen Dienst, *Bunge, Jürgen*, Generalist, 1985, S. 54 ff.

53  Vgl. die ausführliche Darstellung bei *Göck, Ralf*, Führungskräftefortbildung, 1993 und *Kratzer, Monika*, Fort- und Weiterbildung, 1997.

bei den Bediensteten zu erreichen.[54] Neben einer Führung im Sinne von Strukturführung, die lediglich auf eine Aktivierung von Standardleistungen und eine Pflichtenorientierung abzielt, wird also nun darüber hinaus auf Ansätze einer situationsbezogenen Mitarbeiterführung zurückgegriffen. In diesem Rahmen geht es dann um eine den jeweils gegebenen Befähigungen und Leistungsbereitschaften der Bediensteten angemessene Entwicklung von sachlichen und sozialen Führungsmaßnahmen für eine adäquate Aufgabenerledigung.

Im Kern all dieser und auch weiterer personalpolitischer Maßnahmen geht es letztendlich immer darum, zu einer angemessenen Auswahl und Entwicklung geeigneter Fähigkeiten, Werthaltungen und Motivationen zu kommen. Eine Verbesserung der individuellen Entscheidungs- bzw. Problemlösefähigkeiten der Führungskräfte soll unter der Bedingung veränderter bzw. zunehmend komplexer Aufgabenstellungen zu einer effizienteren bzw. effektiveren Aufgabenerledigung beitragen.

## 1.4 Fragestellung und Zielsetzung der Untersuchung

Der besondere Typus öffentlicher Aufgabenstellungen und der zusätzliche Einfluß eines wohlfahrtsstaatlich bedingten Aufgaben- und Funktionenwandels führen im Bereich öffentlicher Verwaltungen zu einer erhöhten Problem- und Aufgabenkomplexität. Auch wenn man sich immer wieder um eine Anpassung unterschiedlicher Strukturgrößen bemüht, so zeigt sich, daß gleichwohl eine zunehmende Informationsverarbeitungslast verbleibt, die von den Führungskräften im Rahmen ihrer Aufgabenwahrnehmung zu bewältigen ist. Unter diesen zunehmend offenen Entscheidungsverhältnissen entwickelt sich das Personal zu einem effizienz- bzw. effektivitätserheblichen Einflußfaktor. Entsprechend finden sich nun auch zahlreiche unterschiedliche Reformmaßnahmen zur verbesserten Gestaltung des Personalfaktors.

Auch wenn nun öffentliche Verwaltungen immer wieder um eine Verbesserung bzw. Anpassung des Personalfaktors bemüht sind, so ist zu bedenken, daß dabei bislang kaum auf systematisches Wissen zur Bedeutung und den funktional erheblichen Einflüssen des Personals zurückgegriffen

---

54 Vgl. *Klages, Helmut/Hippler, Gabriele*, Mitarbeitermotivation, 1991, S. 12 ff.

werden kann.[55] Genauer gesagt fehlen für den Bereich der öffentlichen Verwaltung bislang einschlägige Erkenntnisse und Ansatzpunkte darüber, in welcher Art und Weise sich der Einfluß des Personalfaktors bei der Bewältigung erhöhter Aufgaben- und Entscheidungskomplexität darstellt.

Angesichts einer vergleichsweise großen Bedeutung des Personalfaktors für die Erzielung von Effizienz- bzw. Effektivitätssteigerungen wollen wir in dieser Arbeit zunächst der eher grundlegenden Frage nachgehen, welchen Einfluß der Personalfaktor überhaupt entsprechend seinen Merkmalen bei der Aufgabenerledigung hat. Genauer gesagt gilt es zu ermitteln, wie sich unter den gegebenen Bedingungen das Management- oder Entscheidungsverhalten von Führungskräften in öffentlichen Verwaltungen darstellt und wie sich dieses Verhalten auf die Leistungswirksamkeit von Entscheidungen auswirkt. Die Ergebnisse dieser Arbeit sollen dann dazu beitragen, eine verläßliche Basis für die Entwicklung weiterer Reformmaßnahmen zu schaffen.

Um nun die von uns aufgeworfene Problem- und Fragestellung möglichst sachgerecht bearbeiten zu können, sind die von uns bereits angesprochenen typischen Merkmale nicht-marktlicher Entscheidungsbedingungen zugrunde zu legen. Im folgenden soll also demgemäß in konkretisierender Art und Weise der Frage nachgegangen werden, wie der Personalfaktor gerade für den zentralen Bereich, also für den Bereich der allgemeinen inneren Verwaltung auf die Aufgabenerledigung durchschlägt.

Darüber hinaus wollen wir auch sicherstellen, daß die Analyse des Personaleinflusses nun auch unter der Bedingung einer vergleichsweise hohen Problem-, Aufgaben- und Entscheidungskomplexität erfolgt. Aus diesem Grunde wird im folgenden in weiterer Konkretisierung darauf abgestellt, wie gerade Führungskräfte zu einer möglichst angemessenen Bearbeitung der gegebenen Aufgaben- und Entscheidungskomplexität kommen.
Und zu guter Letzt wollen wir auch noch gewährleisten, daß nun entsprechende Personaleinflüsse auf die Bewältigung von Aufgaben- und Entscheidungskomplexität auch unter dem Aspekt der sachlich zutreffenden bzw. typischen personalen Eigenschaften untersucht werden. Wie es hier der Sache und der bisherigen Forschung nach angemessen erscheint, wollen wir auf die weiterhin typischen Orientierungen von Generalisten und

---

55 Vgl. hierzu die Ausführungen zu den Erkenntnisdefiziten im Rahmen der Architektur von Informationstechniken bei *Lenk, Klaus*, Gestaltungsprozeß, 1994, S. 22 ff.

Experten abstellen.[56] Hiermit werden zwei unterschiedliche Typen des Entscheidungsverhaltens angesprochen, die sich durch unterschiedliche Stile bzw. Charakteristika bei der Er- und Verarbeitung von Informationen auszeichnen.

In der vorliegenden Arbeit geht es dann um die zentrale Frage, wie Führungskräfte in öffentlichen Verwaltungen entscheiden und wie sie dabei zu effektiven Entscheidungen gelangen. Dabei soll zunächst ermittelt werden, welchen Einfluß der personelle Faktor auf das Entscheidungsverhalten hat. Im weiteren gilt es dann zu klären, wie sich dieser Einfluß im einzelnen gestaltet, ob und wie sich also der Einfluß unterschiedlicher Entscheidungsstile der Führungskräfte (Generalist vs. Experte) unter den gegebenen Rahmenbedingungen einer öffentlichen Aufgabenerledigung darstellt. Anschließend ist dann noch zu prüfen, wie sich das durch den Einfluß unterschiedlicher Entscheidungsstile bedingte Entscheidungsverhalten jeweils auf die erreichte Leistungswirksamkeit auswirkt. Letztendlich sollen dann aus den hier gewonnenen Erkenntnissen Möglichkeiten einer verbesserten Verwendung des Personalfaktors abgeleitet werden.

Gemäß allgemeiner Zielsetzungen verwaltungswissen-schaftlicher Forschungen liegt der Beitrag dieser Arbeit also in dem Versuch, zu empirisch gehaltvollen Aussagen zu den erfolgsbedingenden Zusammenhängen des Entscheidungsverhaltens von Führungskräften in öffentlichen Verwaltungen zu kommen.[57] Da der zentrale Gesichtspunkt dieser Arbeit in der Erklärung der Wirkungsweise von Entscheidungsstilen beim Entscheidungsverhalten liegt, beschränkt sich die vorliegende Untersuchung schon von vornherein auf eine Betrachtung individuellen Entscheidungsverhaltens. Phänomene kollektiver Entscheidungsprozesse sind somit nicht Gegenstand dieser Arbeit.[58]

Soweit sich in dieser Untersuchung die Bedeutung bestimmter Entscheidungsstile hinsichtlich der Leistungswirksamkeit von Entscheidungen herausstellt, so lassen sich damit zugleich funktionale Aussagen entwickeln, die bei Berücksichtigung gegebener Rahmenbedingungen zu verwal-

---

56 Vgl. *Koch, Rainer*, Entscheidungsunterstützung, 1992 sowie *Koch, Rainer*, Entscheidungsverhalten, 1990 und *Koch, Rainer*, Erfolgsbedingungen, 1993.

57 Vgl. *Koch, Rainer*, Methodologische Entwicklungen, 1984, S. 5 ff.

58 Vgl. dazu die Ausführungen zu kollektiven Entscheidungsprozessen in Organisationen bei *Kirsch, Werner*, Entscheidungsprobleme, 1988. S. 153 ff.

tungspraktischen Vorschlägen einer Bessergestaltung führen können.[59] Daher ist zunächst zu erörtern, ob und inwieweit unter der Bedingung zunehmend komplexer Aufgabenstellungen der Schwerpunkt weiterer Reformbemühungen auf die Verbesserung des personellen Faktors abstellen sollte. In einem weiteren Schritt sollen somit Hinweise darauf gegeben werden, wie sich nun die Erkenntnisse dieser Untersuchung für die Fortentwicklung bzw. Reform eines Verwaltungsmanagements insgesamt nutzen lassen, um letztendlich zu einer erfolgreichen Aufgabenerledigung zu gelangen. An dieser Stelle wird dann zu prüfen sein, inwieweit entsprechende Entscheidungsstile nun zum Gegenstand eines gezielten Trainings und darüber hinaus zum Bezugspunkt für Personalentscheidungen gemacht werden können und welche Aussichten für eine Effizienz- bzw. Effektivitätssteigerung beim Verwaltungshandeln letztendlich bestehen.

## 1.5 Vorgehensweise

Zur Bearbeitung der aufgeworfenen Fragestellung wird in dieser Arbeit wie folgt vorgegangen. Das sich anschließende zweite Kapitel dient der Entwicklung eines angemessenen Untersuchungskonzeptes und der Beschreibung der angewandten Untersuchungsmethode. Zu diesem Zweck wird sich zunächst verwaltungswissenschaftlichen Untersuchungen zugewandt, die sich bereits mit entscheidungsrelevanten Einstellungen bzw. dem Entscheidungsverhalten von Führungskräften in öffentlichen Verwaltungen beschäftigen. Es soll dabei systematisch geprüft werden, ob bzw. inwieweit durch bisherige Studien schon ein gesichertes Untersuchungskonzept bereitgestellt wird, das dann auch für die Bearbeitung der in dieser Arbeit aufgeworfenen Fragestellung geeignet ist. Mit der Entwicklung eines geeigneten Untersuchungskonzeptes werden auch die relevanten Untersuchungsgrößen sowie die in dieser Untersuchung zu prüfenden Hypothesen dargelegt.

Im dritten Kapitel werden die empirischen Ergebnisse dieser Untersuchung erarbeitet und dargestellt. Zentrales Untersuchungsobjekt dieser Arbeit sind dabei unterschiedliche Regierungspräsidien bzw. Bezirksregierungen. Anhand der entwickelten Hypothesen soll in diesem Kapitel dann dargestellt werden, ob und wie die Führungskräfte zu einer Bewältigung

---

59 Vgl. *Hoffmann, Friedrich*, Organisationsforschung, 1976, S. 18 sowie *Kirsch, Werner*, Verhaltenswissenschaftliche Fundierung, 1979, S. 111 ff..

der zunehmenden Informationsverarbeitungslast kommen. Dabei sollen unterschiedliche Entscheidungsstile von Führungskräften in öffentlichen Verwaltungen diagnostiziert und zunächst deren Bedingungen bestimmt werden. Darüber hinaus soll dann geprüft und dargestellt werden, welche Bedeutung nun unterschiedliche Entscheidungsstile bei der Erledigung komplexer Aufgabenstellungen haben, in welcher Art und Weise sie also das Entscheidungsverhalten steuern und zu welchem Grad der erreichten Leistungswirksamkeit es dabei letztendlich kommt.

Im vierten Kapitel werden schließlich die ermittelten Zusammenhänge auf ihre Möglichkeiten einer praktischen Anwendung hin beurteilt. Hier wird erörtert, ob und wie sich die Befunde dieser Untersuchung für Verwaltungsreformmaßnahmen nutzen lassen. An dieser Stelle wird zu diskutieren sein, ob und inwieweit die Berücksichtigung bestimmter, aufgabenrelevanter Entscheidungsstile zu einer verbesserten Personalsteuerung führen kann. Hier werden Möglichkeiten aber auch Grenzen eines so verstandenen Personalmanagements aufgezeigt.

Das fünfte Kapitel soll dann aus meta-theoretischer Sichtweise der Ergebnissicherung dienen. Hier soll dann erörtert werden, inwieweit nun die vorliegenden Untersuchungsergebnisse zu einer mehr oder weniger hinlänglichen Beantwortung der aufgeworfenen Fragestellung führen, wie sich die Ergebnisse in den Kontext einer Theorie des Entscheidungsverhaltens von Führungskräften in öffentlichen Verwaltungen einfügen lassen, inwieweit darüber hinaus nun die getroffenen funktionalen Aussagen zur Lösung verwaltungspraktischer Probleme beitragen und welche Ansätze sich für weitere diesbezügliche Forschungsarbeiten bieten.[60]

---

60 Vgl. *Hoffmann, Friedrich*, Organisationsforschung, 1976, S. 35 ff.

# Kapitel 2

## Theorie und Empirie zum Entscheidungsverhalten von Führungskräften in öffentlichen Verwaltungen: Zur Herleitung und Bestimmung eines Untersuchungskonzeptes

### 2.1 Meta-theoretische Ansatzpunkte zur Auswahl eines angemessenen Untersuchungskonzeptes

Im folgenden gilt es, ein angemessenes Untersuchungskonzept auszuwählen, welches eine angemessene Bearbeitung der aufgeworfenen Fragestellung erlaubt.[61] Mit der Ableitung eines adäquaten Untersuchungskonzeptes wird die Zielsetzung verfolgt, untersuchungsrelevante Begriffe bzw. Dimensionen zu entwickeln und zu definieren.[62] Darüber hinaus sind die zentralen Untersuchungsgrößen dann in einer Weise miteinander zu verknüpfen, daß letztendlich mit einer entsprechenden Überprüfung der dabei unterstellten Zusammenhänge auch die angestrebten Zielsetzungen erreicht werden.[63]

Zum Zwecke der Herleitung und Bestimmung eines angemessenen Untersuchungskonzeptes sollen im folgenden zunächst grundlegende meta-theoretische Vorentscheidungen getroffen werden. Genauer gesagt sollen anhand wissenschaftstheoretisch relevanter Kriterien die Bedingungen erarbeitet werden, denen ein für unsere Untersuchung adäquates Untersuchungskonzept genügen muß. Da sich die Verwaltungswissenschaft an der Methodologie des neo-positivistischen Erkenntnisprogrammes orientiert, sind damit auch schon generelle wissenschaftstheoretisch relevante Klassifikationen bzw. Aufbauprinzipien vorgegeben, die wir im Hinblick auf die Bestimmung unseres Untersuchungskonzeptes als Prüfkriterien zu berücksichtigen haben.[64]

---

61  Vgl. *Koch, Rainer,* Methodologische Entwicklungen, 1984, S. 9 ff.
62  Vgl. *Hoffmann, Friedrich,* Organisationsforschung, 1976, S. 18 ff.
63  Vgl. *Popper, Karl,* Logik, 1989, S. 42 ff. sowie *Friedrichs, Jürgen,* Methoden, 1980, S. 73 ff. und *Laatz, Wilfried,* Methoden, 1993, S. 38 ff. und *Mantz, Renate/ Holm,Kurt/Hübner, Peter,* Methoden, 1978, S. 10 ff.
64  Vgl. *Thieme, Werner,* Verwaltungslehre, 1984, S.7ff. und *König, Klaus,* Erkenntnisinteressen, 1970, S.53 ff. sowie *Koch, Rainer,* Methodologische Entwicklungen, 1984, S. 5 ff. und grundlegend *Popper, Karl,* Logik, 1989, S. 9 ff.

Die materielle Konkretisierung der für uns erheblichen meta-theoretischen Prämissen resultiert nun schon weitgehend aus den Anforderungen der entwickelten Problem- und Fragestellung und Zielsetzung dieser Untersuchung. Anhand der Merkmale dieser zentralen Kriterien läßt sich dann eine systematische Überprüfung der Geeignetheit vorliegender verwaltungswissenschaftlicher Ansätze durchführen. Es gilt also mit Blick auf die für uns relevanten meta-theoretischen Prämissen zu ermitteln, ob und inwieweit unser Erkenntnisproblem schon jeweils durch verschiedene verwaltungswissenschaftliche Ansätze abgedeckt wird,[65] wie die heuristische Erklärungskraft materieller Aussagen einzuschätzen ist und mit welchem konzeptuellen Nutzen im Hinblick auf die Entwicklung eines angemessenen Untersuchungskonzeptes zu rechnen ist.

Was nun die relevanten Prüfkriterien im einzelnen anbetrifft, so haben wir ausgehend von der von uns entwickelten Problem- und Fragestellung in einem ersten Schritt zunächst das untersuchungsrelevante Erkenntnisobjekt möglichst exakt zu erfassen und zu definieren. Gemäß der von uns entwickelten Problem- und Fragestellung zielt das Erkenntnisproblem dieser Untersuchung auf die Frage ab, welchen Einfluß das Personal unter zunehmend komplexen Aufgabenstellungen auf das Entscheidungsverhalten hat und wie sich dieser Einfluß letztendlich auf die Leistungswirksamkeit von Entscheidungen auswirkt. Das zentrale Erkenntnisobjekt dieser Untersuchung ist demnach zunächst einmal das Entscheiden in öffentlichen Verwaltungen.

Dem Kern nach geht es damit also um den Prozeß der Auswahl aus einer Menge möglicher Alternativen zur Realisierung bestimmter Zielsetzungen.[66] Allein schon die Vielzahl und Vielfalt unterschiedlicher Ansätze, die sich mit dem Verhalten bzw. Entscheiden von Führungskräften in öffentlichen Verwaltungen beschäftigen, bedingt eine präzise Definition unseres Erkenntnisobjektes. Soweit wir nun das Entscheiden in öffentlichen Verwaltungen zum zentralen Gegenstand unserer Untersuchung machen, ist zu bedenken, daß die historische Entwicklung hin zum Rechtsstaat nun grundlegende Auswirkungen auf das allgemeine Verständnis von Verwaltungsentscheidungen hat. Der Vorrang und Vorbehalt des Gesetzes als wesentliche Prinzipien des Rechtsstaates führen dazu, daß sich Verwaltungshandeln auch zunächst nur aus der Erkenntnisperspektive des juristischen

---

65  Vgl. *Hoffmann, Friedrich*, Organisationsforschung, 1976, S. 24 ff.
66  Vgl. *Staehle, Wolfgang H.*, Management, 1994, S. 156.

34

Entscheidens mit einer engen Ausrichtung an der Rechtmäßigkeit versteht.[67] Das Entscheiden in öffentlichen Verwaltungen definiert sich demnach als Rechtsanwendung durch Subsumtion. Somit wird also lediglich auf den eingeschränkten Aspekt des juristischen Entscheidens abgestellt, ob es also beim Entscheiden zu einer sinngemäß korrekten Zuordnung von Lebenssachverhalten und Tatbestandsmerkmalen von Rechtsnormen sowie einer adäquaten Ableitung von Rechtsfolgen kommt.[68] Entsprechend geschlossener Entscheidungsverhältnisse werden hier wohl-definierte Anforderungen unterstellt.[69] Es wird somit angenommen, daß dem Entscheider alle notwendigen Prämissen und Lösungsverfahren der Entscheidung durch legislative Programme bereits vorgegeben werden. Einer solchen Erkenntnisperspektive liegt ein Stimulus-Response-Paradigma zugrunde, welches in diesem Fall ein bestimmtes Verhalten durch die Vorgabe von juristischen Programmen bereits unterstellt. Individuelle Einflüsse des Entscheiders haben somit nur eine untergeordnete Bedeutung. Durch die Vorgabe von legislativen Programmen bei gleichzeitigem Rückgriff auf bürokratische Organisationsformen ist das Entscheidungsverhalten bereits mehr oder weniger vorentschieden.

Für unsere Zwecke ist nun eine solche Erkenntnisperspektive weniger relevant, da dem Einfluß des Personals im Rahmen des Entscheidungsverhaltens nur eine untergeordnete Bedeutung zukommt. In diesem Fall reduziert sich der Beitrag der Entscheider auf ein erwartungsgemäß korrekt zu erbringendes Rollenverhalten.[70] Da in dieser Untersuchung der individuelle Einfluß des Personals auf das Entscheidungsverhalten analysiert werden soll, kommen für uns nur solche Ansätze in Betracht, die von vornherein auch einen gewissen exekutivischen Handlungsspielraum bei der Ermittlung geeigneter Maßnahmenalternativen unterstellen.[71] Für die Herleitung eines geeigneten Untersuchungskonzeptes ist demnach auf eine Erkenntnisperspektive zurückzugreifen, die von sog. offenen Entscheidungsverhältnissen ausgeht. Der zentrale Gesichtspunkt ist dabei das Phänomen der

---

67  Vgl. *Loeser, Roman,* Verwaltungsrecht, 1994, S. 270 ff. und *Brühl, Raimund,* Verwaltungsverfahren, 1990, S. 2.

68  Zur Entscheidungsfindung im Rahmen der Rechtsanwendung vgl. *Loeser, Roman,* Verwaltungsrecht, 1994, S. 163 ff. sowie *Brühl, Raimund,* Verwaltungsverfahren, 1990, S. 62 ff.

69  Vgl. *Hoffmann, Friedrich,* Organisationsforschung, 1976, S. 162 ff.

70  Vgl. *Nocke, Joachim,* Wissen, 1980, S. 92 ff.

71  Vgl. *Becker, Bernd,* Öffentliche Verwaltung, 1989, S. 454 ff.

Entstehung und Entwicklung von Entscheidungsprämissen.[72] Wie an späterer Stelle noch zu konkretisieren ist, versteht man unter Entscheidungsprämissen solche Bedingungen, aus denen die letztendliche Entscheidung abgeleitet wird. Sie fungieren im Entscheidungsprozeß somit als Lösungsgeneratoren.[73]

Unter der Bedingung komplexer werdender Anforderungen stehen die Führungskräfte in der öffentlichen Verwaltung vor dem Problem, daß sie die mehr oder weniger offenen Beschränkungen zu konkretisieren haben. Da also davon ausgegangen werden kann, daß nicht schon von vornherein alle Prämissen der Entscheidung vorgegeben sind, muß eine adäquate Erfassung unseres Erkenntnisobjektes von vornherein variable Situationsbedingungen vorsehen. In der vorliegenden Untersuchung geht es nun um die Frage, wie es unter den gegebenen Bedingungen zu einer Konkretisierung der mehr oder weniger offenen Beschränkungen, entsprechend also zu einer Entwicklung von Entscheidungsprämissen kommt. Somit muß eine geeignete Erkenntnisperspektive nicht nur variable Situationsbedingungen vorsehen, sondern darüber hinaus nun auch die Einflüsse des Personals erfassen.

Aus diesen Vorüberlegungen resultieren nun auch Konsequenzen für die für unsere Zwecke relevante Erkenntnisebene. Dementsprechend sind für uns Ansätze relevant, die von der Erkenntnisebene her nicht auf Organisationsentscheidungen, sondern vielmehr auf Phänomene individuellen Entscheidens abstellen.

Da wir in unserer Untersuchung von zunehmend komplexen Anforderungen an die Führungskräfte auszugehen haben, geht es dann auch vom Entscheidungsbegriff her konkreter um individuelles Problemlösen, also dem individuellen Umgang von Führungskräften in öffentlichen Verwaltungen mit unbestimmten Entscheidungssituationen.[74] Somit lassen sich dann auch unterschiedliche kognitive und motivatorische Einflußgrößen der Führungskräfte erfassen.

---

72  Vgl. *Kirsch, Werner*, Entscheidungsprobleme, 1988, S. 2 und S. 98 ff.
73  Vgl. *Kirsch, Werner*, Entscheidungsprobleme, 1988, S. 65 ff.
74  Vgl. *Dörner, Dietrich/Kreuzig, Heinz W./Reither, Franz/Ständel, Thea (Hrsg.)*, Lohhausen, 1983, S. 100 ff. sowie *Fisch, Rudolf/Wolf, Michael F.*, Komplexität, 1990, S. 11 ff.

Eine weitere meta-theoretische Festlegung ist auch hinsichtlich des von uns zu verfolgenden Erkenntnisziels zu treffen. Die vorliegende Untersuchung zielt nun nicht schon auf eine bloße Beschreibung bzw. Erklärung des Entscheidungsverhaltens von Führungskräften ab, sondern es sollen vielmehr empirisch gehaltvolle Aussagen zur Verbesserung des Entscheidungsverhaltens in öffentlichen Verwaltungen abgeleitet werden. Entsprechend eines praktischen Erkenntnisziels sollten für uns relevante Ansätze eine Einbettung entsprechender Untersuchungsgrößen in einen effizienz- bzw. effektivitätserheblichen Funktionszusammenhang vorsehen.

Was nun die Erfassung bzw. Erhebung des Untersuchungsgegenstandes anbetrifft, so sind für uns solche Studien bedeutsam, die hinsichtlich der Erkenntnismethode auf eine empirische Erfassung des Entscheidungsverhaltens, d.h. auf eine Erhebung von Aktivitäten der Führungskräfte zurückgreifen.[75]

Im folgenden sollen anhand der hier dargelegten meta-theoretischen Kriterien unterschiedliche verwaltungs-wissenschaftliche Ansätze hinsichtlich ihrer Brauchbarkeit für die Entwicklung eines für unsere Untersuchung geeigneten Untersuchungskonzeptes überprüft werden.

### 2.1.1 Problemlösen als Erkenntnisobjekt

Im weiteren soll nun der Versuch unternommen werden, im Hinblick auf die Bearbeitung unseres Erkenntnisproblems, eben dem Entscheiden von Führungskräften in öffentlichen Verwaltungen, zu einer möglichst exakten Bestimmung des für uns relevanten Erkenntnisgegenstandes zu kommen.

Grundsätzlich läßt sich zwischen geschlossenen und offenen Modellen des Entscheidens unterscheiden.[76] Geschlossene Modelle des Entscheidens gehen von der Annahme aus, daß dem Entscheider alle Prämissen der Entscheidung bereits vorgegeben sind. So sind dem Entscheider bereits alle relevanten Handlungsalternativen und deren Konsequenzen bekannt und die letztendliche Entscheidung resultiert aus einer rationalen Auswahl aus diesen Alternativen. Im Zuge weiterer Entwicklungen wurde von der An-

---

75 Vgl. *Koch, Rainer,* Methodologische Entwicklungen, 1984, S. 29 ff.
76 Vgl. *Alexis, Marcus/Wilson, Charles Z.,* Decision Making, 1967, S. 148 ff.

nahme der vollständigen Information zunehmend abgewichen und in diese Modelle wurden wahrscheinlichkeitstheoretische Annahmen integriert.[77] Die offenen Modelle des Entscheidens unterstellen hingegen die kognitiven Beschränkungen der Rationalität des Individuums.[78] Dem Entscheider sind nicht von vornherein alle möglichen Alternativen und deren Konsequenzen bekannt und zukünftige Ereignisse können nur unvollständig antizipiert werden. Erst die offenen Modelle des Entscheidens stellen dann auch den für uns erheblichen Bezug zu kognitiven Problemlösungsprozessen her.[79] Sofern nun dabei auf unterschiedliche verwaltungs-wissenschaftliche Ansätze zurückgegriffen wird, so zeigt sich, daß sich dem Phänomen Verwaltungshandeln bzw. Entscheiden auf höchst verschiedene Art und Weise zugewandt wird, so daß es letztendlich auch zu höchst unterschiedlichen inhaltlichen Bestimmungen dieses Erkenntnisobjektes kommt.

So ist mit Blick auf jüngere Entwicklungen auf die zahlreichen Managementstudien zu verweisen,[80] die sich dem Erkenntnisobjekt Entscheiden lediglich im Sinne einer erfolgreichen Gestaltung und Steuerung von Leistungsprozessen im Bereich öffentlicher Verwaltungen zuwenden. Das zentrale Erkenntnisproblem dieser Ansätze kann dann nicht schon im personellen Einfluß auf die Herleitung und Ableitung von Handlungsalternativen liegen. Vielmehr wird in diesen Ansätzen darauf abgestellt, wie durch eine angemessene Gestaltung von sachlichen Rahmenbedingungen die Informationsversorgung verbessert werden kann. Mit der Anpassung bzw. Veränderung systembildender Strukturgrößen werden letztendlich Entscheidungsprämissen vorgegeben, die das Verwaltungshandeln steuern sollen.

Auch die unterschiedlichen Ansätze der Programm- und Implementationsforschung beschäftigen sich mit dem Entscheiden in öffentlichen Verwaltungen. Hierbei steht jedoch der Gesichtspunkt im Vordergrund, wie gegebene Rahmenbedingungen auf eine normgerechte Durchführung von Entscheidungen einwirken. Hiermit sind dann solche Ansätze angesprochen, die sich mit dem Design, der Implementation und der Evaluation von

---

77 Vgl. *Kirsch, Werner*, Entscheidungsprozesse I, 1977, S. 29 ff.

78 Vgl. *Simon, Herbert A.*, Behavior, 1957 sowie *March, James G.*, Beschränkte Rationalität, 1990, S.297.

79 Vgl. *Kirsch, Werner*, Entscheidungsprozesse I, 1977, S. 27.

80 Zur Abgrenzung des Begriffs Management siehe *Staehle, Wolfgang H.*, Management, 1994, S. 69 ff. und *Hill, Wilhelm*, Managementlehre, 1985, S. 111 ff.

Wirkungen politischer Programme beschäftigen.[81] Gemäß rechtsstaatlichen Vorgaben hat die öffentliche Verwaltung als vollziehende Gewalt die Aufgabe, Vorgaben des Gesetzgebers in verbindliche Einzelfallregelungen umzusetzen.[82] Demnach wird das Entscheidungsverhalten in der öffentlichen Verwaltung im wesentlichen durch legislative Programme gesteuert. Mit der Struktur gegebener Entscheidungsprogramme werden der öffentlichen Verwaltung generelle Muster der Informationsverarbeitung bereits vorgegeben. Anders gesagt ergeben sich demgemäß die Aufgaben der öffentlichen Verwaltung aus den legislativen Programmen. Mit Blick auf die Ansätze der Programm- und Implementationsforschung ist unter Entscheiden in öffentlichen Verwaltungen die Anwendung von Verwaltungsprogrammen zu verstehen. Diese Ansätze tragen dann zwar zum generellen Verständnis von Entscheidungsprozessen in der öffentlichen Verwaltung bei, allerdings erfassen sie nur bedingt Aspekte individuellen Entscheidens.

In den Ansätzen der Programmforschung geht es insbesondere darum, mit unterschiedlichen Designs legislativer Programme zu einer angemessenen Abbildung gegebener Problem- und Aufgabenkomplexität zu kommen.[83] So trifft man für den Fall wenig komplexer, stetig wiederkehrender Problemstellungen auf den Typus des Konditionalprogramms, bei dem alle entscheidungserheblichen Tatbestände sowie die Kriterien für die Ableitung eines Mitteleinsatzes der öffentlichen Verwaltung mehr oder weniger vorgegeben werden. Je nach dem, ob es sich im einzelnen um ein Such-, Auswahl- oder Arbeitsprogramm handelt, ist der administrative Entscheidungsprozeß auf das selbständige Finden, die Auswahl aus mehreren Alternativen oder den Vollzug einer gegebenen Alternative festgelegt.[84] Ist mit häufig wechselnden Bedingungs- und Wirkungszusammenhängen zu rechnen, wie z.B. bei der Wahrnehmung staatlicher Leistungs- und Planungsaufgaben, so wird auf vergleichsweise offene Formen der Programmierung zurückgegriffen.[85] Für den Fall einer finalen Programmierung werden dann zwar Ziele und denkbare Ausgangsbedingungen vorgegeben,

---

81  Vgl. *Böhret, Carl/Jann, Werner/Kronenwett, Eva,* Handlungsspielräume, 1982, S. 28 ff.

82  Vgl. Art. 20 Abs. 2 und 3 GG und *Becker, Bernd,* Öffentliche Verwaltung, 1989, S. 166 ff.

83  Vgl. zu den unterschiedlichen Programmtypen *Becker, Bernd,* Öffentliche Verwaltung, 1989, S. 450 ff.

84  Vgl. *Loeser, Roman,* Verwaltungsrecht, 1994, S. 500 ff.

85  Vgl. hierzu beispielhaft § 1 Bundes-Raumordnungsgesetz.

die Auswahl geeigneter Mittel ist von der öffentlichen Verwaltung jedoch an den jeweils maßgeblichen Situationsbedingungen auszurichten.[86]

Hiermit kann dann auch deutlich werden, daß der öffentlichen Verwaltung durch die Struktur legislativer Programme mehr oder weniger große Handlungsspielräume bei der Ableitung nach außen wirksamer Maßnahmen vorgegeben werden. Im Rahmen der Studien zur Implementationsforschung steht dann die Untersuchung der Effizienz bzw. Wirksamkeit von unterschiedlichen Programmen im Mittelpunkt des Interesses.[87] Unter dem Stichwort „Vollzugsdefizit" wird die Diskrepanz zwischen den Intentionen bzw. Zielen und den tatsächlichen Wirkungen politischer Programme analysiert.[88] Wird in diesem Zusammenhang auf das unmittelbare Entscheidungsverhalten der Bediensteten abgestellt, so versucht man, in diesen Studien den Einfluß und die Bedeutung unterschiedlicher Implementationsfaktoren auf das Verhalten der Akteure im Implementationsprozeß zu erfassen.[89]

Die Relevanz dieser Ansätze für die Entwicklung eines eigenen Untersuchungskonzeptes ergibt sich nun daraus, daß sich dem Erkenntnisobjekt generell unter dem Aspekt der Programmanwendung genähert wird, daß je nach Art und Struktur legislativer Programme nun unterschiedliche Handlungsspielräume seitens der öffentlichen Verwaltung entstehen und daß es schließlich unter der Bedingung zunehmend offener Entscheidungsverhältnisse gleichermaßen zu Vollzugsproblemen kommen kann. Auch wenn im Rahmen dieser Studien Aussagen dazu gemacht werden, wie Führungskräfte auf mehr oder weniger offene Entscheidungssituationen reagieren und wie sich beim Vollzug von Programmen unterschiedliche Orientierungen bzw. Stile des Handelns auswirken, so konzentriert man sich hier jedoch lediglich auf Aspekte des Vollzugsdefizites.[90] Allerdings werden keine Aussagen darüber getroffen, welche kognitiven bzw. motivationalen Größen der Führungskräfte für die Entwicklung und Auswahl von Entscheidungsalternativen haben.

---

86  Vgl. *Brühl, Raimund,* Verwaltungsverfahren, 1990, S. 68.
87  Vgl. *Mayntz, Renate, (Hrsg.),* Implementation, 1980 sowie *Scharpf, Fritz W.,* Interessenlage, 1983, S. 99-116.
88  Vgl. *Eichhorn, Peter, (Hrsg.),* Verwaltungslexikon, 1985, S. 1025.
89  Vgl. *Böhret, Carl/Jann, Werner/Kronenwett, Eva,* Handlungs-spielräume, 1982.
90  Vgl. *Böhret, Carl/Jann, Werner/Kronenwett, Eva,* Handlungs-spielräume, 1982, S. 381 ff.

Eine weitere Alternative in der Bestimmung des Erkenntnisobjektes Entscheiden bieten die Studien zur Bürgernahen Verwaltung. Entscheiden versteht sich hier als Verwaltungshandeln gegenüber dem Publikum. In den empirischen Studien zur Bürgernahen Verwaltung wird untersucht, welche Art an Bürger- bzw. Kundenorientierungen bei den Bediensteten vorliegt und ob bestimmte Einstellungen, Stereotypisierungen oder auch Etikettierungen öffentlicher Bediensteter nun auch ein angemessenes Verhalten zulassen.[91] In den Studien zur Bürgernahen Verwaltung steht nun nicht mehr Entscheiden unter dem Aspekt der Steuerung von Leistungsprozessen oder der Einfluß legislativer Programme auf das Entscheidungsverhalten von Führungskräften im Vordergrund. Diese Arbeiten geben vielmehr Aufschluß darüber, wie die Einstellungen von Führungskräften gegenüber ihrem Publikum das Entscheidungsverhalten bzw. das Entscheidungsergebnis beeinflussen. Aber auch im Rahmen dieser Ansätze wird die für uns zentrale Frage vernachlässigt, welches Entscheidungsverhalten die Führungskräfte unter komplexen Aufgabenbedingungen zeigen, um zu adäquaten Lösungen zu kommen.

Eine größere Nähe zu unserem Erkenntnisproblem weisen die zahlreichen Studien zu den rollentypischen Selbsteinschätzungen von Führungskräften in der öffentlichen Verwaltung auf. Hier werden dann einerseits die dominanten Selbsteinschätzungen von Spitzenbediensteten in der Ministerialverwaltung analysiert. Dabei werden anhand verschiedener Kriterien, wie z.B. Parteiidentifikation, monistische oder pluralistische Einstellungen und informelle Kontakte zu anderen Organisationen, unterschiedliche Extremtypen des klassischen oder politischen Bürokraten herausgestellt.[92] In weiteren Studien werden diverse Rollenverständnisse von Spitzenbediensteten und Politikern ermittelt.[93] So läßt sich in diesem Zusammenhang auch auf Untersuchungen verweisen, die die Bedeutung technokratischer

91 Vgl. *Grunow, Dieter*, Bürgernähe, 1982, S. 237-253 und *Buse, Michael/Buschmann, Horst (Hrsg.)*, Bürgernahe Verwaltung, 1982 sowie *Hoffmann-Riem, Wolfgang (Hrsg.)*, Bürgernahe Verwaltung, 1980.

92 Vgl. *Steinkemper, Bärbel*, Klassische und politische Bürokraten, 1975, S. 14 ff. sowie *Putnam, Robert D.*, Political Attitudes, 1973, S. 257-290.

93 Vgl. *Aberbach, Joel D./Putnam, Robert D./Rockmann, Bert A.*, Western Democracies, 1981, S. 84-114 sowie *Aberbach, Joel D./Rockmann, Bert A.*, Bureaucratic Roles, 1988, S. 79 ff.

Einstellungen von Spitzenbediensteten hinsichtlich ihres Politikverständnisses darstellen.[94]

In einem für uns relevanten direkten Bezug zur Aufgaben- bzw. Rollenwahrnehmung öffentlicher Bediensteter wird dann auf eine Unterscheidung zwischen „Lokalen" und „Kosmopoliten" verwiesen. Es handelt sich dabei um komplexe Orientierungen, mit denen in zusammengesetzter Weise der Einfluß unterschiedlicher sozialer Größen auf das Entscheidungsverhalten nachgewiesen wird. So orientieren sich „Lokale" und „Bürokraten" bei ihrer Aufgabenwahrnehmung vorwiegend an internen Bezugsgruppen, beziehen sich bei ihrer Entscheidungsfindung also vorwiegend auf den spezifischen, insbesondere sozialen Kontext der öffentlichen Verwaltung.[95] Für die Gruppe der „Kosmopoliten" oder „Spezialisten" ist hingegen charakteristisch, daß die bei der Aufgabenerledigung entscheidende Referenzgruppe in der Regel außerhalb des organisatorischen Rahmens zu finden ist, und sich aus Personen zusammensetzt, denen gleiche berufliche bzw. fachliche Fähigkeiten zugeschrieben werden. Hier wird deutlich gemacht, daß „Kosmopoliten" also vergleichsweise eher dazu neigen, ihre Entscheidungen unter Rückgriff auf umfassende, allgemeingültige Kriterien bzw. fachspezifische Modelle zu treffen, während „Lokale" bei ihrer Entscheidungsfindung wohl häufiger auf binnenorganisatorisch begrenzte, soziale Mechanismen setzen.[96]

Was nun die Ergiebigkeit dieser Studien im Hinblick auf eine angemessene Konzeptualisierung der vorliegenden Untersuchung anbetrifft, so zeigt sich, daß hier wie auch im Rahmen der Studien zur Bürgernahen Verwaltung bereits individuelle Aspekte des Entscheidungsverhaltens thematisiert werden. Für diese Studien ist nun auch charakteristisch, daß hier eine organisations-soziologische Erkenntnisperspektive zugrunde gelegt wird. Entsprechend wird in diesen Untersuchungen auch primär auf Fragen eines erwartungsgerechten Rollenverhaltens abgestellt.[97] Bei einer derartigen Erfassung des Erkenntnisobjektes ist somit auch noch kein direkter Zugang

---

94 Vgl. *Aberbach, Joel D./Derlien, Hans-Ulrich/Mayntz, Renate/ Rockmann, Bert A.*, Federal Executives, 1990, S. 3-18 sowie *Putnam, Robert D.*, Elite Transformation, 1977, S. 383 ff.
95 Vgl. *Gouldner, Alvin W./Newcomb, Ester R.*, Administrative Rollen, 1971, S. 241.
96 Vgl. *Gouldner, Alvin W./Newcomb, Ester R.*, Administrative Rollen, 1971, S. 244.
97 Vgl. *Schäfers, Bernhard, (Hrsg.),* Soziologie, 1986, S. 252 ff. sowie *Kieser, Alfred/Kubicek, Herbert*, Organisation, 1992, S. 449 ff.

zur Bestimmung kognitiver und motivationaler Einflußgrößen auf das Entscheidungsverhalten gegeben.

Eine vergleichsweise andersartige Erfassung des Verhaltens von Führungskräften weisen die Studien zur Führungsforschung in der öffentlichen Verwaltung auf.[98] Hier wird das Entscheidungsverhalten unter dem Blickwinkel der zielorientierten Verhaltensbeeinflussung der Mitarbeiter unter der Berücksichtigung situativer Kontextfaktoren durch den Vorgesetzten betrachtet.[99] Dabei hat der Vorgesetzte durch sein Führungsverhalten die adäquaten Bedingungen einer sachgerechten Aufgabenerledigung sowie einer ausreichenden Leistungsaktivierung zu schaffen. Dabei geht es dann auch um die Frage der jeweiligen Vorteilhaftigkeit unterschiedlicher Führungsstile unter Berücksichtigung diverser Merkmale der Arbeitssituation.[100] Aber eine derartige Erfassung des Erkenntnisobjektes Entscheiden erweist sich für unser Erkenntnisproblem als noch zu wenig tragfähig, da hier die individuellen Entscheidungsprobleme der Führungskräfte bei der Entwicklung und Ableitung von Handlungsalternativen nicht berücksichtigt werden.

Um entsprechend der zentralen Fragestellung dieser Arbeit, den Einfluß individueller Entscheidungsstile oder auch Selbstverpflichtungen auf das Entscheidungsverhalten untersuchen zu können, ist auf die wenigen Ansätze individuellen Entscheidens von Führungskräften in öffentlichen Verwaltungen zurückzugreifen. In dieser Hinsicht läßt sich nun auf einige, zudem empirische Untersuchungen verweisen, die sich unmittelbar mit dem Entscheidungsverhalten von Führungskräften unter veränderten komplexen Aufgabenbedingungen beschäftigen.[101] Entsprechend diesem Erkenntnisproblem wird dann auch erst in diesen Studien auf die für uns relevanten

---

98  Vgl. hierzu beispielhaft *Klages, Helmut/Hippler, Gabriele*, Mitarbeitermotivation, 1991 und *Korac Kakabadse, Andrew/Korac Kakabadse, Nada/Myers, Andrew*, Leadership, 1996, S. 377 ff.

99  Vgl. *Rosemann, Bernhard/Schweer, Martin*, Führungsverhalten, 1996, S. 301 ff. und *Fiedler, Fred E.*, Leadership, 1967.

100  Vgl. *Klages, Helmut/Hippler, Gabriele*, Mitarbeitermotivation, 1991, S. 126 ff.

101  Vgl. *Driver, Michael J./Rowe, Alan S.*, Decision-Making Styles, 1979, S. 141 ff. sowie *Henderson, John G./Nutt, Paul C.*, Decision Style, 1980, S. 371 ff. und *Hunt, Raymond G./Krzystofiak, Frank J.Meindl, James R./Yoursry Abdalla M.*, Cognitive Style, 1989, S. 436 ff. und *Fisch, Rudolf/Boos, Margarete K. (Hrsg.)*, Komplexität, 1990 sowie *Koch, Rainer*, Entscheidungsunterstützung, 1992, S. 39 ff. sowie *Koch, Rainer*, Erfolgsbedingungen, 1993, S. 529 ff. und *Koch, Rainer*, Politikeinfluß, 1991, S. 159 ff.

sog. offenen Modelle des Entscheidens zurückgegriffen.[102] Diese Ansätze gehen dann davon aus, daß die für die Entscheidungsfindung notwendigen Kriterien und Entscheidungsregeln nicht schon im ausreichenden Maße durch z.B. legislative Programme vorgegeben sind. Relevante Entscheidungsprämissen sind im Rahmen individueller Informationsverarbeitungsprozesse erst von den Führungskräften selbst zu erstellen. Demnach sind dann bei der Entscheidungsfindung auch kognitive und motivationale Merkmale der Führungskräfte von Bedeutung.

Der zentrale Gesichtspunkt dieser Studien ist nun, ob und inwieweit es unter der Bedingung unterschiedlich komplexer Aufgabenstellungen zu einem adäquaten Entscheidungsverhalten kommt. Dem Kern nach werden hier dann unterschiedliche Arten bzw. Strategien bei der Er- und Verarbeitung von Informationen analysiert. Entsprechend unserer Problem- und Fragestellung kann sich in dieser Hinsicht bei der Konzeptualisierung der vorliegenden Untersuchung an diesen Ansätzen orientiert werden, da es hier vom Entscheidungsobjekt bzw. -begriff her um individuelles Problemlösen geht, mit welchem Informationsverarbeitungsverhalten Führungskräfte in öffentlichen Verwaltungen also auf zunehmend unbestimmte Entscheidungssituationen reagieren.[103]

Im Rahmen einer meta-theoretischen Betrachtung verschiedener verwaltungswissenschaftlicher Studien zum personellen Einfluß auf das Verwaltungshandeln bzw. Entscheidungsverhalten läßt sich resümierend feststellen, daß das Erkenntnisobjekt Entscheiden in öffentlichen Verwaltungen dabei auf unterschiedliche Art und Weise erfaßt und bearbeitet wird. Für unsere Zwecke erscheint eine Orientierung an den Studien zum Entscheidungsverhalten angemessen, die Entscheiden im Sinne von Problemlösen definieren.

---

102 Vgl. *Alexis, Marcus/Wilson, Charles Z.*, Decision Making, 1967, S. 148 ff. und *Kirsch, Werner*, Entscheidungsprobleme, S. 2 und S. 98 ff.

103 Vgl. *Dörner, Dietrich/Kreuzig, Heinz W./Reither, Franz/Stäudel, Thea (Hrsg.)*, Lohhausen, 1983, S. 100 ff. sowie *Fisch, Rudolf/Wolf, Michael F.*, Komplexität, 1990, S. 11 ff.

*Abb. 1: Erfassung des Erkenntnisobjektes*

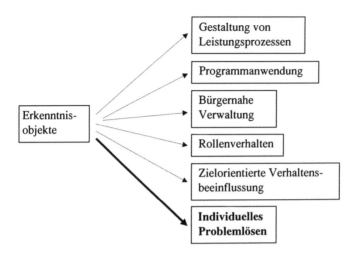

## 2.1.2 Umweltabhängiges, individuelles Problemlösen als Erkenntnisebene

Zum Zwecke der Entwicklung eines eigenen Untersuchungskonzeptes soll nun im folgenden ein weiteres relevantes meta-theoretisches Kriterium bestimmt werden. Genauer gesagt geht es in den weiteren Ausführungen um die Erfassung der für unsere Untersuchung angemessenen Erkenntnisebene.

Grundsätzlich kann bei der Erfassung und Analyse sozialwissenschaftlicher Phänomene von höchst unterschiedlichen Wirklichkeitsebenen ausgegangen werden.[104] Anders gesagt ist bei der Formulierung von Aussagen immer der analytische Bereich bzw. das Universum festzulegen, auf den sich diese Aussagen beziehen. So lassen sich soziale Einheiten nach verschiedenen Ebenen unterscheiden, wobei die Einheiten der jeweils niederen Ebene jeweils Elemente der nächst höheren Ebene sind. Das Spektrum reicht dabei von der individuellen Ebene (Personen) bis hin zur Ebene von Gesamtgesellschaften.

---

104 Vgl. hierzu generell *Hummell, Hans J.,* Mehrebenenanalyse, 1972.

Für verwaltungswissenschaftliche Untersuchungen ist nun typisch, daß sie sich erkenntnismäßig auf unterschiedliche analytische Ebenen beziehen.[105] Zur Lösung verwaltungswissenschaftlicher Erkenntnisprobleme reicht im Regelfall die Untersuchung nur einer analytischen Ebene, wie z.b. der individuellen Ebene nicht aus. Vielmehr muß dabei häufig auf die Ebene von Gruppen oder ganzen Organisationen bzw. Systemen zurückgegriffen werden. Methodische Probleme stellen sich nun gerade bei sog. Mehrebenenanalysen ein, bei denen der Untersuchungsgegenstand durch Aspekte unterschiedlicher Ebenen tangiert wird. Zum einen ist zunächst sicherzustellen, daß die konzeptionell festgelegte Analyseebene nun auch zur Untersuchungseinheit wird, also auch in adäquater Weise ggf. empirisch erfaßt wird. Man denke in diesem Zusammenhang nur an die Schwierigkeiten bei der Erhebung von Strukturmerkmalen über die Wahrnehmung von Personen. Gleichzeitig ergeben sich immer wieder Probleme bei dem Versuch, mehrere analytische Ebenen mit Hilfe mehrstufiger Erklärungskonzepte zu erfassen und zu verknüpfen.[106] Im folgenden wollen wir nun anhand einer Analyse entsprechender verwaltungswissenschaftlicher Arbeiten zu einer Bestimmung der für unsere Zwecke relevanten Erkenntnisebene kommen. Betrachtet man nun die Vielzahl an verwaltungswissenschaftlichen Studien, die sich mit dem Erkenntnisobjekt Entscheiden bzw. Problemlösen beschäftigen, so zeigt sich, daß dabei zunächst höchst unterschiedliche analytische Ebenen zum Tragen kommen.

Die zahlreichen Managementstudien wenden sich dem Erkenntnisobjekt Entscheiden unter dem Aspekt der Gestaltung und Steuerung von öffentlichen Leistungsprozessen zu.[107] Zentraler Gesichtspunkt ist hier also die Schaffung organisatorischer Rahmenbedingungen, um so zu einem verbesserten Entscheidungsverhalten zu gelangen. Vor dem Hintergrund einer möglichst effizienten Erstellung öffentlicher Leistungen wird dabei z.B. in jüngeren Ansätzen auf Maßnahmen zur Dezentralisierung der Ressourcenverantwortung verwiesen. Darunter wird der Versuch verstanden, die Personal-, Finanz- und Organisationsverantwortung bei der jeweiligen Vollzugseinheit zu bündeln. Durch die Erhöhung des Handlungsspielraumes soll ein flexibler und auch effizienter Ressourceneinsatz gewährleistet werden.[108] Weitere Maßnahmen, wie z.B. die Durchführung von Produkt-

---

105 Vgl. *Koch, Rainer*, Methodologische Entwicklungen, 1984, S. 24 ff.

106 Vgl. *Lange, Elmar*, Mehrebenenanalyse, 1987, S. 91 ff.

107 Vgl. hierzu beispielhaft *Jannings, Hermann et al.*, Modell Soest, 1994 sowie *Naschold, Frieder/Pröhl, Marga (Hrsg.)*, Produktivität, 1995.

108 Vgl. *Wendelmann, Gerhard*, Verwaltungsmodernisierung, 1995, S. 123 ff.

und Leistungsbeschreibungen, verbunden mit der Einrichtung einer Ko-
sten- und Leistungsrechnung sowie eines umfassenden Verwaltungs-
Controllings, sollen zu einer Steigerung der Effizienz bzw. Effektivität des
Verwaltungshandelns beitragen.[109] Wie zu ersehen, wird sich hier dem
Phänomen Verwaltungshandeln bzw. Entscheiden aus einer System-
Umwelt-Perspektive zugewandt. Zentraler Gesichtspunkt sind hier die Entscheidungsprozesse des Gesamtsystems öffentlicher Verwaltungen unter
veränderten Umweltbedingungen. Durch die Anpassung bzw. Veränderung
systembildender Steuerungsgrößen, die dann als Entscheidungsprämissen
fungieren, soll das Verwaltungshandeln optimiert werden. Da sich diese
Ansätze somit nicht schon mit Fragen des Entscheidens bzw. Problemlösens auf individueller Ebene beschäftigen, sind sie für die Bearbeitung der
dieser Arbeit zugrunde liegenden Problem- und Fragestellung auch nicht
unmittelbar relevant. Allerdings geben uns diese Studien zumindest einen
Einblick in die Rahmenbedingungen öffentlichen Entscheidens.

Auch die Ansätze zur Programm- und Implementationsforschung, die
sich mit dem Design und der Wirkung von politischen Programmen beschäftigen, wenden sich dem Erkenntnisobjekt Entscheiden auf der Syste-
mebene zu, da hier Programme als strukturbildendes Merkmal betrachtet
werden.[110] Entsprechend beschäftigen sich auch diese Studien mit dem
Entscheiden ganzer Systeme bzw. Organisationen.

Da unser zentrales Erkenntnisproblem jedoch auf die personellen Einflüsse beim Problemlöseverhalten abzielt, wollen wir uns nun den Ansätzen zuwenden, die sich dem Erkenntnisobjekt Entscheiden auf individueller Ebene zuwenden. Zum einen ist dann wieder auf die Studien zur Bürgernahen Verwaltung zu verweisen, die sich letztendlich mit den Einflüssen individueller Einstellungen gegenüber dem Publikum auf das Entscheidungsergebnis beschäftigen.[111] Auch könnten die verschiedenen Studien zu
den rollentypischen Selbsteinschätzungen einen Ansatzpunkt für die Bestimmung einer geeigneten Erkenntnisebene bilden, da hier bereits auf in-

---

109 Vgl. *Bonorden, Volker*, Konzepte, 1995, S. 119 ff.
110 Vgl. *Böhret, Carl/Jann, Werner/Kronenwett, Eva*, Handlungs-spielräume, 1982, S. 28 ff.
111 Vgl. *Grunow, Dieter,* Bürgernähe, 1982, S. 237-253 und *Buse, Michael/ Busch-mann, Horst (Hrsg.),* Bürgernahe Verwaltung, 1982 sowie *Hoffmann-Riem, Wolf-gang (Hrsg.),* Bürgernahe Verwaltung, 1980.

dividuelle Aspekte des Entscheidungsverhaltens eingegangen wird.[112] Weiterhin offen bleibt in diesen Studien allerdings, welchen Einfluß situative Faktoren bzw. Umweltstimuli auf das Entscheidungs- bzw. Problemlöseverhalten haben. Für unsere Zwecke ist jedoch nicht nur die isolierte Erfassung der individuellen Ebene relevant. Gemäß der entwickelten Problem- und Fragestellung müßte eine adäquate Erkenntnisebene Umweltgrößen und individuelle Größen sowie gegebene Interaktionen gleichermaßen erfassen.[113]

Eine derartige Erkenntnisebene legen nun einerseits die verwaltungswissenschaftlichen Studien zur Führungsforschung zugrunde.[114] Gemäß des Situationsansatzes der Führungsforschung wird hier davon ausgegangen,[115] daß das Verhalten der Führungskräfte maßgeblich davon abhängt, wie sie die Aufgaben und die organisatorischen Rahmenbedingungen einerseits und die Qualität der unterstellten Mitarbeiter andererseits einschätzen.[116] Diese Ansätze erweisen sich im Hinblick auf die Entwicklung eines eigenen Untersuchungskonzeptes insofern als ergiebig, als hier an dem übergeordneten Paradigma einer jeweils situativen Abhängigkeit des (Führungs-) Verhaltens im Hinblick auf strukturelle und aufgabenbezogene Anforderungen angeknüpft wird.[117] Entsprechend werden hier zur Vorhersage und Erklärung menschlichen Verhaltens stets die individuellen als auch die situativen Bedingungen sowie deren Wechselwirkungen berücksichtigt. Wie bereits an anderer Stelle erörtert, werden allerdings in den Ansätzen zur Führungsforschung nicht schon Aussagen zur Lösung individueller Entscheidungsprobleme gemacht.

Einen näheren Bezug zu unserem Erkenntnisproblem weisen dann die Studien zum Entscheidungsverhalten von Führungskräften in öffentlichen

112 Vgl. *Gouldner, Alvin W./Newcomb, Ester R.*, Administrative Rollen, 1971, S. 239 ff.

113 Vgl. *Hummell, Hans J.*, Mehrebenenanalyse, 1972, S. 20 ff.

114 Vgl. hierzu beispielhaft *Klages, Helmut/Hippler, Gabriele*, Mitarbeitermotivation, 1991 und *Korac Kakabadse, Andrew/Korac Kakabadse, Nada/Myers, Andrew*, Leadership, 1996, S. 377 ff.

115 Vgl. hier insbesondere die Kontingenztheorie bei *Fiedler, Fred E.*, Leadership, 1967.

116 Vgl. *Rosemann, Bernhard/Schweer, Martin*, Führungsverhalten, 1996, S. 301 ff. sowie *Staehle, Wolfgang H.*, Management, 1994, S. 327 ff.

117 Vgl. *Oechsler, Walter A.*, Personal, 1994, S. 294.

Verwaltungen auf.[118] Zentraler Gesichtspunkt ist in diesen Ansätzen die Analyse individuellen Entscheidungsverhaltens unter dem situativen Kontext jeweils gegebener Aufgabenstellungen und organisatorischer Rahmenbedingungen. Hier wird dann entsprechend einer für uns relevanten Erkenntnisebene ein situations- bzw. umweltabhängiges, individuelles Problemlösen von Führungskräften zugrunde gelegt. Eine solche Erkenntnisebene läßt dann auch erst Aussagen über das spezifische Informationsverarbeitungsverhalten von Führungskräften zu.

*Abb. 2: Erfassung der Erkenntnisebene*

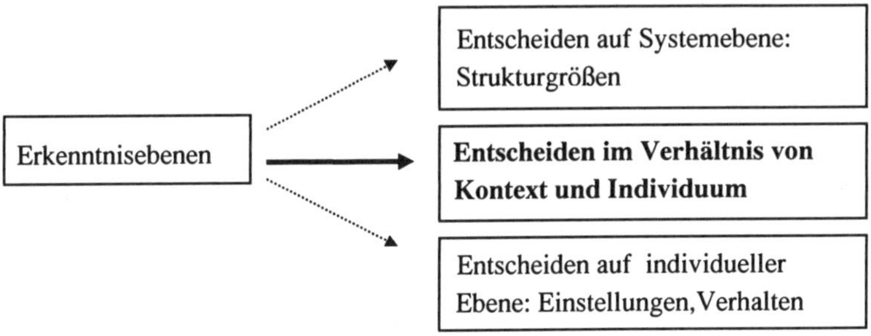

```
                          ┌────────────────────────────────┐
                       ╱  │ Entscheiden auf Systemebene:   │
                      ╱    │ Strukturgrößen                 │
                     ╱     └────────────────────────────────┘
┌──────────────────┐      ┌────────────────────────────────┐
│ Erkenntnisebenen │ ───► │ Entscheiden im Verhältnis von  │
└──────────────────┘      │ Kontext und Individuum         │
                     ╲    └────────────────────────────────┘
                      ╲   ┌────────────────────────────────┐
                       ╲  │ Entscheiden auf individueller  │
                          │ Ebene: Einstellungen, Verhalten│
                          └────────────────────────────────┘
```

## 2.1.3 Situative Ansätze des Entscheidens als Erkenntnisperspektive

Im folgenden gilt es unter Berücksichtigung gegebener verwaltungswissenschaftlicher Untersuchungen zu einer Bestimmung einer für uns adäquaten Erkenntnisperspektive zu kommen. Bei der Betrachtung des aktuellen Forschungsstandes zum Entscheiden in öffentlichen Verwaltungen zeigt sich nun auch, daß hier höchst unterschiedliche Erkenntnisperspekti-

---

118 Vgl. *Driver, Michael J./Rowe, Alan S.*, Decision-Making Styles, 1979, S. 141 ff. sowie *Henderson, John G./Nutt, Paul C.*, Decision Style, 1980, S. 371 ff. und *Hunt, Raymond G./Krzystofiak, Frank J.Meindl, James R./Yoursry Abdalla M.*, Cognitive Style, 1989, S. 436 ff. und *Fisch, Rudolf/Boos, Margarete K. (Hrsg.)*, Komplexität, 1990 sowie *Koch, Rainer*, Entscheidungsunterstützung, 1992, S. 39 ff. sowie *Koch, Rainer*, Erfolgsbcdingungen, 1993, S. 529 ff. und *Koch, Rainer*, Politikeinfluß, 1991, S. 159 ff.

ven zugrunde gelegt werden. Mit der Erkenntnisperspektive wird dann auch jeweils ein bestimmter Entdeckungszusammenhang vorgegeben, mit dem gegen ein gegebenes Erkenntnisziel ein Erkenntnisobjekt erfaßt wird.[119] Die Erkenntnisperspektive umfaßt somit auch immer ein bestimmtes Paradigma bzw. Schema zur Erfassung und Lösung eines Erkenntnisproblems.[120] Damit läßt sich dann das gegebene Erkenntnisobjekt zieladäquat in weitere Ursache-Wirkungs-Beziehungen aufschlüsseln.

In dieser Hinsicht erfassen die verschiedenen Managementstudien den Untersuchungsgegenstand Entscheiden in öffentlichen Verwaltungen aus rational-normierender Perspektive. Mit Rückgriff auf die hier zugrunde gelegte sozialwissenschaftliche System- und Entscheidungstheorie wird auf den Gesichtspunkt abgestellt, wie mit Mitteln einer komplexitätsgerechten Systemgestaltung das Entscheidungsverhalten gesteuert werden kann.[121] Unter diesem Blickwinkel werden dann in diesen Studien Aussagen dazu gemacht, wie es durch eine Anpassung systembildender Strukturgrößen an die gegebene Aufgabenkomplexität zu einer verbesserten Leistungserstellung kommen kann.[122]

Was nun die Ergiebigkeit dieser Ansätze im Hinblick auf die Entwicklung eines für diese Arbeit relevanten Untersuchungskonzeptes anbetrifft, so ist festzustellen, daß sich hier dem Erkenntnisobjekt Entscheiden von einer Systemperspektive zugewandt wird. Eine umfassende, veränderte Gestaltung und Steuerung von Leistungsprozessen soll zu einer verbesserten Leistungserbringung führen. Da eine derartige Erkenntnisperspektive nicht schon den Gesichtspunkt des individuellen Entscheidens bzw. Problemlösens erfaßt, sind diese Ansätze für die Bearbeitung der dieser Arbeit zugrunde liegenden Problem- und Fragestellung auch nicht unmittelbar relevant. Der Nutzen dieser Ansätze für die vorliegende Untersuchung liegt jedoch darin begründet, als hier die Bedeutung der Ausgestaltung spezifischer, sachlicher Rahmenbedingungen für die öffentliche Leistungserstellung herausgearbeitet wird.[123] Genauer gesagt wird in diesen Studien verdeutlicht, daß die Gewährung von exekutivischen Handlungsspielräumen

119 Vgl. *Koch, Rainer*, Paradigmenentwicklung, 1984, S. 3 ff. sowie *Koch, Rainer*, Perspektive, 1987, S.13 ff.
120 Vgl. *Giesen, Bernard/Schmid, Michael*, Basale Soziologie, 1976, S. 64.
121 Vgl. *Luhmann, Niklas*, Aufklärung 2, 1991, S. 39 ff.
122 Vgl. *Koch, Rainer*, Paradigmenentwicklung, 1989, S. 17 ff.
123 Vgl. *Hill, Hermann/Klages, Helmut, (Hrsg.)*, Spitzenverwaltungen, 1995.

einen wesentlichen Einfluß auf eine situationsgerechte und auch effiziente Kombination von Produktionsfaktoren durch die Führungskräfte hat.

Auch die Studien zur Programmforschung versuchen, das Erkenntnisproblem Entscheiden in öffentlichen Verwaltungen von einer Systemperspektive her zu erfassen. Diese Ansätze betrachten legislative Programme unter dem Gesichtspunkt einer wesentlichen Strukturgröße zur Regulierung gegebener Problem- und Aufgabenkomplexität. Aus dieser Sicht der Dinge wird die Aufgabenerledigung in der öffentlichen Verwaltung durch Programme bereits vorstrukturiert. Auch wenn eine solche Erkenntnisperspektive die individuellen Einflüsse der Bediensteten bei der Aufgabengliederung vernachlässigt, so sind diese Ansätze für die Konzeptualisierung unserer Untersuchung insoweit ertragreich, als hier der Zusammenhang zwischen Aufgaben- bzw. Programmtyp und administrativem Handlungsspielraum aufgezeigt wird.[124] Anders gesagt, je nach Art der legislativen Programmierung werden der öffentlichen Verwaltung im unterschiedlichen Ausmaß bereits Entscheidungsprämissen und Entscheidungsregeln vorgegeben.

Durch die Erkenntnisperspektive der Studien zur Bürgernahen Verwaltung werden nun auch individuelle Aspekte des Entscheidens in die Betrachtung integriert. Genauer gesagt werden in diesen Ansätzen die Einstellungen von Bediensteten gegenüber den Bürgern analysiert. Einstellungen umfasssen im allgemeinen immmer kognitive, affektive und evaluative Aspekte der Verhaltensbereitschaft von Personen.[125] Darüber hinaus wird dann auch immer wieder untersucht, welchen Einfluß nun bestimmte Stereotypisierungen oder Vorurteile der Bediensteten auf das Verhalten der Bediensteten und damit auf das Entscheidungsergebnis haben.[126] Eine derartige Erkenntnisperspektive ist für uns insoweit bedeutungsvoll, als hier Hinweise darauf gegeben werden, inwieweit personale Dispositionen das Verhalten beeinflussen. Dabei werden bei diesen Ansätzen allerdings nicht schon weitere Aufgaben- oder Situationsbedingungen in die Betrachtung aufgenommen.[127]

---

124 Vgl. *Böhret, Carl/Jann, Werner/Kronenwett, Eva*, Handlungs-spielräume, 1982.

125 Vgl. *Bosetzky, Horst/Heinrich, Peter*, Mensch, 1994, S. 115 ff. und *Gebert, Diether/Rosenstiel, Lutz von*, Organisationspsychologie, 1992, S.14 ff.

126 Vgl. *Grunow, Dieter*, Bürgernähe, 1982, S. 237 ff.und *Koch, Rainer*, Publikumsorientierung, 1982, S. 90 ff.

127 Vgl. *Buse, Michael/Buschmann, Horst (Hrsg.)*, Bürgernahe Verwaltung, 1982.

Auch die Studien zu den rollentypischen Selbsteinschätzungen erfassen individuelle Aspekte des Verwaltungshandelns. Aus einer organisationssoziologischen Perspektive wird untersucht, ob und inwieweit individuelle Orientierungen von Führungskräften das Verhalten beeinflussen.[128] Auch wenn diese Erkenntnisperspektive keinerlei Situations- und Erfolgsgrößen erfaßt, so werden hier zumindest Aussagen dazu gemacht, wie komplexe Orientierungen von Führungskräften als Handlungsprogramme fungieren und das Informationsverarbeitungsverhalten beeinflussen, ob dabei z.b. eher fachspezifische Modelle oder soziale Mechanismen zum Tragen kommen.

Vergleichsweise komplexer sind die Studien zur Führungsforschung in der öffentlichen Verwaltung.[129] Gemäß dem zentralen Paradigma des Situationsansatzes der Führungsforschung resultiert der Führungserfolg aus dem jeweils situativ angemessenen (Führungs-)Verhalten der Führungskräfte.[130] Auch wenn sich die Ansätze der Führungsforschung dem Erkenntnisobjekt nach auf den Aspekt der Verhaltensbeeinflussung von Mitarbeitern durch Führungskräfte konzentrieren, hier also von vornherein entscheidungstheoretisch relevante Gesichtspunkte der Er- und Verarbeitung von Informationen keine Berücksichtigung finden, so kann sich eine solche Erkenntnisperspektive für unsere Zwecke dennoch als ertragreich erweisen. Mit einer solchen Erkenntnisperspektive werden nun auch die für die Bearbeitung unseres Erkenntnisproblems relevanten Untersuchungsgrößen, wie unterschiedliche Situationsbedingungen, personelle Einflußgrößen und weitere Erfolgsgrößen, erfaßt und miteinander verknüpft. Das Verhalten und damit auch der Handlungserfolg resultiert demnach maßgeblich aus dem individuellen Wechselspiel zwischen wahrgenommenen situativen Bedingungen und personellen Einflußgrößen.

Eine ähnliche Erkenntnisperspektive legen nun auch die empirischen Studien zum Entscheidungsverhalten in öffentlichen Verwaltungen zu-

---

128 Vgl. *Gouldner, Alvin W./Newcomb, Ester R.*, Administrative Rollen, 1971, S. 239 ff.

129 Vgl. hierzu beispielhaft *Klages, Helmut/Hippler, Gabriele*, Mitarbeitermotivation, 1991 *und Korac Kakabadse, Andrew/Korac Kakabadse, Nada/Myers, Andrew*, Leadership, 1996, S. 377 ff.

130 Vgl. *Staehle, Wolfgang H.*, Management, 1994, S. 327 ff. und *Oechsler, Walter A.*, Personal, 1994, S. 294.

grunde,[131] haben dabei jedoch einen direkteren Bezug zu unserem Erkenntnisobjekt, eben dem Problemlösen in öffentlichen Verwaltungen.

So versuchen diese Ansätze typischerweise zu erfassen, wie es unter der Bedingung unterschiedlich komplexer Situations- bzw. Aufgabenbedingungen zu einem passenden und damit auch effektiven Entscheidungsverhalten kommt, welche Rolle dabei die Ausgestaltung organisatorischer Rahmenbedingungen spielt und welchen Einfluß letztendlich unterschiedliche personelle Größen bzw. Einflußfaktoren auf das Entscheidungsverhalten haben.

Vor diesem Hintergrund werden in diesen verwaltungswissenschaftlichen Studien höchst unterschiedliche Fragestellungen bearbeitet. So wird z.B. der Frage nachgegangen, ob und inwieweit es bedingt durch verschiedene Entscheidungsstile zu Unterschieden bei der Nachfrage organisatorischer Unterstützungsleistungen kommt,[132] mit welcher Intensität jeweils auf die Handlungsressource Politik zurückgegriffen wird,[133] oder es wird eine simultane Betrachtung organisatorischer Rahmenbedingungen und verschiedener Entscheidungsstile hinsichtlich des Entscheidungsverhaltens und des Entscheidungserfolges durchgeführt.[134]

Die Erkenntnisperspektive dieser Ansätze erweist sich für eine Konzeptualisierung unserer Untersuchung als besonders ertragreich, als sich hierauf gemäß unserer Problem- und Fragestellung der Einfluß unterschiedlicher Entscheidungsstile auf das Entscheidungsverhalten und den Entscheidungserfolg unter variablen Situationsbedingungen erfassen läßt.

---

131 Vgl. *Driver, Michael J./Rowe, Alan S.*, Decision-Making Styles, 1979, S. 141 ff. sowie *Henderson, John G./Nutt, Paul C.*, Decision Style, 1980, S. 371 ff. und *Hunt, Raymond G./Krzystofiak, Frank J.Meindl, James R./Yoursry Abdalla M.*, Cognitive Style, 1989, S. 436 ff. und *Fisch, Rudolf/Boos, Margarete K. (Hrsg.)*, Komplexität, 1990 sowie *Koch, Rainer*, Entscheidungsunterstützung, 1992, S. 39 ff. sowie *Koch, Rainer*, Erfolgsbedingungen, 1993, S. 529 ff. und *Koch, Rainer*, Politikeinfluß, 1991, S. 159 ff.

132 Vgl. *Koch, Rainer*, Entscheidungsunterstützung, 1992, S. 38 ff. und *Koch, Rainer*, Entscheidungsverhalten, 1990, S. 7 ff.

133 Vgl. *Koch, Rainer*, Politikeinfluß, 1990, S. 166 ff.

134 Vgl. *Koch, Rainer*, Erfolgsbedingungen, 1993, S. 509 ff.

*Abb. 3: Erfassung der Erkenntnisperspektive*

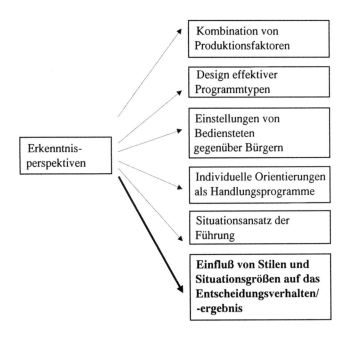

## 2.1.4 Funktionale Aussagen als Erkenntnisziel

Bei der Betrachtung von Studien, die sich mit dem Verhalten von Führungskräften in öffentlichen Verwaltungen beschäftigen, zeigt sich, daß bei der Bearbeitung dieses Untersuchungsgegenstandes nun auch höchst unterschiedliche formale Erkenntnisziele zum Tragen kommen.

Vor dem Hintergrund eines neo-positivistischen Erkenntnisprogramms[135] treffen wir nun auf der einen Seite auf Studien, die eine theoretische bzw. empirisch-analytische Zielsetzung verfolgen.[136] Typischerweise knüpft man in diesen Ansätzen an verwaltungserheblichen Erkenntnisproblemen

---

135 Vgl. *König, Klaus,* Erkenntnisinteressen, 1970, S.53 ff. sowie grundlegend *Popper, Karl,* Logik, 1989, S.9 ff.

136 Vgl. *Oechsler, Walter A.,* Zweckbestimmung, 1982, S. 73 ff., sowie *Hoffmann, Friedrich,* Organisationsforschung, 1976, S. 16 ff. und *Kieser, Alfred/Kubicek, Herbert,* Organisationstheorien I, 1978, S. 14 ff.

an und versucht, zu einer Beschreibung, Erklärung und Prognose empirischer Wirkungszusammenhänge zu kommen. So bemüht man sich beispielsweise in zahlreichen Studien zur Bürgernahen Verwaltung, zu einer Erfassung und Erklärung von Interaktionen zwischen öffentlichen Bediensteten und dem Verwaltungspublikum zu kommen.[137] Das übergeordnete Ziel der empirisch ausgerichteten Implementationsforschung liegt in der Beschreibung und Erklärung von „Vollzugsdefiziten",[138] während die Studien zu den rollentypischen Selbsteinschätzungen von Führungskräften in öffentlichen Verwaltungen überwiegend auf eine Beschreibung und Klassifikation individueller Orientierungen abgestellt wird.[139]

Versuchen diese und viele weitere Studien zu einer Erfassung verwaltungsrelevanter Realität in Form von möglichst verallgemeinerungsfähiger Wenn-Dann-Aussagen zu kommen, so finden wir auf der anderen Seite Studien, die eine praktisch-normative Zielsetzung verfolgen.[140] Entsprechend steht hier die Lösung von Handlungs- bzw. Gestaltungsproblemen im Vordergrund. Das Ziel dieser Studien liegt also nicht in der Entwicklung von Ursache-Wirkungszusammenhängen, sondern vielmehr der Erarbeitung situationsmäßig relativierter Mittel-Zweck-Aussagen. So versucht man z.B. in vielen verwaltungswissenschaftlichen Managementstudien verschiedene Vorschläge zur Bessergestaltung unterschiedlicher Strukturgrößen zu entwickeln.[141]

Mit der vorliegenden Untersuchung soll nun eine funktionale Zielsetzung verfolgt werden,[142] wie sie auch in einigen Studien zur Führungs- und

---

137 Vgl. *Grunow, Dieter/Hegner, Friedhart/Kaufmann, Franz Xaver*, Finanzamt, 1978 sowie *Buse, Michael/Buschmann, Horst (Hrsg.)*, Bürgernahe Verwaltung, 1982 und *Hoffmann-Riem, Wolfang (Hrsg.)*, Bürgernahe Verwaltung, 1980.
138 Vgl. *Mayntz,, Renate (Hrsg.)*, Implementation, 1980 und *Scharpf, Fritz W.*, Interessenlage, 1983.
139 Vgl. *Steinkemper, Bärbel*, Klassische und politische Bürokraten, 1975, S. 14 ff. sowie *Putnam, Robert D.*, Political Attitudes, 1973, S. 257-290 sowie *Gouldner, Alvin W./Newcomb, Ester R.*, Administrative Rollen, 1971, S. 241.
140 Vgl. *Oechsler, Walter A.*, Zweckbestimmung, 1982, S. 100 ff. sowie *Hoffmann, Friedrich*, Organisationsforschung, 1976, S. 36 ff. und *Kieser, Alfred/Kubicek, Helmut*, Organisationstheorien I, 1978, S. 60 ff.
141 Vgl. hierzu beispielhaft *Jannings, Hermann et al.*, Modell Soest, 1994 sowie *Naschold, Frieder/Pröhl, Marga (Hrsg.)*, Produktivität, 1995.
142 Vgl. *Giesen, Bernard//Schmidt, Michael*, Basale Soziologie, 1976, S. 233 ff.

Entscheidungsforschung vorzufinden ist.[143] Es handelt sich hier um die Entwicklung real-praxeologischer Aussagensysteme, die empirisch-analytische und praktisch-normative Komponenten enthalten.[144] Im Falle der vorliegenden Untersuchung sollen demgemäß zunächst relevante verallgemeinerungsfähige Ursache-Wirkungs-Zusammenhänge aufgedeckt und erklärt werden. In einem weiteren Schritt gilt es dann, durch den instrumentellen Umbau der hier ermittelten Wenn-Dann-Aussagen zu praktisch erheblichen Gestaltungsempfehlungen zu kommen.[145]

*Abb. 4: Erfassung des Erkenntnisziels*

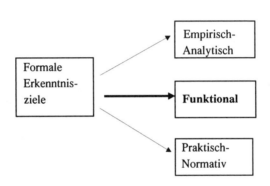

## 2.1.5 Empirische Erfassung des Entscheidungsverhaltens als Erkenntnismethode

Durch ihre enge Beziehung zur Realität sowie die praktische Bedeutung ihrer Erkenntnisse für die Lösung von Gestaltungsproblemen versteht sich die Verwaltungswissenschaft als Real- oder Erfahrungswissenschaft.[146] Sie ist somit bestrebt, Erkenntnisse über die Handlungen in öffentlichen Ver-

143 Vgl. *Koch, Rainer,* Entscheidungsunterstützung, 1992, S. 39 ff. sowie *Koch, Rainer,* Erfolgsbedingungen, 1993, S. 529 ff. und *Koch, Rainer,* Politikeinfluß, 1991, S. 159 ff.

144 Vgl. *Hoffmann, Friedrich,* Organisationsforschung, 1976, S. 18 und S. 36 ff.

145 Vgl. *Giesen, Bernard/Schmidt, Michael,* Basale Soziologie, 1976, S. 233 ff.

146 Vgl. *König, Klaus,* Erkenntnisinteressen, 1970, S. 63 ff.

waltungen zu gewinnen. Erfahrungswissenschaftlich konzipierte Hypothesen sind entsprechend der neo-positivistischen Methodologie empirisch zu überprüfen. Damit läßt sich dann auch schon auf eine Vielfalt unterschiedlicher Methoden zurückgreifen. Im folgenden gilt es nun zu einer Auswahl einer für unsere Untersuchungszwecke angemessenen Erkenntnismethode zu kommen.

Mit der Auswahl des jeweiligen Erkenntnisziels ist in der Regel auch schon die jeweils untersuchungserhebliche Erkenntnismethode vorgegeben.[147] Versucht man nun in einem Fall effizienz- bzw. effektivitätserhebliche Gestaltungsvorschläge zu entwickeln, so wird häufig auf die Methode der vergleichenden Fallstudie zurückgegriffen.[148] Grundsätzlich wird hier eine begrenzte Anzahl von Fällen ausgewählt, die sich hinsichtlich verschiedener Situationsgrößen möglichst gleichen, in der Ausprägung bestimmter Mitteleinsätze jedoch variieren, so daß die im Vergleich feststellbaren Effizienzunterschiede auf die unterschiedlichen Mitteleinsätze zurückzuführen sind.[149]

Gemäß der Zielsetzung der vorliegenden Untersuchung sollen zunächst möglichst verallgemeinerungsfähige Aussagen zum Einfluß unterschiedlicher Entscheidungsstile auf die Leistungswirksamkeit von Entscheidungen entwickelt werden. Wie schon in weiteren, vergleichbaren verwaltungswissenschaftlichen Studien der Führungsforschung,[150] muß auch in unserem Fall auf eine empirische Erfassung von Einstellungen und Aktivitäten von Führungskräften ein Rahmen einer möglichst großen Zahl an Untersuchungsfällen zurückgegriffen werden.

---

147 Vgl. *Koch, Rainer*, Methodologische Entwicklungen, 1984, S. 9 ff.

148 Vgl. hierzu beispielhaft unterschiedliche aktuelle Managementstudien bei *Naschold, Frieder/Pröhl, Marga (Hrsg.)*, Produktivität, 1995.

149 Vgl. hierzu ausführlich *Lehmbruch, Gerhard*, Einführung, 1971, S. 64 ff.

150 Vgl. hierzu beispielhaft *Klages, Helmut/Hippler, Gabriele*, Mitarbeitermotivation, 1991 und *Korac Kakabadse, Andrew/Korac Kakabadse, Nada/Myers, Andrew*, Leadership, 1996, S. 377 ff. sowie *Rosemann, Bernhard/Schweer, Martin*, Führungsverhalten, 1996.

*Abb. 5: Erfassung der Erkenntnismethode*

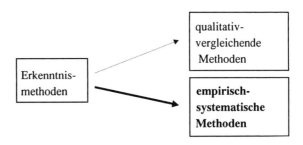

## 2.1.6 Resümee

In den bisherigen Ausführungen wurden anhand verschiedener metatheoretischer Kriterien unterschiedliche Anforderungen an ein angemessenes Untersuchungskonzept entwickelt.

Entsprechend den bisherigen meta-theoretischen Überlegungen kommen für die Entwicklung eines angemessenen Untersuchungskonzeptes nur solche Ansätze in Betracht, die uns auch eine angemessene Erfassung unseres Erkenntnisproblems erlauben. Dem Prinzip nach haben wir somit auf Ansätze zurückzugreifen, die es uns erlauben, Entscheiden unter zunehmend komplexen Situationsbedingungen zu erfassen.

Da unter dem Einfluß zunehmend komplexer Aufgabenbedingungen relevante Entscheidungsverhältnisse über Informationsverarbeitungsprozesse erst aufzubauen sind, haben wir es also dem Erkenntnisobjekt nach mit Entscheiden im Sinne von Problemlösen zu tun. Entsprechend der von uns entwickelten Problem- und Fragestellung wollen wir nun gerade darauf abstellen, in welcher Art und Weise die Führungskräfte mit der zunehmenden Informationsverarbeitungslast umgehen. Ein angemessenes Untersuchungskonzept muß demnach individuelle Aspekte bei der Er- und Verarbeitung von Informationen erfassen können, entsprechend also gerade kognitive und motivationale Größen i.S. individueller Stile auf das Entscheidungsverhalten berücksichtigen. Gemäß der für unsere Zwecke relevanten Erkenntnisperspektive, haben geeignete Ansätze also das Wechselspiel zwischen Umwelt- bzw. Situationseinflüssen und personellen Faktoren zu berücksichtigen und müssen einen Bezug zu der für uns erheblichen Zielgröße, dem Ergebnis bzw. der Leistungswirksamkeit von Entscheidungen, zulassen.

Was nun die für uns relevante Erkenntnismethode anbetrifft, so ist darüber hinaus zu fordern, daß ein entsprechendes Konzept der Erfahrung zugänglich ist, wir also genauer gesagt auf eine empirische Erhebung von Aktivitäten und Einstellungen von Führungskräften zurückgreifen können.

## 2.2 Theoretischer Bezugsrahmen der Untersuchung: Zur „Erklärung" der Leistungswirksamkeit des Entscheidungsverhaltens

In den vorangegangenen Ausführungen haben wir anhand unterschiedlicher metha-theoretischer Kriterien die Anforderungen an ein für unsere Zwecke angemessenes Untersuchungskonzept bestimmt. Unter Berücksichtigung dieser Anforderungen geht es im folgenden nun um die angemessene Konzeptualisierung eines für die vorliegende Untersuchung relevanten Erklärungs- und Gestaltungszusammenhanges.

Bei der Entwicklung der Problemstellung dieser Arbeit sind wir von den gegebenen besonderen Bedingungen der öffentlichen Aufgabenerledigung ausgegangen. Im Rahmen des Entscheidens stehen Führungskräfte öffentlicher Verwaltungen grundsätzlich vor der Aufgabe, angemessene Mittel bzw. Alternativen zu entwickeln, um gewollte Ziele zu erreichen.[151] Der Übergang zu Leistungs- und Planungsaufgaben, wie etwa im Bereich der Wirtschaftsförderung und des Umweltschutzes, impliziert entsprechend eine zunehmende Aufgabenkomplexität bei der Wahrnehmung von Fachaufgaben. Entsprechend ist bei rechtstechnischer Betrachtung der Anwendungsbereich von Tatbeständen oft erst durch die Auslegung unbestimmter Rechtsbegriffe zu ermitteln. Des weiteren sind vergleichsweise zunehmende Ermessensspielräume (Entschließungs- bzw. Auswahlermessen) bei der Auswahl von Rechtsfolgen vorgegeben.[152] Somit liegen für die Führungskräfte häufig nur unzureichende Informationen für die Ableitung von Entscheidungen vor. Selbst wenn immer wieder der Versuch unternommen wird, durch Strukturanpassungen die Kapazität der Er- und Verarbeitung von Informationen im Bereich öffentlicher Verwaltungen zu er-

---

151 Vgl. *Thieme, Werner*, Verwaltungslehre, 1984, S. 271 ff.
152 Vgl. *Brühl, Raimund*, Verwaltungsverfahren, 1990, S. 62 ff. sowie *Loeser, Roman*, Verwaltungsrecht, 1994, S. 500 ff.

höhen, so sind die Informationsprobleme zu einem guten Teil von den Führungskräften selbst zu lösen.

Im Rahmen der Entscheidungsfindung können die Führungskräfte nun nicht schon auf die Anwendung betriebswirtschaftlicher Entscheidungsinstrumente zurückgreifen. Aufgrund der Besonderheiten hier relevanter, nicht-marktlicher Verhältnisse[153] haben die Führungskräfte häufig schlecht definierte, qualitative Sachziele zu verfolgen.[154] Da aufgrund fehlender Wettbewerbsbedingungen nicht schon auf Marktpreise als Steuerungsinstrument zurückgegriffen werden kann,[155] lassen sich adäquate Lösungen auch nur selten rechnerisch exakt, etwa über die Ermittlung von Grenzerträgen, ermitteln.[156] Demgemäß ist eine bloße Anwendung geschlossener, betriebswirtschaftlicher Entscheidungsmodelle im Bereich der öffentlichen Aufgabenerledigung kaum möglich, um zu brauchbaren Entscheidungen zu gelangen.[157] Vielmehr müssen die Führungskräfte im Zuge ihrer Entscheidungsfindung häufig auf qualitative Verfahren der Prognose zukünftiger Zielzustände zurückgreifen. Oftmals sind dabei von den Führungskräften recht unterschiedliche Bedingungs- und Wirkungszusammenhänge zugrunde zu legen. So sind beispielsweise bei der Auswahl geeigneter Maßnahmen neben ökologischen Bedingtheiten vielfach auch ökonomische und sozialpsychologische Abläufe in Betracht zu ziehen.[158] Unter den hier dargelegten Bedingungen der öffentlichen Aufgabenerledigung muß zwangsläufig davon ausgegangen werden, daß die Person des Entscheiders einen wesentlichen Einfluß auf die Güte bzw. das erreichbare Effektivitätsniveau von Entscheidungen hat.

Vor diesem Hintergrund wird in dieser Untersuchung der Frage nachgegangen, ob und in welcher Hinsicht sich nun der Einfluß der Person auf die Effektivität von Entscheidungen gestaltet. In diesem Zusammenhang ist

---

153 Ausführlich dazu siehe *Bargehr, Brigitte*, Marketing, 1991, S. 56 ff. und *Buschor, Ernst*, Verwaltungsorganisation, 1989, S. 11 ff.

154 Vgl. *Bea, Franz-Xaver*, Informationsbedarf, 1987, S. 18 sowie *Braun, Günther, E.*, Ziele, 1992, S. 164 ff.

155 Vgl. *Burla, Stephan*, Nonprofit-Organisationen, 1989, S. 87 ff.

156 Zu den Problemen der Bewertung öffentlicher Leistungen vgl. *Nowotny, Ewald*, Sektor, 1991. S. 45.

157 Vgl. hierzu die Ausführungen zu den betriebswirtschaftlichen Entscheidungsmodellen bei *Sieben, Günter/Schildbach, Thomas*, Entscheidungstheorie, 1994 sowie *Bamberg, Günter/Coenenberg, Adolf Gerhard*, Entscheidungslehre, 1994.

158 So z.B. bei der Anwendung von Umweltschutzbestimmungen.

dann insbesondere zu prüfen, in welcher Art und Weise auftretende Informationsprobleme von den Führungskräften bearbeitet werden bzw. inwieweit unterschiedliche Orientierungen oder Entscheidungsstile das individuelle Entscheidungsverhalten beeinflussen und welcher Erfolg sich dabei letztendlich einstellt. Basierend auf den von uns entwickelten metatheoretischen Anforderungen sollen im folgenden diese Zusammenhänge mit einem Bezugsrahmen konzipiert werden.

### 2.2.1 Theoretischer Ansatz

Zur Bearbeitung unserer Fragestellung ist nun ein entsprechend unseren Vorüberlegungen brauchbarer, theoretischer Bezugsrahmen zu entwickeln, der die zu prüfenden, vermuteten Zusammenhänge begründet darlegt. Dem Kern nach muß dieser Bezugsrahmen darauf abstellen, wie sich, unter Berücksichtigung bestimmter öffentlicher Aufgabenstellungen und Organisationsverhältnisse, der individuelle Einfluß der Führungskräfte auf eine erfolgreiche Aufgabenerledigung niederschlägt.

Zur Untersuchung dieser Fragestellung bietet sich ein Rückgriff auf die neo-behavioristischen Ansätze der empirischen Entscheidungsforschung an.[159] Diese Ansätze sind für die Bearbeitung unserer Fragestellung geeignet, da sie sich eben nicht schon mit Entscheiden unter exakt kalkulierbaren Umweltbedingungen beschäftigen, sondern sich von vornherein auf den Gesichtspunkt des Entscheidens unter schlecht definierten Bedingungen bzw. echten Problemlösens konzentrieren.[160] Hier ist dann auch von vornherein Raum für eine Analyse individueller Problemlöseprozesse im Rahmen der Bearbeitung unbestimmter Entscheidungsverhältnisse gegeben. Diese Ansätze unterscheiden sich dann auch maßgeblich von den klassischen behavioristischen Vorläufern, die entsprechend einem Stimulus-Reaktions-Muster menschliches Verhalten ohne Berücksichtigung interner, nicht beobachtbarer Prozesse, ausschließlich anhand der unmittelbaren Beobachtung zugänglicher Variablen zu erklären versuchen.[161]

---

159 Vgl. *Kirsch, Werner*, Entscheidungsprobleme, 1988 sowie *Brandstätter, Hermann/Gahlen, Bernhard (Hrsg.)*, Entscheidungsforschung, 1975.

160 Vgl. *Alexis, Marcus/Wilson, Charles Z.*, Decision Making, 1967, S. 148 ff. sowie *Kirsch, Werner*, Entscheidungsprobleme, 1988, S. 6 ff.

161 Vgl. *Zimbardo, Philip G.*, Psychologie, 1983, S. 37 ff.

Gemäß dem den neo-behavioristischen Ansätzen zugrunde liegenden Stimulus-Organismus-Reaktions-Paradigma (S-O-R-Paradigma) der kognitiven Psychologie wird nämlich vielmehr davon ausgegangen, daß das Entscheidungsverhalten (R) und damit das Entscheidungsergebnis nicht schon in direkter bzw. linearer Art und Weise aus den objektiv gegebenen Umwelteinflüssen (S) resultiert, sondern sich vielmehr aus der subjektiven Wahrnehmung und Verarbeitung von Umweltsignalen ergibt. Das Entscheidungsverhalten ist somit als das Ergebnis der Wechselwirkung von Person bzw. „Organismus" (O) und weiteren Umwelt- oder Situationsgrößen zu begreifen.[162] Das Verhalten einer Person hängt somit sowohl von den Merkmalen der Umwelt bzw. Situation als auch von den spezifischen Merkmalen der Person (Kognition, Motivation und Evaluation) ab.[163]

Darüber hinaus sind nun auch Rückkoppelungen von dem Verhalten zur Person sowie zur Situation denkbar. So ist einerseits davon auszugehen, daß das Verhalten im Rahmen einer Handlung in eine Veränderung der Situation zurückwirkt, z.B. durch die konkrete Bewältigung von Aufgaben. Andererseits können auch aktuelle Prozesse im Rahmen einer Handlung verändernd auf die Person wirken. So versuchen die Personen, ständig zu einem Abbau subjektiv bedrohlich wahrgenommener Mißverhältnisse zwischen gegebenen Situationsanforderungen und eigenem Verhaltenen über spezifische Coping-Strategien zu kommen.[164] Entsprechend können über die individuelle Wahrnehmung des gezeigten Verhaltens und die gleichzeitige subjektive Bewertung anhand eigener Standards auch Lernprozesse bei der Person initiiert werden.[165]

---

162 Vgl. *Lantermann, Ernst D.*, Interaktionen, 1980, S. 38 ff. sowie *Gebert, Diether/Rosenstiel, Lutz von*, Organisationspsychologie, 1992, S. 14 ff. und *Frey, Dieter/Irle, Martin (Hrsg.)*, Informations-verarbeitungstheorien, 1985, S. 258.

163 Vgl. *Bosetzky, Horst/Heinrich, Peter*, Mensch, 1994, S. 115 ff.

164 Vgl. *Gebert, Diether*, Belastung, 1981, S. 11 ff. und *Gebert, Diether/ Rosenstiel, Lutz von*, Organisationspsychologie, 1992, S. 111 ff. und *Frey, Dieter/Greif, Siegfried*, Sozialpsychologie, 1987, S. 100 f.

165 Vgl. *Nerdinger, Friedemann W.*, Handeln, 1995, S. 134 ff.

*Abb. 6: S-O-R-Paradigma*

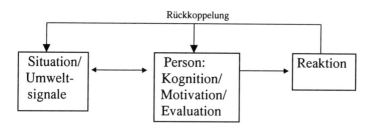

Die zusätzliche Betrachtung intervenierender Variablen („Organismus")
erlaubt es nun, zu einer verbesserten Erklärung von Ausprägungsvariatio-
nen der Reaktionsvariablen zu kommen. Dieser Ansatz ist daher insbesondere auch geeignet, um zur Lösung unseres Erkenntnisproblems beizutragen. Gemäß dem zentralen Schlüsselargument des S-O-R- Paradigmas ist
davon auszugehen, daß sich das (Entscheidungs-) Verhalten eben nicht
schon aus den objektiven Anforderungen von Aufgabenstellungen ergibt,
sondern aus den von den Führungskräften wahrgenommenen und herge-
stellten Bedingungen angemessenen Entscheidens. Somit ist zur Erklärung von „Reaktions-" Größen insbesondere auf den Gesichtspunkt individuell konstruierter Entscheidungssituationen einzugehen. Entsprechend
lassen sich dann auch differenzierte Aussagen zur Wahrnehmung begün-
stigend wirkender struktureller Rahmenbedingungen, zur Ausgestaltung
und Wirkung unterschiedlicher Entscheidungsstile und damit auch zu verschiedenen Arten der Informationsverarbeitung öffentlicher Bediensteter
machen.

Dieses allgemeine Schema dient nun dem Zweck, die für die Bearbeitung unserer Fragestellung relevanten Untersuchungsgrößen begründet
herzuleiten und zu präzisieren. Genauer gesagt soll erarbeitet werden, was
in unserer Untersuchung als relevanter Umwelteinfluß zu gelten hat, welche „Organismus"-Größen zu berücksichtigen sind und welche „Reaktions"-Variablen für unsere Zwecke von Bedeutung sind. Zudem sollen ausgehend vom S-O-R-Paradigma diese Untersuchungsgrößen verknüpft werden, um letztendlich einen Bezugsrahmen für diese Untersuchung entwik-
keln zu können. Somit läßt sich dann auch verdeutlichen, was im Sinne
unserer Problemstellung als eine abhängige bzw. erklärungsbedürftige

Größe gilt und welche Bedingungszusammenhänge zu ihrer jeweiligen Ausprägung führen. Diese Vorgehensweise impliziert somit ferner die Entwicklung der zentralen Untersuchungshypothesen.

### 2.2.2 Umwelteinflüsse auf das Entscheidungsverhalten

Gemäß den Vorgaben des S-O-R-Paradigmas ist davon auszugehen, daß das beobachtbare individuelle Verhalten aus der Interaktion von Umweltgrößen und weiteren personalen Größen resultiert. Ein für das Entscheidungsverhalten bedeutungsvoller, handlungsstimulierender Umwelteinfluß ist durch die Anforderungen der fachlichen Aufgabenstellung gegeben, mit denen die Führungskräfte in der öffentlichen Verwaltung konfrontiert sind.

Gemäß allgemeiner Funktionendifferenzierung zwischen Staat und Gesellschaft, haben Staat und Verwaltung zur Aufrechterhaltung allgemeiner gesellschaftlicher Existenzbedingungen sog. öffentliche Aufgaben wahrzunehmen. Dem Typ nach handelt es sich hierbei um Aufgaben, die sich dem Prinzip nach nicht schon über den Markt wahrnehmen lassen. Diese Aufgaben sind dementsprechend auch durch besondere Merkmale wie Nicht-Rivalität im Konsum, Nicht- Ausschließbarkeit und dem Vorhandensein externer Effekte gekennzeichnet.[166] Staat und Verwaltung haben somit eher allgemein nützliche Leistungen zu erstellen bzw. qualitative Sachziele zu verfolgen. Dabei ist von vornherein schon von einer gewissen Problemkomplexität, also einer entsprechend hohen Vielzahl, Vielfalt und auch Dynamik in den Bedingungs- und Wirkungszusammenhängen auszugehen.[167]

Darüber hinaus erhöht sich das Ausmaß wahrgenommener Zielsetzungen durch die zusätzliche Übernahme wohlfahrtsstaatlicher Planungs- und Leistungsaufgaben.[168] Gleichzeitig ist bei zunehmender Breite und auch Tiefe staatlicher Interventionen nun auch mit einer weiteren Erhöhung der Problemkomplexität zu rechnen. Neben einer vergleichsweise hohen An-

---

166 Vgl. *Nowotny, Ewald*, Sektor, 1991, S. 36 ff.

167 Vgl. die Ausführungen zum Komplexitätsbegriff bei *Luhmann, Niklas*, Aufklärung 2, S. 206 ff. sowie *Dörner, Dietrich/Kreuzig, Heinz/Reither, Franz/Ständer, Thea*, Lohhausen, 1983, S. 19 ff. und *Pfohl, Hans-Christian*, Entscheidungsfindung, 1977, S. 40 ff.

168 Vgl. *Böhret, Carl/Klages, Helmut/Reinermann,Heinrich/Siedentopf, Heinrich (Hrsg.)*, Innovationskraft, 1987, S. 29 ff.

zahl und Verschiedenheit zu berücksichtigender Bedingungen und Wirkungen dürfte auch eine zunehmende Vernetztheit solcher Beziehungen gegeben sein, so daß mit einem Auftreten schwer kalkulierbarer Nebenwirkungen zu rechnen ist. Daraus ergeben sich zusätzliche Wissensprobleme bei der Prognose von Wirkungen der in Frage kommenden Maßnahmen.[169] Die gegebene Problemkomplexität schlägt jedoch nicht in direkter Art und Weise auf die Aufgabenwahrnehmung der Führungskräfte durch. Gemäß rechtsstaatlichen Vorgaben wird die Leistungserstellung in der öffentlichen Verwaltung durch die Vorgabe und Anwendung von Rechtsnormen (Gesetze, Rechtsverordnungen, Satzungen) gesteuert.[170] Gegebene Problemkomplexität soll somit erfaßt und reduziert werden. Dadurch werden bestimmte Muster der Informationsverarbeitung bereits normativ vorgegeben.[171] Unter entscheidungstheoretischen Gesichtspunkten ist dabei der Grad bzw. die Art der Programmierung bedeutungsvoll,[172] d.h. ob und inwieweit entsprechende Anlässe, Ziele und auch Mittel des Entscheidens vorgegeben werden. Bei der Anwendung von Rechtsnormen auf regelungsbedürftige Sachverhalte zeigt sich dann auch erst, welches Maß an Aufgabenkomplexität, bzw. welcher Grad an Unbestimmtheit in den Bedingungen der Aufgabenerledigung von den Führungskräften im Zuge ihrer Entscheidungsfindung zu bewältigen ist.

Im Rahmen einer komplexitätsgerechten Vorstrukturierung variiert dann häufig auch die Art und damit auch der Grad der Programmierung. Die Komplexität regelungsbedürftiger Probleme und die Programmierbarkeit von Entscheidungen stehen dabei in einem inversen Verhältnis zueinander. Läßt sich eine vergleichsweise geringe Problemkomplexität noch über den Typus der konditionalen Programmierung erfassen, so sind für den Fall ansteigender Problemkomplexität vergleichsweise nur unzureichende Möglichkeiten einer eindeutigen Determinierung gegeben. Unter diesen Bedingungen hat man auf offenere Formen der Programmierung, wie z.B. Such- oder Zweckprogramme bzw. Prozeß- oder Systemprogramme zurückzugreifen.[173] Diese Formen der Programmierung sollen dann auch eine

---

169 Vgl. *Lehner, Franz*, Regieren, 1979, S. 35 ff. und *Grimm, Dieter* (Hrsg.), Staatsaufgaben, 1996.

170 Vgl. Art. 20 Abs. 2 und 3 GG.

171 Vgl. *Schuppert, Gunnar Folke*, Steuerung, 1993, S. 65 ff.

172 Vgl. *Simon, Herbert A.*, Behavior, 1957.

173 Vgl. *Becker, Bernd*, Entscheidungen, 1981, S. 279 ff. und *Thieme, Werner*, Entscheidungen, 1981, S. 94 sowie *Schmidt, Walter*, Verwaltungsentscheidungen, 1971, S. 333 ff.

situativ angemessene Verfolgung von Zielen ermöglichen. Durch die Verwendung von unbestimmten Rechtsbegriffen mit Beurteilungsspielräumen werden relevante Entscheidungsprämissen nur recht unbestimmt vorgegeben.[174] In diesem Fall kann auch von „schlecht definierten" Problemen gesprochen werden.[175] Bei Anwendung vergleichsweise komplexer, rechtlicher Programme auf regelungsbedürftige Sachverhalte sind die Führungskräfte gehalten, relevante Entscheidungsprämissen im Rahmen individueller Entscheidungsprozesse quasi „situativ" zu bestimmen. Aufgrund dieser Entwicklungen dürften die Führungskräfte im Bereich öffentlicher Verwaltungen generell einer vergleichsweise hohen Aufgaben- und Entscheidungskomplexität ausgesetzt sein.[176]

Da sich unsere Untersuchung auf die Ebene der Mittelinstanz bezieht, stellt sich die Frage, mit welcher Komplexität der Aufgaben bei Regierungspräsidien bzw. Bezirksregierungen zu rechnen ist.[177] Der Leistungsumfang von Bezirksregierungen beschränkte sich lange Zeit auf den hochnormierten Vollzug von Aufsichts- und Genehmigungsaufgaben. Jedoch hat auch hier unter den Einflüssen einer Aufgaben- und Funktionenerweiterung die Bedeutung inhaltlich zu bewältigender Planungs-, Koordinations- und Implementationsaufgaben zugenommen. Insbesondere für den Bereich der Regionalplanung, der Wirtschaftsförderung und des Umwelt- und Naturschutzes läßt sich dann auch vermuten, daß der Grad der Programmierung recht gering ist, somit also die Bedingungen einer erfolgreichen Aufgabenerledigung recht unbestimmt sind.[178] Entsprechend werden die Führungskräfte im Bereich von Bezirksregierungen auch mit komplexen Aufgaben konfrontiert sein. Somit ist zu erwarten, daß die Führungkräfte im Rahmen der Entscheidungsfindung häufig erst die Ziele, die Ausgangssituation sowie auch die Geeignetheit von Mitteleinsätzen zu bestimmen haben.[179] Im Sinne einer Konzeptualisierung der Untersuchungs-

---

174 Vgl. *Grimm, Dieter*, Steuerungsfähigkeit, 1990 und *Luhmann, Niklas*, Verfahren, 1969, S. 3.

175 Vgl. *Newell, Allen/Simon, Herbert A.*, Problem, 1972.

176 Vgl. *Schuppert, Gunnar Folke*, Steuerung, 1993, S. 78 ff

177 Die Begriffswahl Regierungspräsidium bzw. Bezirksregierung variiert über die Bundesländer hinweg. Im folgenden soll vereinfachend nur noch die Bezeichnung Regierungspräsidium verwandt werden.

178 Vgl. *Wagener, Friedo*, Regierungsbezirke, 1982, S. 158 ff. und *Roters, Wolfgang*, Funktionalreform, 1978, S. 289.

179 Vgl. *Müller, Axel*, Entscheidungsprozesse, 1984, S. 148 ff.

größe Aufgabenkomplexität[180] ist somit davon auszugehen, daß die Führungskräfte nicht schon immer wiederkehrende Routineaufgaben zu bewältigen haben, sondern vielmehr mit häufig wechselnden Anforderungen konfrontiert sind. Die Vielzahl und Vielfalt zu berücksichtigender Bedingungen führt dann dazu, daß die Führungskräfte nicht schon in direkter Art und Weise auf eindeutig ableitbare Mitteleinsätze schließen können. Bedingt durch die hier zu unterstellende, zunehmende Vernetztheit von Bedingungs- und Wirkungszusammenhängen, dürften sich die Auswirkungen einer getroffenen Entscheidung auch nicht unmittelbar, sondern erst nach einer gewissen Zeit einstellen. Aufgrund der unterstellten Merkmale dieser hier eingeführten „Umwelt"- Bedingungen ergibt sich, daß die Bedingungen einer jeweils angemessenen Aufgabenerledigung nicht schon durch die Aufgabenstellungen selbst, z.B. durch eine geschlossene Lösungsstruktur vorgegeben sind. Vielmehr sind die Entscheidungsverhältnisse erst noch im weiteren von den Führungskräften zu konstruieren.

### 2.2.3 Einflüsse von „Organismus"- Größen

In den bisherigen Ausführungen wurde dargestellt, daß ein einschlägiger Umwelteinfluß auf das Entscheidungsverhalten von Führungskräften in der Komplexität jeweils gegebener Aufgabenstellungen liegt. Im Zuge des Aufgabenwandels dürften sich die Führungskräfte im Bereich wahrzunehmender Fachaufgaben mit einer zunehmenden Aufgabenkomplexität und infolgedessen auch mit einer zunehmenden Unbestimmtheit von Entscheidungssituationen konfrontiert sehen. Gemäß unseren theoretischen Vorüberlegungen ist zu unterstellen, daß diese Umwelteinflüsse nun nicht schon in direkter bzw. linearer Art und Weise das Entscheidungsverhalten beeinflussen. Ganz im Gegenteil gehen wir gemäß S-O-R- Paradigma davon aus, daß zwischen Umwelteinflüssen bzw. Stimuli (S) und Reaktion (R) eine Reihe intervenierender Variablen des „Organismus" (O) zwischengeschaltet sind. Das Verhalten wird somit von den subjektiven Wahrnehmungs-, Denk- und Bewertungsleistungen und somit von der subjektiven Verarbeitung dieser Einflüsse geprägt. Anders gesagt, da Individuen generell eine begrenzte Aufmerksamkeitskapazität besitzen, werden die

---

180 Vgl. die Ausführungen zum Komplexitätsbegriff bei *Luhmann, Niklas*, Aufklärung 2, S. 206 ff. sowie *Dörner, Dietrich/Kreuzig, Heinz/Reither, Franz/Ständer, Thea*, Lohhausen, 1983, S. 19 ff. und *Pfohl, Hans-Christian*, Entscheidungsfindung, 1977, S. 40 ff.

Führungskräfte Umweltstimuli nur selektiv wahrnehmen.[181] Welche Prioritäten nun bei der individuellen Aufmerksamkeitsverteilung gesetzt werden, hängt von der jeweiligen Persönlichkeit der Führungskräfte ab. Im folgenden soll nun erörtert werden, welche „Organismus"- Größen nun im einzelnen bei der Konstruktion von Entscheidungsverhältnissen wirksam werden und inwieweit persönlichkeitsspezifische Unterschiede das Entscheidungsverhalten von Führungskräften beeinflussen können.

### 2.2.3.1 Einflüsse der Arbeits- und Führungsorganisation

Ob es nun zu einer angemessenen Bewältigung gegebener Komplexität bzw. Unbestimmtheit bei der Wahrnehmung von Fachaufgaben kommt, dürfte nun zunächst von der Qualität der übergeordneten Arbeits- und Führungsorganisation abhängen.[182] Entsprechend dem zugrunde liegenden S-O-R-Paradigma ist dann auch hier davon auszugehen, daß das Verhalten der Führungskräfte nicht direkt aus den objektiven Merkmalen der Arbeits- und Führungsorganisation resultiert, sondern erst aus der subjektiven Wahrnehmung und Verarbeitung dieser Einflüsse.[183]

Der Definition oder Funktion nach sind unter der Arbeits- und Führungsorganisation strukturelle und prozessuale Ermöglichungsbedingungen zu verstehen, die ein jeweils adäquates Entscheidungsverhalten gewährleisten sollen.[184] Aus entschei-dungstheoretischer Perspektive liegt die Funktion der Arbeits- und Führungsorganisation somit in der Unterstützung und Entlastung der Führungskräfte bei ihrer Entscheidungsfindung. Es stellt sich hier die Frage, ob und inwieweit nun die gegebenen Merkmale der Arbeits- und Führungsorganisation einen Einfluß auf das Verhalten der Führungskräfte haben.

Generell soll mit der Einrichtung von Organisationsstrukturen ein System zur zielgerichteten, angemessenen Aufgabenerledigung bereitgestellt

---

181 Vgl. *Frey, Dieter/Irle, Martin,* Informationsverarbeitungstheorien, 1985, S. 180 ff. und *Rosenstiel, Lutz von,* Organisationspsychologie, 1980, S. 82 ff. sowie *Simon, Herbert A.,* Entscheidungsverhalten, 1982, S. 319 ff.

182 Vgl. *Seidel, Eberhard/Redel, Wolfgang,* Führungsorganisation, 1987.

183 Vgl. *Lantermann, Ernst D.,* Interaktionen, 1980, S. 38 ff. *March, James G./Simon, Herbert A.,* Organisation, 1976, S. 37 ff.

184 Vgl. *Gebert, Diether/Rosenstiel, Lutz von,* Organisationspsychologie, 1992, S. 24 ff.

werden. Die jeweilige Struktur von Organisationen resultiert dabei aus einem System formal vorgegebener Regeln, die die organisationsinterne Informationsverarbeitung steuern sollen.[185] Dabei ist nun aus entscheidungstheoretischer Sicht bedeutsam, ob bzw. inwieweit gegebene Organisationsverhältnisse geeignet sind, die Komplexität relevanter Aufgabenstellungen angemessen zu erfassen und in möglichst geschlossene Entscheidungsverhältnisse zu überführen.[186] Grundsätzlich wird zum Zwecke der Aufgabenerledigung auf das Mittel der Arbeitsteilung bzw. Differenzierung zurückgegriffen.[187] Der Grad der Arbeitsteilung gibt dann auch den Grad der Spezialisierung wieder. Die kleinste Einheit einer Organisation ist die Stelle, die den Aufgabenbereich von Einzelpersonen charakterisiert.[188] Durch entsprechende Grade der Differenzierung soll eine ausreichende Kapazität zur Abbildung entscheidungserheblicher Sachverhalte bereitgestellt werden. Ein weiteres Merkmal der Organisationsstruktur liegt in der Art und dem gegebenen Ausmaß an Entscheidungs- und Kommunikationsmöglichkeiten. Unterschiedliche Grade der Integration entscheiden dann darüber, ob durch eine entsprechende Mitgliederbeteiligung nun auch unterschiedliche Kapazitäten zur Bewertung relevanter Tatbestände und zur Auswahl sachgerechter Entscheidungen bereitgestellt werden.[189] Mit der Organisationsstruktur werden den Führungskräften somit bestimmte Rollen bzw. Handlungserwartungen vorgegeben. Ein entsprechendes Sanktionssystem soll dabei die Einhaltung der gesetzten Rollenerwartungen gewährleisten.[190] Aus der Sicht der Führungskräfte sind Rollen der Inbegriff von Informationen, die sie mit der Wahrnehmung ihrer jeweiligen Position verbinden. In theoretischer Hinsicht stellt der Begriff der Rolle somit das verbindende Glied zwischen dem Entscheiden von Systemen und der Individualentscheidung dar.[191]

---

185 Vgl. *Weinert, Ansfried B.*, Organisationspsychologie, 1987, S. 37.

186 Vgl. *Laux, Helmut/Liermann, Felix*, Organisation, 1987, S. 57 ff.

187 Vgl. *Frese, Erich*, Organisation, 1987, S. 29 ff. sowie *Laux, Helmut/Liermann, Felix*, Organisation, 1987, S. 5 ff. und *Gebert, Diether*, Organisation, 1978, S. 26 ff.

188 Vgl. *Kieser, AlfredKubicek, Herbert*, Organisation, 1992, S. 76 ff.

189 Vgl. *Luhmann, Niklas*, Aufklärung 2, 1991, S. 41 ff.

190 Vgl. *Weinert, Ansfried B.*, Organisationspsychologie, 1987, S. 111 ff. sowie *Mayntz, Renate*, Organisation, 1972, S. 81 ff.

191 Vgl. *Kirsch, Werner*, Entscheidungsprozesse III, 1977, S. 94 sowie *Koch, Rainer*, Personalsteuerung, 1975, S. 115 und *Bosetzky, Horst/Heinrich, Peter*, Mensch, 1994, S. 112 ff.

Die Relevanz arbeits- und führungsorganisatorischer Regelungen für Phänomene individuellen Entscheidens liegt nun darin begründet, daß die wahrgenommenen Merkmale der Arbeits- und Führungsorganisation als potentielle Entscheidungsprämissen der Führungskräfte fungieren.[192] Ob und inwieweit diese nun auch im Rahmen individuellen Entscheidungsverhaltens herangezogen werden, hängt wesentlich von der subjektiven Wahrnehmung und Verarbeitung der Merkmale durch die Führungskräfte ab.

Für unsere Zwecke stellt sich nun die funktional bedeutsame Frage, ob und inwieweit durch die Einrichtung arbeits- und führungsorganisatorischer Regelungen nun ein jeweils anforderungsgerechtes Entscheidungsverhalten ermöglicht wird. Genauer gesagt geht es zum einen um die Qualität wahrgenommener Strukturierungsleistungen, inwieweit also durch Regelungen der Zuordnung von Aufgaben, der Verteilung von Kompetenzen sowie der Einrichtung von Beteiligungsmöglichkeiten der Ablauf der Entscheidungsfällung begünstigt werden kann. Zum anderen geht es dann auch um Prozeßsteuerungsleistungen, mit denen in ablauforientierter Weise eine Unterstützung im Einzelfall, wie z.B. durch das Geben von Rückmeldungen oder Anerkennung  gewährleistet werden kann.Was nun die besonderen Bedingungen in der öffentlichen Verwaltung anbetrifft, so sind hier aufgrund rechtsstaatlicher Vorgaben die typischen Merkmale einer bürokratischen Organisation anzutreffen.[193] Im Rahmen eines hochdifferenzierten Systems der Arbeitsteilung kommt es zu einer festen Zuordnung von Aufgaben auf Organistionseinheiten und Stellen.[194] Die unterschiedlichen Organisationseinheiten sind auf der Grundlage einer hierarchisch monokratisch gegliederten Organisation auf eindeutig festgelegten, vertikalen Entscheidungs- und Kommunikationslinien und einer klaren Gehorsamsstruktur untereinander verbunden.[195]

Was nun die generelle Leistungsfähigkeit dieser Organisationsform anbetrifft, so ist davon auszugehen, daß durch den vergleichsweise hohen Grad der aufgabenmäßigen Spezialisierung eine Standardisierung in der Aufgabenwahrnehmung gewährleistet wird. Hieraus resultierende Routini-

---

192 Vgl. *Kirsch, Werner*, Entscheidungsprozesse III, 1977, S. 104 ff. sowie *Kieser, Alfred/Kubicek, Herbert*, Organisation, 1992, S. 42.

193 Vgl. *Kieser, Alfred/Kubicek, Herbert*, Organisation, 1992, S. 35 ff. und beispielhaft dazu *Niedersächsischer Minister des Innern*, GOBezReg., 1981.

194 Vgl. hierzu die Organisationspläne und Geschäftsverteilungspläne öffentlicher Verwaltungen.

195 Vgl. *Becker, Bernd*, Öffentliche Verwaltung, 1989, S. 589 ff.

sierungseffekte dürften sich dann insbesondere bei der Bearbeitung sich wiederholender, weniger komplexer Aufgabenstellungen als funktional erweisen. Gleichzeitig ermöglicht die vergleichsweise starke Zentrierung von Entscheidungs- und Kommunikationsmöglichkeiten mit ihrer Bindung an hierarchisch monokratische Strukturen eine weitgehend mechanische Koordination wenig komplexer Teilaufgaben.[196] Entsprechend unseren Vorüberlegungen haben wir jedoch in dieser Untersuchung von zunehmend komplexen Aufgabenstellungen im Bereich der öffentlichen Verwaltung auszugehen. Unter diesen Bedingungen dürften sich die aufbauorganisatorischen Regelungen als nur vermindert leistungsfähig erweisen. Eine feste und stark differenzierte Aufgaben- und Zuständigkeitsverteilung und eine überwiegend starr fixierte Koordination von Teilaktivitäten dürften sich im Rahmen der Steuerung organisatorischer Informationsverarbeitungsprozesse insoweit als wenig vorteilhaft erweisen, als sich neuartige bzw. wechselnde Tatbestände so nur schwer identifizieren lassen.

Problematisch erscheinen hier dann auch die ablauforganisatorischen Regelungen bürokratischer Organisationen. So dürften sich nun die Informationsprozesse aufgrund der hierarchisch monokratischen Entscheidungs- und Kommunikationssysteme als zu langsam erweisen.[197] Beteiligungs- und Rückkoppelungsmöglichkeiten zur Nutzung unterschiedlicher interner Informationsquellen sind aufgrund der starken Zentrierung der Entscheidungswege und Kompetenzen nur unzureichend gegeben.

Unter den gegebenen Bedingungen bürokratischer Organisationsverhältnisse ist der Tendenz nach von einem Mißverhältnis von zunehmend komplexen Anforderungen und den Informationsverarbeitungskapazitäten der gegebenen Arbeits- und Führungsorganisation auszugehen.[198] In dieser Hinsicht dürfte sich die Qualität der gegebenen organisatorischen Ermöglichungsbedingungen auch nur als eingeschränkt tauglich für die Bewältigung zunehmend komplexer bzw. unbestimmter Aufgabenstellungen durch die Führungskräfte erweisen. Soweit also entlastende Einflüsse durch arbeits- und führungsorganisatorische Regelungen kaum zu erwarten sind, impliziert dies gleichzeitig eine Bedeutungszunahme von personalen Einflußgrößen.

---

196 Vgl. *Bosetzky, Horst/Heinrich, Peter,* Mensch, 1994, S. 61 ff. und *March, James G./Simon, Herbert A.,* Organisation, 1976, S. 38 ff.
197 Vgl. *Becker, Bernd,* Öffentliche Verwaltung, 1989, S. 617 ff.
198 Vgl. *Kieser, Alfred/Kubicek, Herbert,* Organisation, 1992, S. 35 ff.

## 2.2.3.2 Aufbau und Bedeutung von Entscheidungsstilen

Nachdem wir nun mit der Qualität der Arbeits- und Führungsorganisation eine Einflußgröße vorgestellt haben, die aus funktionaler Sicht für die Entwicklung und Verwirklichung individuellen Entscheidungsverhaltens von Bedeutung ist, wollen wir uns nun den personellen Einflüssen bei der Wahrnehmung von Fachaufgaben zuwenden. Wie bereits dargestellt, ist davon auszugehen, daß die Führungskräfte mit zunehmend unbestimmten Anforderungen bei der Wahrnehmung ihrer Aufgaben konfrontiert werden. Handlungsbestimmende Entscheidungsverhältnisse sind somit von den Führungskräften erst einzurichten. Entsprechend den Annahmen der verhaltenswissenschaftlichen Entscheidungstheorie ist davon auszugehen, daß die individuelle Ausgestaltung sog. „subjektiver innerer Modelle[499] bzw. beruflicher Selbstkonzepte den Aufbau von Entscheidungssituationen und damit das Entscheidungsverhalten maßgeblich beeinflußt.[200]

Das persönliche Selbstkonzept definiert sich dabei als ein komplexes Gefüge aus psychischen und physischen Fähigkeiten, persönlichen Interessen, Werthaltungen und Bedürfnissen. Aus der hier relevanten kognitionstheoretischen Perspektive ist das persönliche Selbstkonzept ein relativ stabiles und konsistentes System aller subjektiv relevanten, selbstbezogenen Informationen[201] und bildet zusammen mit einer Theorie über die Außenwelt ein subjektives Abbild von der Wirklichkeit.[202]

Der Aufbau und die Entwicklung persönlicher Selbstkonzepte resultiert dabei aus Lernprozessen basierend auf realen und symbolischen Interaktionen mit der sachlichen und sozialen Umwelt.[203] In allgemeiner Art ist davon auszugehen, daß insbesondere die Verarbeitung „kritischer Lebensereignisse" einen Einfluß auf die Ausgestaltung persönlicher Selbstkonzepte hat.[204] Diese selbstbezogenen Informationen können im einzelnen unterschiedlichen Quellen entstammen. In diesem Sinne kommen Fremdattributationen, das Verhalten Dritter, Vergleiche mit Dritten, die

---

199 Vgl. *Kirsch, Werner,* Entscheidungsprobleme, 1988. S. 12.

200 Vgl. *Kieser, Alfred/Kubicek, Herbert*, Organisationstheorie II, 1978, S. 47.

201 Vgl. *Pörzgen, Brigitte*, Selbstkonzept, 1993, S. 17.

202 Vgl. *Epstein, Seymour,* Persönlichkeitstheorie, 1984, S. 16 und auch *Kirsch, Werner*, Entscheidungsprobleme, 1988, S. 12.

203 Vgl. *Mummendey, Hans-Dieter*, Selbstkonzept, 1987, S. 282.

204 Vgl. *Filipp, Sigrun-Heide,* Kritische Lebensereignisse, 1981, S. 42 ff.

Selbstbeobachtung eigenen Verhaltens sowie das Abrufen selbstbezogener Informationen als relevante Stimuli in Frage.[205] Dabei wird nicht schon davon ausgegangen, daß diese Reize in direkter Art und Weise einen Einfluß auf die Architektur persönlicher Selbstkonzepte haben. Vielmehr ist anzunehmen, daß sich die Aufnahme, Verarbeitung und Speicherung selbstbezogener Informationen, vermittelt über das bereits entwickelte Selbstkonzept, als durchaus selektiver Prozeß erweist.[206] Diese Selektivität läßt sich nun einerseits konsistenztheoretisch erklären. Demnach werden nur weitgehend mit dem persönlichen Selbstkonzept kongruente Informationen aufgenommen. Andererseits ist auch denkbar, daß bevorzugt selbstwertbestätigende bzw. -erhöhende Informationen ausgewählt werden. Diese Auswahlstrategien dürften dann zumindest auch mit verantwortlich für den relativ hohen Grad an Stabilität von Selbstkonzepten sein.[207]

Für den weiteren Gang der Untersuchung ist nun bedeutsam, daß persönliche Selbstkonzepte nicht nur hypothetische Konstrukte darstellen. Die Relevanz von Selbstkonzepten liegt nun darin begründet, daß Personen ein differenziertes Selbstkonzept von sich entwickeln und entsprechend der jeweiligen Ausgestaltung dieser Selbstkonzepte auf Umwelteinflüsse zu reagieren versuchen.[208] Für die Entwicklung unserer weiteren Untersuchungszusammenhänge ist dieser Ansatz insoweit von besonderer Bedeutung, als eben diese Selbstkonzepte als wesentliche Elemente „naiver Handlungstheorien" wirksam werden.[209] In entsprechender Art und Weise ist davon auszugehen, daß mit solchen persönlichen Selbstkonzepten zum einen Handlungsziele vorgegeben werden, zum anderen allerdings ebenso Vorstellungen darüber festgelegt sind, wie sich solche Ziele erreichen lassen.[210]

---

205 Umfassend dazu siehe *Filipp, Sigrun-Heide*, Selbstkonzept-Forschung, 1984, S. 132 ff.

206 Vgl. hierzu die Ausführungen von *Filipp, Sigrun-Heide*, Selbstkonzept-Forschung, 1984, S. 141 ff. oder auch bezogen auf Sozialisationserfahrungen öffentlicher Bediensteter, *Koch, Rainer,* Sozialisation, 1984, S. 10 ff.

207 Vgl. *Schneewind, Klaus A.,* Selbstkonzept, 1977, S. 426 ff.

208 Vgl. *Epstein, Seymour*, Persönlichkeitstheorie, 1984, S. 15 ff.

209 Ausführlich zum Konzept „naiver Handlungstheorien", *Laucken, Uwe,* Verhaltenstheorie, 1974.

210 Vgl. *Filipp, Sigrun-Heide,* Selbstschemata, 1978, S. 112 und *Filipp, Sigrun-Heide,* Selbstkonzept-Forschung, 1984, S. 144 ff.

Gleichzeitig ist zu bedenken, daß die Selbstkonzepte nicht nur kognitive Funktionen ausüben, sondern, daß sie darüber hinaus auch zur Bewertung erzielter Handlungsergebnisse herangezogen werden. Insofern handelt es sich bei den Selbstkonzepten auch um handlungsüberprüfte Konzepte. Es ist also davon auszugehen, daß sich persönliche Sebstkonzepte über Lernprozesse bilden, hier also auf subjektiver Ebene dem Zwang entsprochen wird, das eigene Idealbild angemessenen Handelns auch an die gegebenen Möglichkeiten seiner Verwirklichung anzupassen.

Soweit nun gerade auf dieses Konstrukt zur Erklärung des Entscheidungsverhaltens zurückgegriffen wird, bezieht sich die Darstellung weiterer Zusammenhänge nun auf die beruflichen bzw. entscheidungsrelevanten Selbstkonzepte oder auch Entscheidungsstile,[211] verstanden als die persönlich für verpflichtend erachteten Idealbilder angemessenen Entscheidens. Entscheidungsstile sind somit kognitive, relativ stabile Eigenarten, welche das Wahrnehmen, Denken und Beurteilen beim Aufbau  von Entscheidungssituationen determinieren und somit bestimmen, wie sich Führungskräfte in bestimmten Situationen verhalten.[212] Gleichzeitig haben die Entscheidungsstile nicht nur eine kognitive Funktion, sondern sie werden auch zur Bewertung erzielter Handlungsergebnisse herangezogen.[213]

Was nun die konkrete Ausgestaltung verschiedener Entscheidungsstile anbetrifft, so wollen wir in dieser Untersuchung auf die gängige Unterscheidung zwischen Generalisten und Experten abstellen.[214] Wie dann später noch zu konkretisieren ist, ist für die Gruppe der Generalisten charakteristisch, daß sie sich im Rahmen ihrer Aufgabenerledigung überwiegend an binnenorganisatorisch gültigen Regeln und politischen Intentionen orientieren und bei der Entscheidungsfindung auf soziale Mechanismen der Konsensfindung setzen. Die Experten bevorzugen hingegen vergleichsweise stärker den Einsatz fachwissenschaftlicher Modelle der Entscheidungsfindung und orientieren sich bei ihrer Entscheidungsfindung eher an fachlich relevanten Referenzgruppen und Leistungsstandards.

---

211 Zum Verhältnis von Selbstkonzepten und berufsbezogenem Verhalten siehe *Filipp, Sigrun-Heide/Scheller, Reinhold*, Wirkung, 1988.

212 Vgl. *Lantermann, Ernst D.*, Interaktionen, 1980, S. 68 ff.

213 Vgl. *Epstein, Seymour*, Persönlichkeitstheorie, 1984, S. 22 ff. und *Koch, Rainer*, Erfolgsbedingungen, 1993, S.5 ff.

214 Vgl. *Gouldner, Alvin/Newcomb, Ester, R.*, Administrative Rollen, 1971, S.241 ff. *und Koch, Rainer*, Entscheidungsverhalten, 1990 *sowie Koch, Rainer*, Erfolgsbedingungen, 1993.

### 2.2.3.3 Entscheidungsstile und Entscheidungsverhalten

Wie bereits dargelegt, ist ein wesentlicher Umwelteinfluß auf das Entscheidungsverhalten in der Komplexität der gestellten Aufgabe zu sehen. Je unbestimmter dabei die Anforderungen hinsichtlich der Anlässe, Mittel und Ziele des Entscheidens sind, desto mehr Informationen haben die Führungskräfte selbst zu er- und verarbeiten. Unter den Bedingungen zunehmender Aufgabenkomplexität haben die Führungskräfte somit ihre Entscheidungssituationen weitgehend selbst zu definieren.[215] Im Gegensatz zum habituellen Handeln bzw. Routineentscheidungen, wo ein Lösungsprogramm bereits vorliegt, müssen die Führungskräfte notwendige Prämissen ihrer Entscheidung erst erarbeiten, um das Auswahlproblem letztendlich lösen zu können.[216] Die Gesamtheit der in einem Entscheidungsprozeß akzeptierten Entscheidungsprämissen bildet dann die Definition der Entscheidungssituation. In diesen sog. „echten Entscheidungssituationen" ist eine Definition der Entscheidungssituation erst über eine individuelle Er- und Verarbeitung von Informationen zu konstruieren.

Im folgenden gilt es nun darzulegen, wie die Führungskräfte unter zunehmend unbestimmten Bedingungen zu den Prämissen ihrer Entscheidung gelangen, d.h. in welcher Art und Weise sie ihre Entscheidungssituationen definieren und welcher Einfluß dabei von den persönlichen Selbstkonzepten bzw. Entscheidungsstilen ausgeht.

Zur Verdeutlichung der Zusammenhänge bei der Definition von Entscheidungssituationen erscheint es vorteilhaft, zunächst auf die gedächtnistheoretische Unterscheidung zwischen Kurzzeit-gedächtnis und Langzeitgedächtnis zurückzugreifen.[217] Diese Unterscheidung erfolgt nach dem Kriterium der Zeitdauer, in der Informationen jeweils gespeichert sind. Alle im Langzeitgedächtnis gespeicherten Informationen bilden die spezifische Persönlichkeit des Menschen. Ein für unsere Zwecke wesentlicher Bestandteil des Langzeitgedächtnisses sind demnach auch die beruflichen Selbstkonzepte bzw. Entscheidungsstile des Menschen, verstanden als kognitive Programme bzw. Schemata, die die Informationsverarbeitungsprozesse im Rahmen des Entscheidungsverhaltens in spezifischer Art und Weise steuern.[218] Die im Kurzzeitgedächtnis gespeicherten Informationen

---

215 Vgl. *Kirsch, Werner* Entscheidungsprobleme, 1988, S. 16 ff.
216 Vgl. *Kirsch, Werner*, Entscheidungsprozesse I, 1977, S. 65.
217 Vgl. *Kirsch, Werner*, Entscheidungsprobleme, 1988, S. 15ff.
218 Vgl. *Kirsch, Werner*, Entscheidungsprozesse II, 1977, S. 128 ff.

repräsentieren die momentane Einstellung („evoked set") des Menschen.[219] Im Rahmen von Wahrnehmungsprozessen werden Umweltsignale aufgrund der bereits im Lang- und Kurzzeitgedächtnis gespeicherten Informationen interpretiert und gedeutet. Welche Signale nun aus der Umwelt wahrgenommen und zu Stimuli werden, hängt nun nicht nur von der Art und Intensität der Signale, sondern zunächst auch von der momentanen Einstellung, d.h. von den bereits im Kurzzeitgedächtnis befindlichen Informationen ab. Mit der Wahrnehmung von Umweltsignalen werden nun auch die jeweiligen Entscheidungsstile „aktiviert". Die Entscheidungsstile bestimmen nun darüber, ob und in welcher Art und Weise weitere Umweltsignale wahrgenommen werden und welche zusätzlichen Informationen aus dem Langzeitgedächtnis hervorgerufen und letztendlich Bestandteil der momentanen Einstellung werden. Diese hervorgerufenen Informationen bestimmen nun im wesentlichen die Wahrnehmung und Interpretation von empfangenen Signalen.

Für unsere Zwecke ist nun bedeutsam, daß die Assoziationen, die im Rahmen von Wahrnehmungsprozessen bei einem Individuum ausgelöst werden, aufgrund unterschiedlicher Persönlichkeitsstrukturen bzw. Entscheidungsstile individuell verschieden sind. Dabei werden nun nicht alle wahrgenommenen und in die momentane Einstellung bzw. in das Kurzzeitgedächtnis hervorgerufenen Informationen zu handlungsbestimmenden Entscheidungsprämissen. Die momentane Einstellung beinhaltet lediglich das Informationsrepertoire, das der vom Individuum zu bildenden Definition der Entscheidungssituation zugrunde liegt. Eine aufgrund des steuernden Einflusses des Entscheidungsstils aus der Umwelt wahrgenommene bzw. aus dem Langzeitgedächtnis hervorgerufene Information wird nur dann als Entscheidungsprämisse in die Definition der Entscheidungssituation aufgenommen, nachdem sie einige „Tests" durchlaufen hat, so z.B. einen Test zur logischen Verträglichkeit mit bereits in der Definition der Entscheidungssituation aufgenommenen Informationen.[220] Die Informationen der Definition der Entscheidungssituation bilden dann den „Korridor" für die letztendliche Entscheidungsfindung.

---

219 Vgl. *March, James G./Simon, Herbert A.*,Organisation, 1976, S.37 ff.
220 Vgl. *Kirsch, Werner*, Entscheidungsprobleme, 1988, S. 79.

*Abb. 7: Entscheidungsstile und die Definition der Entscheidungssituation*

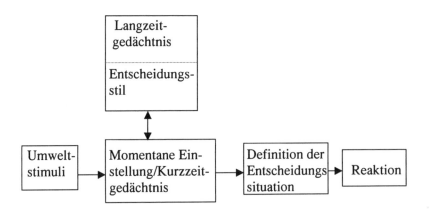

Es zeigt sich, daß die Definition der Entscheidungssituation in aller Regel erst unter dem steuernden Einfluß jeweils gegebener Entscheidungsstile über komplexe Informationsverarbeitungsprozesse aufgebaut werden muß. Was nun die wesentlichen Bestandteile der Definition der Entscheidungssituation anbetrifft, so lassen sich im wesentlichen drei unterschiedliche Komponenten nennen.[221] Die Definition des Problems beinhaltet alle Bedingungen oder auch Beschränkungen, denen die Lösung des Problems genügen muß. Dies entspricht weitgehend den Zielen und zu beachtenden Nebenbedingungen, denen die Lösung des Problems genügen muß. Weitere Bestandteile der Definition der Entscheidungssituation sind die erarbeiteten Lösungshypothesen oder auch Alternativen bzw. Mitteleinsätze und die Lösungsmethode. Mit Hilfe der Lösungsmethode werden die Lösungshypothesen gegen die Merkmale der Problemdefinition auf Geeignetheit geprüft und ggf. modifiziert. Dabei wird davon ausgegangen, daß der Prozeß der Informationsverarbeitung nur so lange andauert, bis eine Alternative gefunden wird, die als erste das individuelle Anspruchsniveau trifft und somit als letztendliche Entscheidung akzeptiert wird. Es wird also nicht nach optimalen, sondern nach befriedigenden Lösungen gesucht.[222]

---

221 Vgl. *Kirsch, Werner*, Entscheidungsprobleme, 1988, S. 75 ff.
222 Vgl. *March, James G./Simon, Herbert A.*, Organisation, 1976, S. 48 ff.

Im Einzelfall entscheidet also das über den Entscheidungsstil vermittelte individuelle Anspruchsniveau der Führungskräfte darüber, was hinsichtlich des Zielerreichungsgrades als befriedigende Lösung akzeptiert wird.

*Abb. 8: Die Definition der Entscheidungssituation*

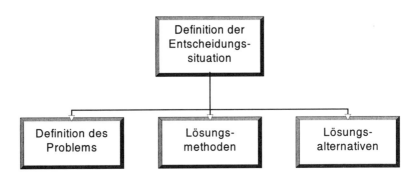

Wie bereits dargelegt bestimmen die Entscheidungsstile im wesentlichen darüber, in welcher Art und Weise Informationen verarbeitet werden, welche Signale aus der Umwelt wahrgenommenen und welche Informationen aus dem Langzeitgedächtnis in die momentane Einstellung hervorgerufen werden und damit letztendlich zur Basis für die Definition der Entscheidungssituation werden. Entsprechend der von uns getroffenen Unterscheidung relevanter Entscheidungsstile dürften dann die Generalisten, die eher auf den Einsatz sozialer Mechanismen und Konsensfindung setzen, vergleichsweise intensivere Bemühungen zur Er- und Verarbeitung weiterer Informationen auf sich nehmen müssen, um zu einem angemessenen Aufbau ihrer Entscheidungssituationen zu kommen. Der für die Experten typische Einsatz fachwissenschaftlicher Modelle dürfte hingegen zu einer effizienteren Definition der Entscheidungsverhältnisse führen.

Neben der Steuerung der Informationsverarbeitungsaktivitäten werden mit den Entscheidungsstilen nun auch normative Ansprüche bzw. Anforderungen, d.h. kritische Ziele und Mittel einer erfolgreichen Aufgabenerledigung, vorgegeben. So ist denkbar, daß neben adäquaten Mitteln der Informationsversorgung und -verarbeitung auch soziale bzw. politisch orientierte Kriterien, wie z.B. die Unterstützung bzw. Akzeptanz durch die politische Führung sowie die Öffentlichkeit von den Führungskräften eingefordert werden, um zu persönlich angemessenen Entscheidungen zu gelangen. So ist für die Experten zu vermuten, daß sie weitgehend informationsbezogener Entscheidungsanforderungen bedürfen, während die Generalisten zu Durchsetzung ihrer Problemlösungsschemata wohl eher auf sozialkommunikative Entscheidungsanforderungen zurückgreifen müssen. Auch wenn die persönlichen Entscheidungsstile beim Aufbau von Entscheidungssituationen quasi automatisch auf Anwendung drängen, so bedarf es also zusätzlicher Unterstützungsleistungen, um zu einer jeweils anforderungsgerechten Definition von Entscheidungssituationen zu kommen. Ob und inwieweit nun den jeweils unterschiedlichen Entscheidungsanforderungen der Führungskräfte entsprochen werden kann, hängt nicht zuletzt von der Qualität bzw. Leistungsfähigkeit der übergeordneten Arbeits- und Führungsorganisation ab.

*Abb. 9: Entscheidungsstile und Entscheidungsverhalten*

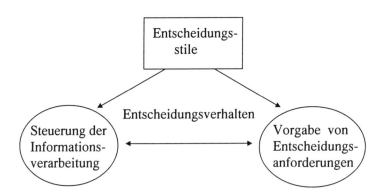

Für unsere weiteren Zusammenhänge ist nun bedeutsam, daß die von den Führungskräften konstruierte Definition der Entscheidungssituation die objektive Realität nur unvollkommen widerspiegelt. Entsprechend den sog. „offenen Modellen" des Entscheidens kann in diesem Zusammenhang davon ausgegangen werden, daß die Rationalität des Entscheiders kognitiven Beschränkungen („bounded rationality") unterworfen ist.[223] Entsprechend

---

223 Vgl. *Simon, Herbert A.*, Behavior, 1957 sowie *March, James G.*, Beschränkte Rationalität, 1990, S. 297.

ist dem Entscheider nur ein Teil der möglichen Konsequenzen potentieller Entscheidungen bekannt, zukünftige Ereignisse können nur unvollständig antizipiert werden und es können nicht alle Alternativen erwogen werden. Eine zentrale Annahme dieser Ansätze liegt in der Beschränkung der Informationsverarbeitungskapazität des Entscheiders.[224] Aufgrund dieser Beschränkungen ist davon auszugehen, daß sich die Führungskräfte unter dem Einfluß ihrer Entscheidungsstile eine stark vereinfachte Definition der Entscheidungssituation bilden, die nicht den objektiven Verhältnissen entsprechen muß. Der Hauptgrund, warum die Definition der Situation der agierenden Person so sehr von der objektiven Situation abweicht, ist, daß die objektive Situation viel zu komplex ist, als daß man sie in all ihren Details erfassen könnte. Rationales Verhalten impliziert den Ersatz der komplexen Realität durch ein Modell der Realität, das so einfach ist, daß es durch Problemlöseprozesse erfaßt werden kann.[225]

Maßgeblich für den Entscheidungserfolg ist nun, ob und inwieweit es den Führungskräften gelingt, eine möglichst angemessene Definition der Entscheidungssituation zu erarbeiten, ob und inwieweit es ihnen also gelingt, Anlässe, Ziele und Mittel des Entscheidens adäquat festzulegen. Gemäß dem „fit-Theorem" ist somit von Bedeutung, inwieweit auf eine zunehmende Komplexität der Aufgabenstellung mit einem funktional entsprechenden, komplexen Informationsverarbeitungsverhalten reagiert werden kann.[226] Je offener sich nun die Entscheidungssituation darstellt, d.h. je geringer die Aufgabe programmiert ist, desto aktiver muß nach zusätzlichen Informationen gesucht werden. Die Entscheidungsstile bestimmen nun im wesentlichen über das gezeigte Entscheidungsverhalten, legen also in diesem Sinne normative Ansprüche bzw. Anforderungen fest und steuern dabei die Informationsverarbeitungsprozesse. Entsprechend dürfte die jeweilige Ausgestaltung der Entscheidungsstile nun auch dafür verantwortlich sein, ob es zu einer annähernd situationsgerechten, also jeweils aufgaben- bzw. komplexitätsgerechten Definition von Entscheidungssituationen kommt.

---

224 Vgl. *Simon, Herbert A.,,* Behavior, 1957, S. 198
225 Vgl. *March, James G./Simon, Herbert A.*, Organisation, 1976, S. 142.
226 Vgl. *Schroder, Harold M./Driver, Michael S./Streufert, Siegfried,* Informationsverarbeitung, 1975 sowie *Kirsch, Werner*, Entscheidungsprozesse I, 1977, S. 76 ff.

## 2.2.4. Die Leistungswirksamkeit von Entscheidungen

Unter Rückgriff auf die zentralen Annahmen des S-O-R-Paradigmas haben wir bislang erörtert, mit welchen entscheidungsrelevanten Umwelteinflüssen („Stimuli") Führungskräfte im Rahmen ihrer Aufgabenerledigung konfrontiert sind und in welcher Art und Weise unterschiedliche Einflüsse des „Organismus" beim Entscheiden wirksam werden. Im folgenden wollen wir uns der abhängigen Variablen dieser Untersuchung, dem jeweils erreichten Ausmaß der Effektivität bzw. Leistungswirksamkeit von Entscheidungen, zuwenden.

Gemäß dem zugrunde liegenden S-O-R-Paradigma ist zunächst in allgemeiner Art und Weise davon auszugehen, daß die Effektivität von Entscheidungen („Reaktion") aus der Interaktion zwischen Umweltstimuli und „Organismus"- Größen resultiert.[227] Im weiteren sollen nun Annahmen darüber abgeleitet werden, wie sich dieser Bedingungszusammenhang im einzelnen gestaltet.

Entsprechend unseren vorausgehenden Überlegungen ist anzunehmen, daß die Führungskräfte in der öffentlichen Verwaltung mit einer zunehmenden Unbestimmtheit bei der Wahrnehmung ihrer Fachaufgaben konfrontiert sind. Da also Ziele, Ausgangsbedingungen und Mittel des Entscheidens oft nur unzureichend vorgegeben sind, haben die Führungskräfte notwendige Prämissen ihrer Entscheidung selbständig zu erarbeiten. Sie haben ihre Entscheidungssituationen somit erst selbst zu definieren. Aus streßtheoretischer Perspektive stellt nun die Komplexität der Aufgabenstellung eine Belastung für die Führungskräfte dar. Ob und inwieweit nun diese Belastung von den Führungskräften auch als Beanspruchung bzw. Stressor wahrgenommen wird, hängt letztendlich davon ab, ob und inwieweit es den Führungskräften gelingt, vermittelt über ihre jeweiligen Entscheidungsstile, eine Passung („fit") zwischen der Komplexität der Aufgabenstellung im Sinne der gegebenen Anforderungen an die Informationsverarbeitung und einem entsprechenden individuellen Entscheidungsverhalten herzustellen.[228] Es ist davon auszugehen, daß die Ausgestaltung der Entscheidungsstile darüber entscheidet, welche Anforderungen bzw. Kriterien für ein erfolgreiches Entscheiden zugrunde gelegt werden und auf

---

227 Vgl. *Lantermann, Ernst H.,* Interaktionen, 1980, S. 38 ff. und *Gebert, Diether/Rosenstiel, Lutz von,* Organisationspsychologie, 1992, S. 14 ff.
228 Vgl. *Rowe, Alan J./Boulgarides, James D.,* Decision-Styles, 1983, S. 3 sowie *Streufert, Siegfried/Swezey, Robert W.,* Complexity, 1986, S. 18 ff.

welche Art und Weise Informationen er- und verarbeitet werden. Dabei kann allerdings nicht schon immer unterstellt werden, daß sich ein jeweils individuell veranschlagtes Entscheidungsverhalten auch unter den gegebenen Rahmenbedingungen der Arbeits- und Führungsorganisation öffentlicher Verwaltungen realisieren läßt.

Die Entscheidungsstile üben nun nicht nur eine kognitive Funktion aus, sondern werden auch zur subjektiven Bewertung eigener Handlungen herangezogen. Wahrgenommene Diskrepanzen zwischen den gegebenen Anforderungen und individuellem Entscheidungsverhalten werden von den Führungskräften als Streß empfunden. Diesen versuchen die Führungskräfte mit sog. Coping-Strategien zu bewältigen.[229] Somit kann der gestörte Gleichgewichtszustand, also die wahrgenommene Nicht-Entsprechung zwischen den Merkmalen der Arbeitsumwelt und dem individuell veranschlagten Entscheidungsverhalten, wieder hergestellt werden. Dabei kann auf diese aversiv empfundenen Situationen einerseits objektiv mit Beseitigung oder Verlassen der Situation, sowie subjektiv mit individuellen Lernprozessen, also über eine Veränderung der Kognition bzw. Evaluation der Person-Situation-Relation reagiert werden.[230] Je nachdem, wie die Führungskräfte letztendlich nun ihre individuellen Möglichkeiten einschätzen, auf eine zunehmende Unbestimmtheit in den fachlichen Anforderungen mit einem adäquat komplexen Entscheidungsverhalten zu reagieren, wird sich ein subjektiv erreichtes Maß an Situationskontrolle einstellen.[231] Die Höhe der Situationskontrolle ist somit ein Indikator für ein gelungenes „Coping" der Führungskräfte. Das Ausmaß der Situationskontrolle variiert dabei auf einem Kontinuum zwischen absoluter Nicht-Kontrolle und vollkommener Kontrolle.

Entsprechend den bisherigen Annahmen ist davon auszugehen, daß die Ausgestaltung individueller Entscheidungsstile nicht schon einen direkten Einfluß auf die Höhe der Situationskontrolle hat. Vielmehr haben die Entscheidungsstile einen steuernden Einfluß auf die Art und Intensität des Informationsverarbeitungsverhaltens und bestimmen darüber hinaus die jeweils individuellen unterschiedlichen Anforderungen bzw. für notwendig

---

229 Vgl. *Gebert, Diether*, Belastung, 1981, S. 11 ff. und *Gebert, Diether/Rosenstiel, Lutz von*, Organisationspsychologie, 1992, S. 111 ff. und *Frey, Dieter/Greif, Siegfried,* Sozialpsychologie, 1987,S.100 f.

230 Vgl. *Gebert, Diether*, Belastung, 1981, S. 11 ff.

231 Vgl. ausführlich hierzu *Gebert, Diether*, Belastung, 1981, S. 8 ff. und *Gebert,Diether/Rosenstiel, Lutz von*, Organisationspsychologie, 1992, S. 116 ff.

erachteten Unterstützungsleistungen für die Ableitung angemessener Entscheidungen. Erst das subjektiv wahrgenommene Ausmaß der Passung zwischen gegebenen Entscheidungsanforderungen und individuell veranschlagtem und unter den Arbeitsbedingungen der öffentlichen Verwaltung auch angemessen realisierbarem Entscheidungsverhalten entscheidet dann über die individuell empfundene Höhe der Kontrolle entscheidungserheblicher Faktoren. Im einzelnen dürfte eine erhöhte Situationskontrolle dann auch eine entsprechende individuelle Zufriedenheit mit den eigenen Leistungen nach sich ziehen.

Mit der individuell wahrgenommenen Situationskontrolle können wir somit auf eine Größe zurückgreifen, die uns Aufschluß darüber gibt, ob und inwieweit sich die Führungskräfte im Rahmen ihrer Aufgabenerledigung in der Lage sehen, die für sie effektivitätserheblichen Einflußgrößen des Entscheidens zu kontrollieren. Mit dieser individuellen Empfindung bzw. Wahrnehmung eines jeweils anforderungsgerechten Entscheidungsverhaltens ist dann ein zumindest subjektiv relevantes Maß zur Einschätzung der Leistungswirksamkeit eigenen Entscheidens gegeben.[232]

Eine durch den Einfluß jeweiliger Entscheidungsstile bedingte anforderungs- bzw. komplexitätsgerechte Gestaltbarkeit von Entscheidungsverhältnissen dürfte nun nicht nur zu einer erhöht wahrgenommen Situationskontrolle führen. Im Sinne einer weiteren „Reaktions"-Größe" bzw. Output-Variablen haben wir nun darüber hinaus unter diesen Bedingungen auch mit einem hinreichenden Maß an quasi objektiv erbrachter Arbeitsleistung zu rechnen.

*Abb. 10: Leistungswirksamkeit des Entscheidungsverhaltens*

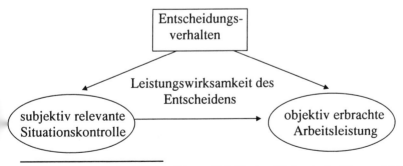

---

232 Vgl. *Luthans, Fred/Welsh, Dianne H.B./Taylor III, Lewis A.,* Managerial Effectiveness, 1988, S. 148 ff.

## 2.2.5 Untersuchungszusammenhang

Nachdem wir nun die zentralen Untersuchungsgrößen theoretisch eingeführt haben, sollen im folgenden, basierend auf den dargelegten Vorüberlegungen, die in dieser Untersuchung zu prüfenden Zusammenhänge in
ihrer Gesamtheit dargestellt werden.

*Abb. 11: Theoretischer Bezugsrahmen*

Theoretischer Bezugsrahmen zur Analyse des Einflusses von
Entscheidungsstilen auf die Leistungswirksamkeit von Entscheidungen

Situation ⟶ Organismus ⟶ Reaktion

Entscheidungs-
stile

Aufgaben-
komplexität

Arbeits- und
Führungsorga

Entscheidungs-
verhalten

Situations-
kontrolle

Qualität der
Arbeitsleistung

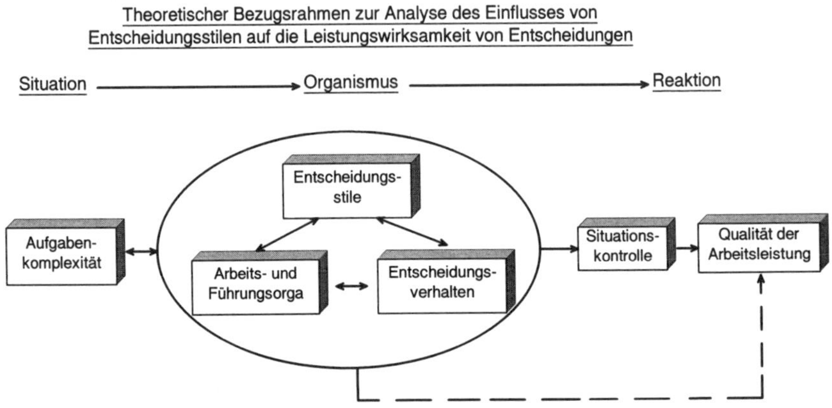

Gemäß der von uns entwickelten Problem- und Fragestellung beschäftigen wir uns in der vorliegenden Untersuchung mit dem Einfluß von Entscheidungsstilen auf die Leistungswirksamkeit von Entscheidungen. Ausgangspunkt unserer Untersuchung sind dabei die veränderten, komplexen
Aufgabenstellungen, mit denen die Führungskräfte in der öffentlichen
Verwaltung konfrontiert sind.[233] Es ist davon auszugehen, daß den Führungskräften auch bei einem hohen Grad der Programmierung nicht schon
alle Prämissen vorgegeben werden, um von vornherein zu einer adäquaten
Ableitung ihrer Entscheidungen zu kommen. Damit die Führungskräfte zu
ergiebigen Entscheidungen kommen, haben sie ihre Entscheidungssituatio-

---

233 Vgl. *Böhret, Carl/Klages, Helmut/Reinermann, Heinrich/Siedentopf, Heinrich,*
*Innovationskraft,* 1987, S. 29 ff.

ergiebigen Entscheidungen kommen, haben sie ihre Entscheidungssituationen zunächst zu definieren, indem sie Anlässe, Bedingungen, Ziele und Mittel des Entscheidens weitgehend selbst festlegen.[234] Im Hinblick auf die Erzielung leistungswirksamer Entscheidungen dürfte unter diesen Bedingungen einer erhöhten Aufgaben- und Entscheidungskomplexität den personalen Einflußgrößen bzw. Entscheidungsstilen im Verhältnis zu weiteren Strukturgrößen eine besondere Bedeutung zukommen. Die zentrale Fragestellung dieser Untersuchung zielt dann darauf ab, mit welchem Entscheidungsverhalten die Führungskräfte auf zunehmend unbestimmte Anforderungen reagieren, ob und welchen Einfluß dabei unterschiedliche Entscheidungsstile haben und welcher Grad der Leistungswirksamkeit dabei jeweils erreicht wird.

Unter effektivitätserheblichen Gesichtspunkten ist nun von Bedeutung, ob und inwieweit die Führungskräfte unter den gegebenen organisatorischen Rahmen- bzw. Ermöglichungs-bedingungen in der Lage sind, zu einem anforderungs- bzw. komplexitätsgerechten Aufbau ihrer Entscheidungsverhältnisse zu kommen ("fit-Theorem").[235] Es ist davon auszugehen, daß die Entscheidungsstile der Führungskräfte darüber bestimmen, wie zum Zwecke der Definition der Entscheidungssituation Informationen er- und verarbeitet werden, welche wesentlichen Voraussetzungen dabei für das Auffinden problembewältigender Lösungswege als individuell bedeutsam angesehen werden und welche persönlichen Anspruchsniveaus dabei wirksam werden.

Was dabei die Ausgestaltung persönlicher Entscheidungsstile anbetrifft, so stellen wir in dieser Untersuchung auf die Unterscheidung zwischen Generalisten und Experten ab. Entsprechend dem von uns gewählten Untersuchungszusammenhang wollen wir prüfen, wie unter dem Einfluß zunehmender Aufgaben- und Entscheidungskomplexität der Einfluß unterschiedlicher Entscheidungsstile auf die Ergiebigkeit bzw. Leistungswirksamkeit des Entscheidens wirkt. Genauer gesagt wird in unserer Untersuchung der zentralen Frage nachgegangen, ob nun vergleichsweise eher ein Rückgriff auf soziale Mechanismen und organisationsintern gültige Regeln

234 Vgl. *Staak, Magnus*, Entscheidungsstrukturen, 1988, S. 36.
235 Vgl. *Schroder, Harold M./Driver, Michael S./Streufert, Siegfried*, Informationsverarbeitung, 1975 sowie *Kirsch, Werner*, Entscheidungsprozesse I, 1977, S. 76 ff.

(Generalist) oder die Anwendung fachspezifischer Modelle (Experte) zu wirkungsvolleren Entscheidungen führt.

Dabei ist zunächst zu vermuten, daß bei zunehmender Komplexität gegebener Aufgabenstellungen Experten gegenüber Generalisten zu vergleichsweise leistungswirksameren Entscheidungen kommen. Aufgrund der gegebenen Anforderungen dürften die Ziele, Bedingungen und Mittel des Entscheidens recht unbestimmt sein und es sind eine Vielzahl bzw. Vielfalt an unterschiedlichen Bedingungs- und Wirkungszusammenhängen im Rahmen der Entscheidungsfindung zu bedenken. Eine vergleichsweise intensive und komplexe Er- und Verarbeitung von Informationen unter Rückgriff auf fachspezifische Modelle dürfte den Experten zu einer relativ effizienteren Definition der Entscheidungssituation verhelfen. Da die Experten somit bis auf eine ausreichende Informationsversorgung relativ unabhängig von weiteren Leistungen der Arbeits- und Führungsorganisation sind, dürfte sich ein solches Problemlösungsverhalten nun auch besser realisieren lassen, so daß sich für den Fall der Experten auch ein vergleichsweise hohes Maß an subjektiv empfundener Situationskontrolle einstellen dürfte. Darüber hinaus dürfte dann ein in dieser Art und Weise komplexitätsgerechter Aufbau von Entscheidungssituationen nun auch zu einer hinreichenden Qualität der erzielten Arbeitsergebnisse führen.

Die Generalisten bedürfen zur Durchsetzung ihres Entscheidungsstils zusätzlich einer größeren Anzahl an weiteren Beteiligten, um dann auch den von Ihnen gewünschten Konsens zu erzielen. Aufgrund der gegebenen, bürokratischen Merkmale der Arbeits- und Führungsorganisation sind die Kommunikations-möglichkeiten stark zentriert, so daß damit gleichzeitig auch die Möglichkeiten zur Beteiligung Dritter eingeschränkt sind. Unter diesen Verhältnissen ist zu vermuten, daß es für die Generalisten vergleichsweise schwieriger ist, ihre Entscheidungssituationen zu definieren und zu einer subjektiv wahrgenommenen Kontrolle der für sie ausschlaggebenden effektivitätserheblichen Kriterien des Entscheidens zu kommen. Auf diesem Wege ist dann auch nur mit einer vergleichsweise geringeren Qualität erzielter Arbeitsergebnisse zu rechnen.

Im folgenden sollen nun diese vermuteten Zusammenhänge einer empirischen Überprüfung unterzogen werden. Die nachfolgende Darstellung
gibt eine Übersicht zur Beschreibung und Operationalisierung der in der
vorliegenden Untersuchung relevanten Untersuchungsgrößen.[236]

*Abb. 12: Operationalisierung der Untersuchungsgrößen*

| | |
|---|---|
| Problemkomplexität | Zahl, Vielfalt und Wandel entscheidungs-erheblicher Bedingungs- und Wirkungszusammenhänge |
| Aufgabenkom-plexität | Grad der Unbestimmtheit von Anlässen, Zielen und Mitteln des Entscheidens |
| Arbeits- und Füh-rungsorganisation | Qualität der strukturellen und prozessualen Rahmenbedingungen individuellen Entscheidens |
| Entscheidungsstile | Individuelle Schemata der Erfassung und Lösung von Entscheidungsproblemen |
| Entscheidungs-verhalten | Aktivitäten zum Aufbau von Entscheidungs-situationen |
| Situationskontrolle | Gestaltbarkeit effektivitätserheblicher Rahmenbedingungen eigenen Entscheidungs-verhaltens |
| Arbeitsleistung | Qualität der erreichten Arbeitsergebnisse im Vergleich zu anderen Verwaltungseinheiten |

236 Vgl. *Mayntz, Renate/Holm, Kurt/Hübner, Peter*, Methoden, 1978, S. 18ff. und
*Laatz, Wilfried*, Methoden, 1993, S. 30 ff.

## 2.3 Untersuchungsmethode

Mit der theoretischen Formulierung und Fundierung der Hypothesen ist der erste Schritt realwissenschaftlicher Forschungsprozesse abgeschlossen. Im weiteren sind nun die damit aufgeworfenen Zusammenhänge an der Realität zu überprüfen. Zu diesem Zweck soll zunächst eine adäquate Untersuchungsmethode ausgewählt werden. Die folgende Darlegung der wesentlichen methodischen Vorgehensweisen soll so weit wie möglich zur intersubjektiven Nachvollziehbarkeit bzw. Reproduzierbarkeit der vorliegenden Untersuchung beitragen.[237] Die Untersuchungsmethode versteht sich dabei als ein spezielles System von Regeln, die den Erkenntnisprozeß organisieren und festlegen.[238]

Es stellt sich an dieser Stelle also die Frage, wie das Entscheidungsverhalten von Führungskräften mit den hier dargelegten unterschiedlichen Dimensionen und Einflußgrößen angemessen empirisch zu erheben ist, um letztendlich zu verallgemeinerungsfähigen Kausalaussagen kommen zu können.

Entsprechend der empirisch-systematischen Zielsetzung dieser Untersuchung sollen die hier vermuteten Zusammenhänge anhand von repräsentativen Stichprobendaten überprüft werden.[239]

### 2.3.1 Bestimmung der Untersuchungsebene

Im folgenden sollen nun zunächst die für unsere Zwecke relevanten Untersuchungs- bzw. Erhebungseinheiten bestimmt werden. Dabei ist sicherzustellen, daß die ausgewählten Erhebungseinheiten nun auch die konzeptionell angesprochenen Untersuchungsebenen adäquat erfassen.

Entsprechend der von uns aufgeworfenen Fragestellung beschäftigt sich die vorliegende Untersuchung mit den Rahmenbedingungen, Merkmalen und Folgen des Entscheidungsverhaltens von Führungskräften in öffentlichen Verwaltungen. Die für unsere Zwecke relevante Untersuchungsebene sind somit Personen bzw. Individualdaten.

---

237 Vgl. *Popper, Karl*, Logik, Tübingen, 1989, S. 187.
238 Vgl. *Friedrichs, Jürgen*, Methoden, 1980. S. 15 und S. 189 ff.
239 Vgl. *Koch, Rainer*, Methodologische Entwicklungen, 1984, S. 9 ff.

Zur Erfassung dieser Erhebungseinheiten wollen wir in dieser Untersuchung Beobachtungen bzw. Befragungen zu den Wahrnehmungen, Einstellungen und Bewertungen durchführen, die auf seiten der Führungskräfte hinsichtlich der verschiedenen Merkmale des Entscheidungsverhaltens vorliegen. Mit diesem Vorgehen ist es streng genommen nicht schon möglich, auch Aussagen zu weiteren situativen bzw. strukturellen Merkmalen, wie Ausprägungen der übergeordneten Arbeits- und Führungsorganisation und den Anforderungscharakteristika wahrzunehmender Aufgaben, zu machen.[240] Grundsätzlich wäre dies nur zulässig, wenn wir diese Größen selbst zur Erhebungseinheit unserer Stichprobe machen würden. Allerdings werden wir in dieser Untersuchung von diesen methodischen Prinzipien abweichen. So werden wir in einigen Fällen persönliche Wahrnehmungen der Führungskräfte auch im Sinne struktureller Merkmale zu interpretieren haben. Diese mehr oder weniger indirekte Abfrage entsprechender Strukturdaten dürfte insofern noch methodisch valide sein, als hier höhere und höchste Führungskräfte befragt wurden, es sich somit um erfahrungsüberprüfte Expertenurteile handeln dürfte.

## 2.3.2 Auswahl der Stichprobe

Gemäß Fragestellung und Zielsetzung der vorliegenden empirischen Untersuchung sollen möglichst verallgemeinerungsfähige Aussagen zu den erfolgsbedingenden Zusammenhängen des Entscheidungsverhaltens von Führungskräften in öffentlichen Verwaltungen gemacht werden.[241] Genauer gesagt sollen also Ursache-Wirkungs-Beziehungen zum Einfluß von Entscheidungsstilen auf das Entscheidungsverhalten und letztendlich zum Einfluß auf die Leistungswirksamkeit aufgedeckt werden. Hieraus resultieren zunächst gewisse materielle Anforderungen an die Auswahl einer angemessenen Stichprobe. Da in unserer Untersuchung auf den „klassischen" Bereich der öffentlichen Verwaltung Bezug genommen werden soll, haben wir bei der Stichprobenauswahl auf Verwaltungen zurückzugreifen, die im Rahmen ihrer Aufgabenerledigung weiterhin mit den Besonderheiten

---

240 Vgl. *Hummell, Hans J*, Mehrebenenanalyse, 1972, S. 27 ff. sowie *Lange, Elmar*, Mehrebenenanalyse, 1987, S. 91 ff. und *Koch, Rainer*, Methodologische Entwicklungen, 1984, S. 24 ff.

241 Vgl. die Untersuchungen von *Koch, Rainer*, Entscheidungsunterstüt-zung, 1992, sowie *Koch, Rainer*, Entscheidungsverhalten, 1990 und *Koch, Rainer*, Erfolgsbedingung, 1993.

nicht-marktlicher Entscheidungsbedingungen konfrontiert sind.[242] Diesem Kriterium wird nun insoweit Rechnung getragen, als sich unsere Erhebung auf die Ebene der Regierungspräsidien/Bezirksregierungen konzentriert. Als Untersuchungsobjekt werden somit alle Führungskräfte von Regierungspräsidien in der Bundesrepublik Deutschland (alte Bundesländer) definiert.

---

242 Vgl. *Nowotny, Ewald*, Sektor, 1991, S.28 ff.und *Bargehr, Brigitte*, Marketing, 1991, S. 56 ff. sowie *Lane, Jan-Erik*, Public Sector,1993, S. 16 ff.

## Abb. 13: Organisationsplan eines Regierungspräsidiums[243]

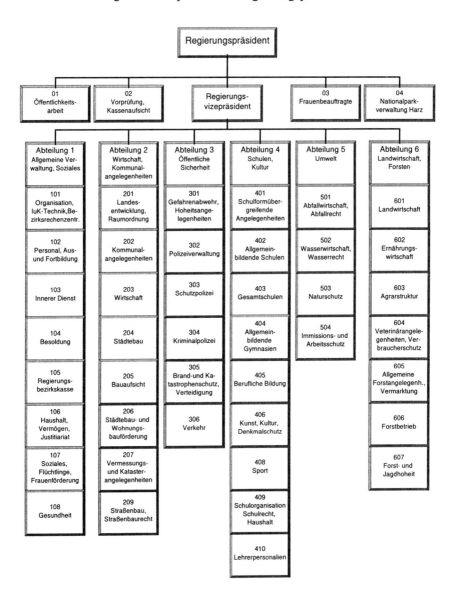

243 Organisationsplan der Bezirksregierung Braunschweig.

Entsprechend unserer Fragestellung ist im Rahmen einer angemessenen Stichprobenauswahl auch sicherzustellen, daß auch Bedienstete befragt werden, die über eine relevante Entscheidungskompetenz verfügen, demgemäß also auch im Zuge ihrer Aufgabenerledigung selbständig Entscheidungen bzw. Problemlösungen zu erarbeiten haben. Dieses Kriterium findet adäquate Berücksichtigung in einer gezielten Auswahl von ausschließlich höchsten und höheren Führungskräften (Abteilungsleiter, Dezernatsleiter und Dezernenten) öffentlicher Verwaltungen.[244]

Gemäß der Fragestellung dieser Untersuchung hat eine gezielte Auswahl der Stichprobe auch dem Kriterium zu genügen, daß quasi von vornherein eine gewisse Komplexität fachlicher Anforderungen im Rahmen der Aufgabenwahrnehmung durch die Führungskräfte vorausgesetzt werden kann.

Die Wahl der Mittelinstanz erscheint in dieser Hinsicht als angemessen, da hier schon eine gewisse Komplexität der Aufgabenstellungen aus der Funktion dieses Verwaltungstypus resultiert. So sind in den Regierungspräsidien aufgrund der hier typischen Bündelungs- und Koordinierungsfunktion unterschiedliche Verwaltungszweige zusammengefaßt, die auf der obersten und unteren Verwaltungsebene (Ministerium bzw. kommunale Behörden) nach fachlichen Kriterien getrennt sind.[245] Hieraus ergibt sich letztendlich erst die Möglichkeit einer fachübergreifenden Koordinierung und der Ausgleich unterschiedlicher Interessen.[246] Aus teilweise widersprüchlichen Vorgaben der Fachministerien haben die Regierungspräsidien konkrete Entscheidungen abzuleiten. Neben den fachlichen Koordinierungsaufgaben sind die Regierungspräsidien für einen regionalen Ausgleich auf kommunaler Ebene bei der Planung und Durchführung von Entwicklungsaufgaben verantwortlich.[247] Nicht zuletzt aufgrund der zunehmenden Bedeutung relevanter Planungs- und Implementationsaufgaben, wie etwa im Bereich der Wirtschaftsförderung, des Umwelt- und Naturschutzes sowie der Regionalplanung, dürfte dann im Bereich der Regierungspräsidien mit einer erhöhten Komplexität fachlicher Aufgabenstellungen, im Sinne einer

---

244 Zu den einzelnen Funktionen vgl. §§ 22, 23 GOBezReg., 1981
245 Vgl. *Landtag von Sachsen-Anhalt*, Enquete-Kommission „Verwaltungsreform", Verwaltungsreform, 1994 *sowie Niedersächsischer Minister des Innern*, GO-BezReg., 1981
246 Vgl. *Gratz, Jürgen*, Regierungspräsidien, 1982, S. 200 und *Freudenberg, Dierk*, Berzirksregierung 1, 1993, S. 234 ff.
247 Vgl. *Freudenberg, Dierk*, Bezirksregierung 2, 1993, S. 350.

zunehmenden Unbestimmtheit von Anlässen, Zielen und Lösungswegen des Entscheidens, zu rechnen sein.

Im Rahmen unserer Untersuchung wollen wir nun zu möglichst verallgemeinerungsfähigen Aussagen im Hinblick auf die von uns gewählte Grundgesamtheit, d.h. alle Führungskräfte in Regierungspräsidien kommen. Entsprechend ist eine Stichprobe zu ziehen, die sich hinsichtlich möglichst vieler Merkmale und Merkmalskombinationen der Grundgesamtheit gleicht. Üblicherweise greift man dabei auf das Verfahren der Zufallsauswahl zurück.[248] Die Ziehung einer Zufallsstichprobe setzt voraus, daß jede zur Gesamtpopulation gehörende Untersuchungseinheit einzeln identifizierbar ist. Welche Untersuchungseinheiten dann schließlich zur Stichprobe gehören, hängt ausschließlich vom Zufall ab. Im Zuge unserer Untersuchung ist es allerdings nicht von vornherein möglich, zu einer vollständigen Erfassung aller Untersuchungseinheiten, d.h. aller Führungskräfte aus der Gesamtzahl der Regierungspräsidien zu kommen. In unserem Fall mußte somit auf eine besonderes Variante der Zufallsstichprobe zurückgegriffen werden. Für unsere Zwecke bot sich das Verfahren der Klumpenstichprobe an.[249]

Eine Klumpenstichprobe setzt zunächst voraus, daß sich die Gesamtpopulation aus mehreren, untereinander möglichst homogenen Teilpopulationen bzw. Klumpen, hier die 26 unterschiedlichen Regierungspräsidien in der Bundesrepublik Deutschland, zusammensetzt. Aus diesen Teilpopulationen wird eine zufällige Auswahl getroffen und dann vollständig erhoben. Die Klumpenstichprobe bietet den Vorteil, daß sie vergleichsweise weniger organisatorischen Aufwand erfordert als die Zufallsstichprobe. Während bei einer Zufallsstichprobe strenggenommen alle Untersuchungseinheiten einzeln zu erfassen sind, wird bei einer Klumpenstichprobe lediglich eine vollständige Aufstellung aller in der Population enthaltenen Klumpen benötigt. Unsere Stichprobe setzt sich dann aus allen Untersuchungseinheiten bzw. Führungskräften der zufällig ausgewählten Klumpen bzw. Regierungspräsidien zusammen.

Was nun die Bestimmung der „optimalen" Stichprobengröße anbetrifft, so hängt diese im wesentlichen von der gewünschten Schätzgenauigkeit ab.

---

248 Vgl. *Laatz, Wilfried*, Methoden, 1993, S. 425 ff. sowie *Bortz, Jürgen*, Empirische Forschung, 1984, S. 239 ff.

249 Vgl. *Bortz, Jürgen*, Empirische Forschung, 1984, S. 298 ff. sowie *Mayntz, Renate/Holm, Kurt/Hübner, Peter*, Methoden, 1978, S. 81 ff.

Für unseren Fall der Stichprobenauswahl kann dann auch auf die hier üblichen Verfahren der Bestimmung des erforderlichen Stichprobenumfanges zurückgegriffen werden.[250] Bei einem tolerierbaren Stichprobenfehler von e = 0,5, verstanden als denkbare Abweichung von den erwartbaren Ergebnissen der insgesamt in Frage kommenden Untersuchungsfälle[251], einer auf der Basis vergleichbarer Voruntersuchungen geschätzten Varianz von $S^2$ = 3,2 und einem von uns veranschlagten Sicherheitsniveau von 99% (z = 2,58), dürften die Ergebnisse der vorliegenden Untersuchung dann auch ab einer Stichprobengröße von n = 273 für den definierten Bereich der Führungskräfte in der Mittelinstanz repräsentativ sein.[252]

Das Ziel war zunächst die Durchführung einer Gesamterhebung in sämtlichen Regierungspräsidien. Dabei wurden nahezu alle Regierungspräsidien in den alten Bundesländern angeschrieben, mit der Bitte, sich an dieser Erhebung zu beteiligen. Letztendlich hatten sich von den insgesamt 26 Regierungspräsidien drei Regierungspräsidien bereit erklärt, sich an dieser Untersuchung zu beteiligen. Allein schon aus diesen Sachzwängen heraus mußte auf die Erhebung einer Zufallsstichprobe bzw. Klumpenauswahl zurückgegriffen werden.

Was nun die Auswahl der einzelnen Klumpen bzw. Regierungspräsidien anbetrifft, so erfolgte dies also nicht schon rein zufällig. Letztendlich ergab sich die Zusammenstellung der einzelnen in die Untersuchung aufgenommenen Klumpen aus der jeweils grundsätzlichen Bereitschaft der Regierungspräsidien, an einer derartigen verwaltungswissenschaftlichen Untersuchung teilzunehmen. Da angenommen werden kann, daß die ausgewählten Klumpen bzw. Regierungspräsidien die Gesamtpopulation in den wesentlichen Merkmalen annähernd gleich gut repräsentieren, ist nicht mit Stichprobenverzerrungen aufgrund von Stichprobeneffekten zu rechnen.[253] Für die vorliegende Untersuchung ergibt sich unter Berücksichtigung der jeweiligen Funktion bzw. Dienststellung die folgende Verteilung.

---

250 Vgl. *Mayntz, Renate/Holm, Kurt/Hübner, Peter,* Methoden, 1978, S. 76 und *Laatz, Wilfried,* Methoden, 1993, S. 447 ff.
251 Vgl. *Clauß, G./Ebner, H.,* Statistik, 1981, S. 289 ff.
252 Ergibt sich aus der Formel n = $(z^2 \times s^2) / e^2$; vgl. *Bortz, Jürgen,* Empirische Forschung, 1984, S. 279.
253 Vgl. *Laatz, Wilfried,* Methoden, 1993, S. 425 sowie *Bortz, Jürgen,* Empirische Forschung, 1984, S. 300.

*Tab. 1: Zusammensetzung der Stichprobe*

| | Dienststellung | |
| | Anzahl | % |
| --- | --- | --- |
| Abteilungsleiter | 16 | 6 |
| Dezernatsleiter | 115 | 42 |
| Dezernenten | 146 | 52 |
| Zusammen | 277 | 100 |

Wenn man zugrunde legt, daß zum Zeitpunkt der Erhebung in den von uns befragten Regierungspräsidien insgesamt ungefähr 20 Abteilungsleiter, 140 Dezernatsleiter und 390 Dezernenten beschäftigt waren, so zeigt sich, daß hier gemäß den Bedingungen einer Klumpenstichprobe,[254] die jeweils relevanten Untersuchungseinheiten innerhalb der Klumpen bzw. Regierungspräsidien nahezu vollständig erhoben werden konnten. Dies gilt dann zumindest für die Ebene der Abteilungs- und Dezernatsleiter in den untersuchten Regierungspräsidien.gemäß unseren Vorüberlegungen zur Bestimmung der Stichprobengröße können wir davon ausgehen, daß aufgrund des vorliegenden Stichprobenumfangs (n = 278) die Ergebnisse dieser Untersuchung unter Berücksichtigung eines zu vernachlässigenden Stichprobenfehlers und unter Veranschlagung eines Sicherheitsniveaus von 99% für den definierten Bereich der Führungskräfte in der Mittelinstanz repräsentativ sein dürften.

Gleichzeitig ergibt sich aufgrund der Größe unserer Stichprobe zumindest eine theoretisch-rechnerische Wahrscheinlichkeit, im Rahmen der Auswertung auf eine dreidimensionale Tabellenanalyse,[255] von Variablen mit durchschnittlich drei Ausprägungsgraden und einer Mindestfeldbesetzung von zehn Fällen, zurückgreifen zu können.[256]

---

254 Vgl. *Mayntz, Renate/Holm, Kurt/Hübner, Peter*, Methoden, 1978, S. 81 ff. und *Bortz, Jürgen*, Empirische Forschung, 1984, S. 298 ff.

255 Die Dimensionen ergeben sich aus einer abhängigen Variablen, einer unabhängigen Variablen und einer intervenierenden Variablen.

256 Dies ergibt sich aus der Formel $n = Z \times K^V$, (hier 270) wobei sich Z auf die Zellenbesetzung, K sich auf die Anzahl der Ausprägungen und V sich auf die Anzahl der Variablen bezieht.

### 2.3.3 Verfahren der Datenerhebung

In der vorliegenden empirischen Untersuchung wurde als Erhebungsinstrument zur Erfassung der Wahrnehmungen, Einstellungen und Bewertungen der Führungskräfte eine standardisierte, schriftliche Befragung gewählt.[257] Durch die Verwendung eines standardisierten Fragebogens ergeben sich gleichzeitig auch praktische Vorteile bei der Auswertung der Daten. Weiterhin ist durch den Rückgriff auf eine schriftliche Befragung zumindest die Möglichkeit gegeben, die Überprüfung der hergeleiteten Hypothesen an einer hinreichend großen Zahl an Untersuchungsfällen vornehmen zu können.

Bei der Operationalisierung der einzelnen Merkmale wurde überwiegend auf geschlossene Fragen zurückgegriffen, die einerseits aus bisherigen Untersuchungen übernommen wurden. Zu diesem Zweck konnte dann auf die wenigen empirischen, verwaltungswissenschaftlichen Studien zum Entscheidungsverhalten zurückgegriffen werden.[258] Andererseits wurden weitere Fragenkomplexe eigens für diese Untersuchung entwickelt.[259]

Die Güte des verwendeten Erhebungsinstrumentes hängt von der Validität und Reliabilität der operationalisierten Größen ab. Die Validität eines Instrumentes bezieht sich dabei auf die Frage, ob das gemessen wird, was man auch zu messen beabsichtigt.[260] Die in dieser Untersuchung verwendeten Instrumente wurden auf Inhalts- und Plausibilitätsvalidität hin überprüft.[261] Eine ausreichende Reliabilität eines Erhebungsinstrumentes ist dann gegeben, wenn eine wiederholte Anwendung unter gleichen Bedingungen zu identischen Ergebnissen führt. Entsprechende Reliabilitätsüberprüfungen, wie z.B. das Test-Re-Test-Verfahren oder das Split-half-

---

257 Ausführlich dazu vgl. *Bortz, Jürgen*, Empirische Forschung, 1984, S. 180 ff. und *Friedrichs, Jürgen*, Methoden, 1980, S. 236 ff. und *Mayntz, Renate/Holm, Kurt/Hübner, Peter*, Methoden, 1978, S. 103 ff. sowie *Domsch, Michel/Schneble, Andrea*, Mitarbeiter-befragungen, S. 635 ff.

258 Vgl. die Untersuchungen von *Koch, Rainer*, Entscheidungsunterstüt-zung, 1992, sowie *Koch, Rainer*, Entscheidungsverhalten, 1990 und *Koch, Rainer*, Erfolgsbedingungen, 1993.

259 Vgl. hierzu die Dokumentation zu entsprechenden Erhebungsinstrumenten bei *Kubicek, Herbert/Welter, Günther*, Organisationsstruktur, 1985.

260 Vgl. *Friedrichs, Jürgen*, Methoden, 1980. S. 100 sowie *Clauß, G./Ebener, H.*, Statistik, 1982 und *Mayntz, Renate/Holm, Kurt/Hübner, Peter*, Methoden, 1978, S. 22.

261 Vgl. *Laatz, Wilfried*, Methoden, 1993, S. 76 ff

Verfahren, konnten im Rahmen dieser Untersuchung nicht durchgeführt werden.[262]

In einem Begleitschreiben wurden die untersuchten Regierungspräsidien gebeten, die beiliegenden Fragebögen allen im Hause beschäftigten Abteilungsleitern, Dezernatsleitern und Dezernenten zukommen zu lassen. Die Verteilung und Einsammlung der Fragebögen wurde durch das jeweilige Organisationsreferat vorgenommen. Das Deckblatt des entwickelten Erhebungsinstrumentes enthielt eine vollständige Anweisung zur Bearbeitung der Fragestellungen.

Im Sinne eines reaktiven Verfahrens hatten die Befragten überwiegend aus vorgegebenen Merkmalsausprägungen auf einer 5er-Skala auszuwählen. In der vorliegenden Untersuchung wurden dann überwiegend ordinalskalierte Variablen erhoben.[263] Aus durchgeführten Pre-Tests hatte sich ergeben, daß für eine Bearbeitung des Fragebogens ungefähr 40 bis 60 Minuten benötigt werden. Nicht zuletzt führten diese Vorbereitungen dann auch zu einer Rücklaufquote von über 50 Prozent. Die folgende Darstellung verdeutlicht die Verteilung der befragten Führungskräfte hinsichtlich der an dieser Untersuchung teilgenommenen Regierungspräsidien.

*Tab. 2: Regierungspräsidium*

|  | Regierungspräsidium | |
| --- | --- | --- |
|  | Anzahl | % |
| Regierungspräsidium I | 77 | 28 |
| Regierungspräsidium II | 132 | 47 |
| Regierungspräsidium III | 69 | 25 |
| Zusammen | 278 | 100 |

---

262 Zu diesen und weiteren Verfahren vgl. *Laatz, Wilfried*, Methoden, 1993, S. 69 ff. und *Friedrichs, Jürgen*, Methoden, 1980, S. 102 ff.

263 Zu der Beschreibung unterschiedlicher Skalenniveaus vgl. *Fleming, Michael C./Nellis, Joseph G.*, Statistics, 1994, S. 6 ff sowie *Mayntz, Renate/Holm, Kurt/Hübner, Peter*, Methoden, 1978, S. 38 ff. und *Bortz, Jürgen*, Empirische Forschung, 1984, S. 44 ff.

Die Unterschiede zwischen den untersuchten Verwaltungen ergeben sich aus der regionalen Ansässigkeit und der Größe (Anzahl der Mitarbeiter) der Regierungspräsidien, wobei die mit I und II bezeichneten Regierungspräsidien in Niedersachsen und das mit III bezeichnete Regierungspräsidium in Baden-Württemberg lokalisiert sind.

### 2.3.4 Auswahl des Prüfverfahrens

Im folgenden geht es um die Auswahl methodisch geeigneter Verfahren, die es uns erlauben, die inhaltlich begründeten Aussagen auf ihre Art der Bestätigung hin zu überprüfen. Den Kern dieser Untersuchung bildet dabei die zentrale Frage, ob und inwieweit die abhängige Variable dieser Untersuchung, nämlich die Leistungswirksamkeit von Entscheidungen, vom Einfluß individueller Entscheidungsstile geprägt wird.

Gemäß gegebener Methodik soll dieser Frage dann anhand einer sich Schritt für Schritt verdichtenden Prüfung bi- und multivariater Zusammenhänge nachgegangen werden. Wie für den Bereich der empirischen Sozialforschung typisch ist, werden wir dann zu sog. probabilistischen Erklärungen kommen, bei denen der Grad der Wahrscheinlichkeit über einen anzunehmenden Zusammenhang zwischen bestimmten Variablen ausschlaggebend ist.[264] Entscheidend für die Annahme eines Zusammenhanges zwischen zwei Merkmalen ist nun, ob und inwieweit das eine Merkmal in einer ausreichenden Zahl an Fällen in einem systematischen Zusammenhang mit dem anderen Merkmal auftritt. Eine vorläufige Bestätigung der Hypothesen wird bei diesemVorgehen von der Stärke und Sicherheit des Zusammenhanges abhängig gemacht.[265] Im Rahmen einer solchen empirisch-systematischen Untersuchung sollen zur Bestimmung der Stärke und der Sicherheit von Zusammenhängen die üblichen Verfahren der Tabellenanalyse, der Korrelationsstatistik sowie Modelle der Signifikanzprüfung zur Anwendung kommen.

Ohne schon auf rechnerische Methoden zurückgreifen zu müssen, bietet das Instrument der Tabellenanalyse eine erste Möglichkeit zur Aufdeckung

---

264 Vgl. *Seiffert, Helmut/Radnitzky, Gerard*, Wissenschaftstheorie, 1992, S. 152.
265 Vgl. *Mayntz, Renate/Holm, Kurt/Hübner, Peter*, Methoden, 1978,
   S. 194.

bzw. Prüfung von Zusammenhängen zwischen Variablen.[266] In diesem Fall werden die Zellen einer Tabelle auf mehr oder weniger vollständige Überkreuzung hin untersucht. Die Stärke eines Zusammenhanges läßt sich entsprechend aus den Unterschieden in den Prozentwerten der über Kreuz liegenden Wertepaare in einer Tabelle ableiten.

Darüber hinaus werden in der vorliegenden Untersuchung zudem auch adäquate Assoziationsmaße berechnet. Da wir aufgrund des Stichprobenumfanges (n=278) von vornherein eine Normalverteilung der erhobenen Merkmale unterstellen, lassen sich sog. parametrische Verfahren anwenden.

Die Auswahl der geeigneten Maßzahl richtet sich nach dem jeweils zugrunde liegenden Skalenniveau der Variablen.[267] Wie bereits dargelegt, erreichen die in dieser Untersuchung erhobenen Merkmale überwiegend ein ordinales Skalenniveau.[268] Im Falle quadratischer Kreuztabellen wird entsprechend der Rang-Korrelations-Koeffizient Kendall´s Tau-b berechnet. Bei asymmetrischen Tabellen wird auf den Koeffizienten Kendall`s Tau c zurückgegriffen.[269] Diese Statistiken können Werte zwischen -1 und +1 annehmen, so daß neben der Stärke auch die Richtung des Zusammenhanges wiedergegeben wird. Das verwendete Assoziationsmaß bei nominalskalierten Variablen ist der Kontingenz-Koeffizient nach Pearson, welcher nur Werte zwischen 0 und 1 annehmen kann.[270] Dennoch gibt diese Größe auch nur Auskunft über die Stärke, nicht jedoch über die Richtung des Zusammenhanges. Zu diesem Zweck muß dann wieder auf das bekannte Verfahren der Tabellenanalyse zurückgegriffen werden.

---

266 Zum Verfahren der Tabellenanalyse vgl. *Mayntz, Renate/Holm, Kurt/Hübner, Peter,* Methoden, 1978, S. 192 ff.

267 Vgl. *Brosius, Gerhard,* Basics, 1988, S. 224.

268 Vgl. *Fleming, Michael C./Nellis, Joseph G.,* Statistics, 1994, S. 6 ff. sowie *Mayntz, Renate/Holm, Kurt/Hübner, Peter,* Methoden, 1978, S. 38 ff. und *Bortz, Jürgen,* Empirische Forschung, 1984, S. 44 ff.

269 Zur Berechnung von Rangkorrelationskoeffizienten siehe *Brosius, Gerhard,* Basics, 1988, S. 228 ff. sowie *Bühl, Achim/Zöfel, Peter,* SPSS, 1994, S. 188 und S. 243.

270 Vgl. *Clauß, G./Ebner, H.,* Statistik, 1981, S. 289 ff. und *Brosius, Gerhard,* Basics, 1988, S. 226.

Im weiteren wurde in dieser Untersuchung auch geprüft, ob es sich unter Berücksichtigung von entsprechenden Irrtumswahrscheinlichkeiten,[271] um verallgemeinerungsfähige Zusammenhänge handelt.[272] Ein übliches Verfahren zur Signifikanzprüfung ist der Chi-Quadrat-Test nach Pearson.[273] Eine wesentliche Voraussetzung dieses Tests liegt darin, daß nur in maximal 20% der Felder einer Kreuztabelle erwartete absolute Häufigkeiten geringer als „5" auftreten dürfen.[274] Nicht zuletzt um eine entsprechend hohe Zellenbesetzung gewährleisten zu können, wurden die ursprünglichen 5er-Skalen der erhobenen Merkmale in 3er-Skalen transformiert. Der dadurch auftretende Informationsverlust hat für diese Untersuchung keine Bedeutung. Trotz dieser Transformationen mußte dennoch in Kauf genommen werden, daß die notwendige Zellenbesetzung in einigen wenigen Fällen unterschritten wurde.

Zur Konstruktion von sog. zusammengesetzten Variablen wurde eine weitere rechnerische Methode angewandt. Um letzendlich prüfen zu können, ob hinter mehreren verschiedenen Einzelvariablen auch gemeinsame Hintergrundvariablen stehen, wird in dieser Untersuchung jeweils auf das Verfahren der Faktorenanalyse zurückgegriffen.[275] Dabei werden in einem ersten Schritt die Korrelationen aller in die Faktorenanalyse einbezogenen Variablen analysiert. Die Faktorenanalyse geht von der Annahme aus, daß sich in den hoch korrelierenden Variablen ein gemeinsamer Faktor ausdrückt, auf den sie folglich zurückgeführt werden können. Variablen, die mit anderen Variablen nur sehr geringe Korrelationen aufweisen, werden anschließend aus dem Modell eliminiert. Die entsprechenden Faktoren werden dann mit dem Verfahren der Hauptkomponentenanalyse extrahiert, wobei jeweils Faktoren akzeptiert werden, die einen Eigenwert aufweisen,

---

271 Signifikanzniveaus bzw. Irrtumswahrscheinlichkeiten werden im empirischen Teil dieser Arbeit wie folgt wiedergegeben:

| ns | nicht signifikant | P > = 0,05 |
| * | signifikant | P < = 0,05 |
| ** | sehr signifikant | P < = 0,01 |
| *** | höchst signifikant | P < = 0,001 |

siehe hierzu auch *Bühl, Achim/Zöfel, Peter,* SPSS, 1994, S. 90.
272 Vgl. *Fleming, Michael E./Nellis, Joseph G.,* Statistics, 1994, S. 171 ff.
273 Ausführlich dazu vgl. *Brosius, Gerhard,* Basics, 1988, S. 217 ff.
274 Vgl .*Bühl, Achim/Zöfel,* Peter,, SPSS, 1994, S.183 ff.
275 Vgl. hierzu ausführlich *Laatz, Wilfried,* Methoden, 1993, S. 292 ff. und *Brosius, Gerhard,* Advanced, 1989, S. 137 ff.

der größer als 1 ist.[276] Zum Zwecke der verbesserten Darstellung wird dann eine rechtwinklige Rotation nach dem Varimax-Verfahren angewandt.[277] Eine abschließende Zuordnung von Variablen zu den ermittelten Faktoren wird über eine Interpretation der Faktorladungen durchgeführt. Es ist an dieser Stelle anzumerken, daß die Ergebnisse dieser mathematischen Berechnungen jeweils auf inhaltliche Plausibilität hin geprüft worden sind, bevor sie für den weiteren Gang der Untersuchung verwendet worden sind.

Die Auswertung der Daten wurde mit Hilfe des Softwarepaketes „SPSS für Windows Version 6.01" auf einem Personalcomputer durchgeführt.

---

276 Der Eigenwert gibt an, welcher Teil der Gesamtstreuung aller Variablen durch einen bestimmten Faktor erklärt wird. Zur Berechnung und Interpretation von Eigenwerten vgl. *Brosius, Gerhard,* Advanced, 1989, S. 148 ff. und *Laatz, Wilfried,* Methoden, 1993, S. 293 ff.

277 Bei der Varimax-Methode werden die Achsen so rotiert, daß die Anzahl von Variablen mit hohen Faktorladungen minimiert wird; vgl. *Laatz, Wilfried*, Methoden, 1993, S. 295.

# Kapitel 3

## Untersuchungsergebnisse: Der Einfluß von Entscheidungsstilen auf die Leistungswirksamkeit von Entscheidungen

### 3.1 Prüfzusammenhang

Im Rahmen der Herleitung eines adäquaten Untersuchungs-konzeptes haben wir die zentralen Größen dieser Untersuchung entwickelt und miteinander verknüpft. Gemäß den Vorgaben des S-O-R-Paradigmas gehen wir davon aus, daß sich das Entscheidungsverhalten nicht schon in direkter Art und Weise aus den objektiv gegebenen Anforderungen von Aufgabenstellungen ergibt, sondern vielmehr aus der subjektiven Wahrnehmung und Verarbeitung dieser Anforderungen resultiert.[278] Unter der Bedingung komplexer Aufgabenstellungen haben die Führungskräfte ihre Entscheidungssituationen zunächst zu definieren. Es wird davon ausgegangen, daß im wesentlichen die persönlichen Entscheidungsstile nun darüber bestimmen, wie dabei Informationen er- und verarbeitet werden, welche Anforderungen für das Auffinden problembewältigender Lösungswege als individuell relevant angesehen werden und welche persönlichen Anspruchsniveaus in dieser Hinsicht letztendlich zum Tragen kommen. Unter effektivitätserheblichen Gesichtspunkten ist nun dabei bedeutsam, ob und inwieweit sich nun ein anforderungsgerechtes Entscheidungsverhalten auch unter den gegebenen Ermöglichungsbedingungen der Arbeits- und Führungsorganisation realisieren läßt (fit-Theorem).[279] Der Grad der Passung zwischen persönlichem Entscheidungsverhalten und gegebenen Anforderungen von Fachaufgaben entscheidet dann im weiteren über die Leistungswirksamkeit des Entscheidens. So gehen wir davon aus, daß sich je nach Ausmaß der wahrgenommenen Passung ein subjektiv erreichtes Maß

---

278 Vgl. *Lantermann, Ernst D.*, Interaktionen, 1980, S. 38 ff. sowie *Gebert, Diether/Rosenstiel, Lutz von*, Organisationspsychologie, 1992, S. 14 ff. und *Frey, Dieter/Irle, Martin (Hrsg.)*, Informations- verarbeitungstheorien, 1985, S. 258.

279 Vgl. *Schroder, Harold M./Driver, Michael S./Streufert, Siegfried*, Informationsverarbeitung, 1975 sowie *Kirsch, Werner*, Entschei- dungsprozesse I, 1977, S. 76 ff.

an Situationskontrolle[280] und darüber hinaus auch eine entsprechende Höhe an quasi objektiv erbrachter Arbeitsleistung einstellen wird.[281]

Was nun das Design und damit den Prüfzusammenhang unserer Untersuchung anbetrifft, wollen wir darauf abstellen, wie sich nun unterschiedliche Entscheidungsstile (Generalist vs. Experte), vermittelt über den Aufbau von Entscheidungssituationen, auf die Bewältigung zunehmender Aufgabenkomplexität bzw. die Leistungswirksamkeit von Entscheidungen auswirken. Die vorliegende Untersuchung zielt also nicht schon darauf ab, wie der additive Einfluß von gegebenen Aufgabenanforderungen, der Qualität organisatorischer Rahmenbedingungen und der Entscheidungsstile auf die Leistungswirksamkeit von Entscheidungen wirkt. Vielmehr soll also unter Konstanthalten der Einflüsse der Aufgabenkomplexität und der Qualität der Arbeits- und Führungsorganisation, die relative Vorteilhaftigkeit der spezifischen Einflüsse von expertenhaften Entscheidungsstilen gegenüber generalistischen Entscheidungsstilen im Hinblick auf die Leistungswirksamkeit des Entscheidens hin überprüft werden.

Beim Prüfvorgang wollen wir uns dann auch an den allgemeinen Vorgaben des S-O-R-Schemas orientieren. Entsprechend soll sich in dem folgenden empirischen Teil dieser Arbeit zunächst der für uns zentralen, erklärenden „Organismus-Größe" zugewandt werden. Genauer gesagt sind vorab die für uns relevanten Entscheidungsstile der Führungskräfte näher inhaltlich zu bestimmen. Für unsere weiteren Zusammenhänge ist dabei von zentraler Bedeutung, ob es sich dabei nur um situativ geprägte, und damit variable, oder tatsächlich um stabile, und insofern auch persönlichkeitsbestimmte Merkmale handelt. In einem nächsten Schritt wollen wir uns dann den „Reaktions-Größen" bzw. unseren abhängigen Größen dieser Untersuchung zuwenden. Im Hinblick auf die Leistungswirksamkeit von Entscheidungen gilt es hier in genereller Art und Weise darzulegen, welches Maß an Situationskontrolle von den Führungskräften wahrgenommen wird und welche Qualität der Arbeitsleistung letztendlich erreicht wird. Im folgenden sollen dann, im Zuge sich immer mehr verdichtender bi- und multivariater Zusammenhänge, die Einflüsse auf unsere „Reaktions-Variablen" untersucht werden. So wird dann zunächst überprüft, wie nun

---

280 Vgl. *Gebert, Diether*, Belastung, 1981, S. 8 ff. und *Gebert, Diether/Rosenstiel, Lutz von*, Organisationspsychologie, 1992, S. 116 ff.
281 Vgl. *Luthans, Fred/Welsh, Dianne H.B./Taylor III, Lewis A.*, Managerial Effectiveness, 1988, S. 148 ff.

gegebene „Situations-Merkmale" auf die „Reaktions-Größen" wirken, unter welchen Bedingungen bzw. Komplexität gegebener Arbeitsanforderungen sich also die erreichte Höhe der Leistungswirksamkeit des Entscheidens einstellt. Darüber hinaus haben wir uns dann dem Einfluß einer weiteren Kontextgröße zuzuwenden. Genauer gesagt soll geprüft werden, ob und welchen Einfluß die Qualität der Arbeits- und Führungsorganisation auf die Leistungswirksamkeit des Entscheidens hat. Letztendlich gilt es dann in einem weiteren Schritt, unter Kontrolle gegebener Kontextvariablen (Aufgabenkomplexität und Qualität der Arbeits- und Führungsorganisation), den Einfluß von zentralen „Organismus-Variablen" auf die „Reaktions-Größen" zu untersuchen. Dabei wollen wir in einer relativen Betrachtung den Einfluß unterschiedlicher Entscheidungsstile (Generalist vs. Experte) auf das Entscheidungsverhalten und schließlich auf die Leistungswirksamkeit hin überprüfen.

## 3.2 Entscheidungsstile von Generalisten und Experten

### 3.2.1 Vorbemerkungen

Gemäß unseren konzeptuellen Vorüberlegungen ist davon auszugehen, daß nicht schon die Ausprägung gewisser „Situations-Größen" quasi direkt zu einem bestimmten Entscheidungsergebnis führt, sondern daß erst der zusätzlich intervenierende Einfluß weiterer „Organismus-Variablen" über die Höhe der erreichten Leistungswirksamkeit des Entscheidens entscheidet.[282]

Unter der Bedingung komplexer Aufgabenstellungen haben die Führungskräfte ihre Entscheidungssituationen zunächst zu definieren. Entsprechend haben sie also die Ziele, Bedingungen und Mittel des Entscheidens vorab zu entwickeln. Wie nun dabei jeweils Informationen er- und verarbeitet werden und welche Anforderungen an eine angemessene Entscheidungsfindung gestellt werden, dürfte nun im wesentlichen von der Ausgestaltung der persönlichen Entscheidungsstile der Führungskräfte abhängig sein. Die Entscheidungsstile verstehen sich dabei als die persönlich verpflichtenden Idealbilder bzw. Schemata angemessenen Entscheidens,

---

282 Vgl. *Lantermann, Ernst D.*, Interaktionen, 1980, S. 38 ff. sowie *Gebert, Diether/Rosenstiel, Lutz von*, Organisationspsychologie, 1992, S. 14 ff. und *Frey, Dieter/Irle, Martin (Hrsg.)*, Informations-verarbeitungstheorien, 1985, S. 258.

die im Rahmen des Problemlösens quasi automatisch auf Anwendung drängen.[283]

Im folgenden soll die zentrale, erklärende Größe unserer Untersuchung deskriptiv dargestellt werden. Anhand der Unterscheidung zwischen Generalisten und Experten wollen wir dabei zunächst zu einer Bestimmung der wesentlichen Merkmale verschiedener Entscheidungsstile kommen. Ausgehend von den Ergebnissen vorausgehender Untersuchungen zu den entscheidungsrelevanten Merkmalen von Führungskräften[284] soll dabei anhand der Ergebnisse einer Faktorenanalyse ermittelt werden, hinsichtlich welcher entscheidungserheblicher Orientierungen sich schließlich Generalisten und Experten voneinander unterscheiden. Im weiteren wird dann anhand des Einflusses unterschiedlicher Bedingungen von Entscheidungsstilen zu ermitteln sein, ob die Entscheidungsstile nun nur das Resultat einer jeweils situativen und damit variierenden Anpassung sind oder ob es sich dabei tatsächlich um stabile bzw. überdauernde Persönlichkeitsmerkmale der Führungskräfte handelt.

### 3.2.2 Generalisten vs. Experten

Entsprechend unseren Untersuchungsabsichten haben wir auf die Unterscheidung zwischen Experten bzw. Professionellen und Generalisten abgestellt. Bei der Operationalisierung dieser Untersuchungsgröße greifen wir auf den Gesichtspunkt zurück, daß sich bei Experten und Generalisten unterschiedlich starke Orientierungen an organisationsintern gültigen Regeln oder fachwissenschaftlichen Methoden der Entscheidungsfindung zeigen.[285] Gleichzeitig wird davon ausgegangen, daß sich Generalisten im Rahmen ihres Entscheidens nun vergleichsweise eher auf den sozialen Binnenkontext der öffentlichen Verwaltung beziehen und somit ihre Auf-

---

283 Vgl. *Lantermann, Ernst D.*, Interaktionen, 1980, S. 68 ff. *Filipp, Sigrun-Heide*, Selbstschemata, 1978, S. 112 ff. und *Filipp, Sigrun-Heide*, Selbstkonzeptforschung, 1984, S. 144 ff.

284 Vgl. *Gouldner, Alvin/Newcomb, Ester, R.*, Administrative Rollen, 1971, S.241 ff. *und Koch, Rainer*, Entscheidungsverhalten, 1990 *sowie Koch, Rainer*, Erfolgsbedingungen, 1993.

285 Vgl. *Gouldner, Alvin W./Newcomb, Ester R.*, Administrative Rollen, 1971, S. 239 ff. und *Koch, Rainer*, Entscheidungsunterstützung, 1992, S. 26 ff. und *Koch, Rainer*, Entscheidungsverhalten, 1990, S. 1 ff. sowie *Koch, Rainer*, Erfolgsbedingungen, 1993, S. 509 ff.

gabenerledigung vergleichsweise stärker an politischen Intentionen ausrichten. Die Experten werden sich bei der Aufgabenwahrnehmung aufgrund ihrer technokratischen Einstellungen nun weniger an inneren Bezugsgruppen und politischen Vorgaben, als vielmehr an fachlich relevanten Referenzgruppen und Leistungsstandards orientieren.[286]

Basierend auf dieser Unterscheidung wurden nun verschiedene Stilmerkmale erhoben, die aus subjektiver Sicht im Rahmen des Entscheidungsverhaltens relevant werden.[287] Um nun unterschiedliche Stile identifizieren zu können, wurden diese Merkmale einer Faktorenanalyse unterzogen. Über die beiden extrahierten Faktoren, durch die insgesamt 43% der Varianz der einbezogenen Variablen erklärt wird,[288] lassen sich dann die Entscheidungsstile wie folgt beschreiben.

---

286 Hier knüpfen wir an die Unterscheidung zwischen „lokalen" und „kosmopolitanen" Orientierungen an; vgl. *Gouldner,Alvin/Newcomb, Ester R.*, Administrative Rollen, 1971, S. 239 ff.

287 Vgl. *Driver, Michael S./Rowe, Alan J.*, Decision-Making Styles, 1979, S. 141 ff.

288 Zur Berechnung von Eigenwerten vgl. *Brosius, Gerhard*, Advanced, 1989, S. 148 ff.

*Tab. 3: Faktorenanalyse Entscheidungsstile*

---

*Wenn Sie jetzt auch unabhängig von Ihrem augenblicklichen Aufgabengebiet an Ihr Idealbild einer brauchbaren Entscheidung denken, worauf legen Sie dann persönlich besonderen Wert?*

**Faktor 1: Experte**

Informationsverarbeitung:
* *daß es zu einer quasi erschöpfenden Sammlung und Verarbeitung von Informationen kommt!*

Anspruchsniveau:
* *daß in jedem Fall die fachlich bzw. qualitativ beste Lösung eines Problems gefunden wird!*

Fachkollegen:
* *daß der Inhalt der getroffenen Entscheidung auch von weiteren Fachkollegen - sei es innerhalb oder außerhalb des öffentlichen Dienstes - getragen wird!*

**Faktor 2: Generalist**

Politische Orientierung
* *daß sich die Erledigung der Aufgaben nach den Intentionen und Belangen der politischen Führung/Spitze richtet!*

Regelorientierung:
* *daß die Entscheidung möglichst weitgehend übereinstimmt mit Gesetzen, Vorschriften, Richtlinien!*

---

Gemäß den Ergebnissen dieser Faktorenanalyse sind dann auch deutliche Unterschiede in den Entscheidungsstilen der befragten Führungskräfte zu erkennen. Bezüglich der hier im einzelnen herangezogenen Stilmerkmale zeigt sich, daß sich Führungskräfte mit expertenhaften Orientierungen bei ihrer Entscheidungsfindung stärker auf den Aspekt der Informationsverarbeitung konzentrieren, während Generalisten hingegen eher auf den

Einsatz sozialer bzw. politischer Mechanismen abstellen. Während es in einem Fall primär um eine Verbesserung der Informationsbasis und die Anwendung spezieller fachlicher Methoden geht, werden im anderen Fall die Problemlösungen an den Vorgaben und Intentionen der politischen Führung ausgerichtet. Die Antizipation politischer Erwünschtheit wird somit bei den Generalisten zu einem wesentlichen Kriterium bei ihrer Entscheidungsfindung.[289]

Gleichzeitig zeichnen sich die Generalisten auch durch eine vergleichsweise stärker ausgeprägte Orientierung an innerorganisatorischen Regeln und Verfahren aus. Im Zuge ihres Problemlöseverhaltens orientieren sich Generalisten somit intensiver an einer weitgehenden Befolgung von Gesetzen, Vorschriften und Richtlinien. Für die Experten zählt hingegen mehr der Gesichtspunkt einer qualitativ bestmöglichen Entscheidung. Sie tendieren also eher zu einer fachlichen Optimierung ihrer Entscheidungsergebnisse. Im Rahmen der Aufgabenerledigung dürfte dann im Fall der Experten ein tendenziell höheres Anspruchsniveau wirksam werden. Im weiteren ist für den Fall des Experten dann auch typisch, daß man sich bei der Entscheidungsfindung vornehmlich an fachlich entsprechenden, auch externen Referenzgruppen orientiert.[290]

Diese Ergebnisse decken sich insoweit mit der klassischen organisationssoziologischen Unterscheidung zwischen „Lokalen" und „Kosmopoliten" als sich Lokale und Generalisten vorwiegend bei ihrem Verhalten auf den spezifischen sozialen Kontext der öffentlichen Verwaltung beschränken, während Kosmopoliten und Experten auf externe, fachlich entsprechende Referenzgruppen zurückgreifen.[291]

Zur Prüfung der weiteren Zusammenhänge soll nun ausgehend von diesen Ergebnissen ein Index „Entscheidungsstile" gebildet werden. Ausschlaggebendes Kriterium für die Auswahl der Variablen soll dabei die jeweilige Höhe der Faktorladung sein. Aus den Faktorladungen ergibt sich die relative Bedeutung des Faktors für die einzelne Variable.[292] Zum Zweck der Indexbildung wählen wir bezogen auf die zwei extrahierten

289 Vgl. *Aberbach, Joel D./Derlien,Hans-Ulrich/ Mayntz, Renate/Rockmann, Bert A.*, Federal Executives, 1990, S. 3 ff.
290 Vgl. hierzu auch *Schirmer, Frank,* Work-Activity, 1991, S.205 ff.
291 Vgl. *Gouldner, Alvin W./Newcomb, Ester R.*, Administrative Rollen, 1971, S. 241. und *Steinkemper, Bärbel,* Bürokraten, 1975, S. 14 ff.
292 Vgl. *Brosius, Gerhard*, Advanced, 1989, S. 152 ff.

Faktoren jeweils die Variable mit der höchsten Faktorladung aus. Im Fall des Faktors „Experte" ist dies die Variable „Informationsverarbeitung" (r = 0,69). Die Variable „Politische Orientierung" hat bezogen auf den Faktor „Generalist" die vergleichsweise höchste Faktorladung (r = 0,76). Durch eine einfache Addition der einzelnen Merkmalsausprägungen dieser beiden Variablen wird der Index „Entscheidungsstile" gebildet. Da die hier verwendeten Merkmale „Informationsverarbeitung" und „Politische Orientierung" negativ miteinander korrelieren (r = 0,12), können wir annehmen, daß diese Variablen die jeweiligen Pole ein und derselben Dimension darstellen. Die einfache Addition der Werte über diese beiden Variablen hinweg gibt uns dann die Möglichkeit, die befragten Führungskräfte nach den Entscheidungsstilen von Generalisten und Experten zu gruppieren. Die Häufigkeitsverteilung nach Generalisten und Experten des so konstruierten Index „Entscheidungsstile" zeigt dann folgendes Bild.

*Tab. 4: Entscheidungsstile*

|  | Entscheidungsstile | |
|---|---|---|
|  | Anzahl | % |
| Generalist | 44 | 16 |
| sowohl als auch | 65 | 24 |
| Experte | 167 | 60 |
| Zusammen | 276 | 100 |

Für den Bereich der Führungskräfte in den von uns untersuchten Regierungspräsidien ist damit festzustellen, daß ein vergleichsweise höherer Anteil an expertenhaften Orientierungen (60%) vorzufinden ist. Dies könnte aus dem Umstand resultieren, daß in Regierungspräsidien vergleichsweise häufig Laufbahnen besonderer Fachrichtungen vorzufinden sind, also typischerweise „Spezialisten" bzw. sog. Fachreferenten mit der Erledigung bestimmter Fachaufgaben betraut werden,[293] so z.B. im Gesundheitswesen, im Vermessungs- und Katasterwesen und in der Forstwirtschaft. Es ist zu vermuten, daß schon durch die Sozialisationswirkungen der unterschiedlichen Studiengänge diese Führungskräfte bei der Aufga-

---

293 Vgl. *Wagener, Frido*, Regierungsbezirke, 1982, S. 157 ff.

benerledigung vergleichsweise eher eine Optimierung der Informationsbasis sowie einen Rückgriff auf fachspezifische Methoden präferieren.

### 3.2.3 Entscheidungsstile und Studium

Entsprechend den konzeptuellen Vorüberlegungen gehen wir davon aus, daß die individuellen Entscheidungsstile, als entscheidungsrelevante Teile persönlicher Selbstkonzepte, in ihrer Struktur relativ stabil sind.[294] Allerdings ist auch denkbar, daß diese Orientierungen lediglich als jeweils situativ angepaßte Handlungsmuster an die spezifischen Bedingungen der Arbeitssituation wirksam werden.

Im weiteren soll nun in vergleichender Art und Weise der relative Einfluß unterschiedlicher situativer Bedingungen als auch biographischer Größen der Führungskräfte auf die Ausprägung von Entscheidungsstilen analysiert werden, um somit feststellen zu können, ob und inwieweit es sich bei den Entscheidungsstilen um relativ stabile Persönlichkeitsmerkmale handelt.

Im folgenden betrachten wir zunächst der Einfluß des absolvierten Studiums auf die Entwicklung von Entscheidungsstilen. Grundsätzlich ist hier ein Zusammenhang insoweit zu erwarten, als die Ergebnisse der Hochschulsozialisationsforschung davon ausgehen, daß aus einer individuellen Auseinandersetzung mit studienfachspezifischen Sprach-, Wahrnehmungs-, Denk- und Handlungsmustern eine fachspezifische Ausgestaltung individueller Selbstkonzepte resultiert.[295] Durch die Sozialisationswirkungen unterschiedlicher Studiengänge werden demnach studienfachspezifische Strukturen und Methoden vorgegeben. Mit deren Hilfe werden letztendlich Wahrnehmungs-, Denk- und Handlungsprozesse in bereichstypischer Art und Weise gesteuert. Dieser Zusammenhang läßt sich dann auch durch die Ergebnisse unserer Untersuchung wie folgt bestätigen.

---

294 Vgl. *Schneewind, Klaus A.*, Selbstkonzept, 1977, S. 426 ff.
295 Vgl. *Portele, Gerhard/Huber, Ludwig*, Hochschule, 1983, S. 92 ff.

*Tab. 5: Entscheidungsstile nach Studium*

| Entscheidungsstile | Alle | Rechts-wissensch | Studium Wirtschafts-wissensch. | Ingenieur-/und Naturw. | Sonstige |
|---|---|---|---|---|---|
| | % | % | % | % | % |
| Generalist | 16 | 26 | 14 | 10 | 11 |
| sowohl als auch | 24 | 24 | 25 | 23 | 21 |
| Experte | 60 | 50 | 61 | 67 | 68 |
| Summe | 100 | 100 | 100 | 100 | 100 |
| N | 276 | 89 | 28 | 79 | 81 |

c = 0,20  *

Tendenziell zeigt sich über die Unterscheidung von Juristen, Wirtschaftswissenschaftlern und Naturwissenschaftlern/ Ingenieuren hinweg, daß es je nach absolviertem Studiengang zu unterschiedlichen Ausprägungen von Entscheidungsstilen kommt, hier also im Sinne eines allgemeinen Trends studienspezifische Sozialisationseinflüsse wirksam werden. Während davon auszugehen ist, daß in den juristischen Studiengängen zu einem großen Teil hermeneutische Methoden vermittelt werden, dominieren in den ökonomisch und technisch orientierten Studiengängen vergleichsweise eher quantitative Methoden. Entsprechend zeigt sich im Rahmen eines allgemeinen Trends, daß bei durchgängig größerem Expertenanteil der Anteil expertenhafter Orientierungen über Juristen (50%), Wirtschafts- und Sozialwissenschaftler (61%) und Ingenieur- und Naturwissenschaftler (67%) sowie „sonstigen" Ausbildungsgängen (68%), wie z.B. Agrar- und Forstwissenschaften, deutlich ansteigt.

Aufgrund dieser Ergebnisse läßt sich die Annahme vorerst bestätigen, daß diese Orientierungen relativ stabil sind[296] und schon recht frühzeitig im Rahmen von Lernprozessen bzw. Sozialisationen während des Studiums erlernt werden.

---

296 Vgl. *Schneewind, Klaus A.*, Selbstkonzept, 1977, S. 426 ff.

### 3.2.4 Entscheidungsstile und Dienststellung

Spezifische Einflüsse auf die Ausprägung von Entscheidungsstilen könnten auch von weiteren Merkmalen der Arbeitssituation im öffentlichen Dienst ausgehen. So ist denkbar, daß schon durch die jeweils wahrgenommene Funktion der Führungskräfte ein bestimmter Entscheidungsstil erwartet bzw. erzwungen wird. An dieser Stelle soll daher analysiert werden, ob und inwieweit die Höhe der erreichten hierarchischen Position einen Einfluß auf die Ausprägung spezifischer Entscheidungsstile hat.

*Tab. 6: Entscheidungsstile nach Dienststellung*

| Entscheidungsstile | Alle | Dienststellung | | |
| | | Dezernent | Dezernats- leiter | Abteilungs- leiter |
| | % | % | % | % |
| Generalist | 16 | 12 | 17 | 37 |
| sowohl als auch | 24 | 25 | 23 | 19 |
| Experte | 60 | 63 | 60 | 44 |
| Summe | 100 | 100 | 100 | 100 |
| N | 276 | 146 | 115 | 16 |

c = 0,16  ns

Der Tendenz nach zeigt sich ein erkennbarer, jedoch nicht schon signifikanter Einfluß der wahrgenommenen Dienststellung bzw. Funktion auf die Ausprägung von Entscheidungsstilen. Es wird deutlich, daß im Fall der befragten Dezernenten eine expertenhafte Orientierung überwiegt (63%). Wenngleich auch unter den Abteilungsleitern ein vergleichsweise größerer Anteil an expertenhaften Orientierungen gegeben ist (44%), so ist dennoch zu erkennen, daß der Anteil der Generalisten über die Gruppen der Dezernatsleiter (17%) und Abteilungsleiter (37%) deutlich ansteigt. Diese Ergebnisse deuten darauf hin, daß die Anwendung bzw. Ausprägung von Entscheidungsstilen  auch aus dem durch die jeweils wahrgenommene Funktion geprägten Selbstverständnis heraus erfolgt. So ist davon auszugehen, daß gerade auf der Ebene der Dezernenten der Anteil wahrzunehmender Fachaufgaben gegenüber auszuübenden Führungsaufgaben dominiert. Gleichzeitig werden gerade höhere Funktionsträger einem positionsspezifischen Erwartungsdruck ausgesetzt sein, der sie veranlaßt, ihre Entscheidungen vergleichsweise stärker an gesetzlichen Regelungen und politischen Vorgaben zu orientieren, wie es gerade für generalistische Orientierungen typisch ist.

Auch wenn diese Ergebnisse zunächst auf eine strukturell erzwungene und damit situativ variable Ausprägung der Entscheidungsstile hinweisen, so wird bei näherer Aufschlüsselung deutlich, daß es sich hier möglicherweise doch nur um einen verborgenen Einfluß biographischer Drittvariablen handelt.

*Tab. 7: Studium nach Dienststellung*

| Studium | Alle | Dienststellung | | |
| | | Dezernent | Dezernats-leiter | Abteilungs-leiter |
| | % | % | % | % |
|---|---|---|---|---|
| Rechtswissensch. | 32 | 23 | 38 | 75 |
| Wirtschafts-Sozialw. | 10 | 23 | 15 | 0 |
| Ingenieur-/Naturw. | 29 | 37 | 38 | 19 |
| Sonstige | 29 | 17 | 9 | 6 |
| Summe | 100 | 100 | 100 | 100 |
| N | 277 | 146 | 115 | 16 |

c = 0,29   ***

Eine Analyse des Zusammenhanges zwischen absolviertem Ausbildungsgang bzw. Studium und der erreichten Dienststellung verdeutlicht, daß insbesondere im Fall der Dezernenten, natur- und ingenieurwissenschaftliche Ausbildungsgänge wirksam werden (37%), bei denen es von Hause aus gemäß einer expertenhaften Orientierung schon eher um die Anwendung fachwissenschaftlicher Methoden gehen dürfte. Gleichzeitig dominieren in der Funktion der Abteilungsleiter wiederum juristische Studiengänge (75%).

Diese Ergebnisse lassen vermuten, daß zwar einerseits die Ausprägung der Entscheidungsstile durch die Dienststellung bzw. Funktion der Führungskräfte strukturell erzwungen wird. Gleichermaßen ist jedoch nun auch davon auszugehen, daß hier wieder der vermittelnde Einfluß studienspezifisch vermittelter Dispositionen durchschlägt. Im übrigen bestätigen diese Ergebnisse dann auch weitere verwaltungswissenschaftliche Untersuchungen, die eine relative Bevorzugung von Juristen in der öffentlichen Verwaltung konstatieren.[297] Entsprechend scheint in den von uns untersuchten Regierungspräsidien eine allgemeine juristische Ausbildung ein wesentliches Kriterium für die Besetzung von höheren und höchsten Positionen zu sein.

### 3.2.5 Führungstätigkeiten und Entscheidungsstile

An dieser Stelle wollen wir uns einem weiteren allgemeinen Rahmendatum von Entscheidungsstilen zuwenden. Geht es hier um die Art der Anforderungen im Rahmen der Aufgabenerledigung, so könnte auch die Höhe des Anteils an Führungstätigkeiten im Vergleich zu konkreten Sachbearbeitungen einen Einfluß auf das Wirksamwerden bestimmter Entscheidungsstile haben.

*Tab. 8: Entscheidungsstile nach Führungstätigkeiten*

| Entscheidungsstile | Alle | Anteil an Führungstätigkeiten | | |
|---|---|---|---|---|
| | | 0-30 % | 31- 60 % | 61- 100 % |
| | % | % | % | % |
| Generalist | 16 | 20 | 18 | 13 |
| sowohl als auch | 24 | 15 | 16 | 31 |
| Experte | 60 | 65 | 66 | 56 |
| Summe | 100 | 100 | 100 | 100 |
| N | 276 | 55 | 83 | 137 |

tau b = 0,8   ns

---

297 Vgl. hierzu die entsprechenden Ergebnisse bei *Pippke, Wolfgang*, Karrieredeterminanten, 1975, S. 156 ff. und *Luhmann, Niklas/Mayntz, Renate*, Personal, 1973, S. 142 sowie *Brinkmann, Gerhard*, Nicht-Juristen, 1973, S. 150 ff.

Auch wenn hier nicht schon ein vollständiger Zusammenhang zu erkennen ist, so zeigt sich zumindest der Tendenz nach, daß bei zunehmendem Umfang der Führungstätigkeiten der Anteil expertenhafter Orientierungen (56 %) abnimmt.

Bei der Wahrnehmung konkreter Sachaufgaben wird hingegen vergleichsweise stärker der Versuch unternommen, im Sinne expertenhafter Orientierungen, auf informations- und methodenorientierte Problemlösestrategien zurückzugreifen. Bei näherer Aufschlüsselung wird deutlich, daß wir es hier letztendlich wieder mit der Teilstichprobe der Dezernenten zu tun haben dürften, welche in einem größeren Umfang mit der Erledigung von Sachaufgaben, weniger jedoch mit der Wahrnehmung von Führungstätigkeiten betraut ist, so daß hier nur von gegenseitig vermittelten, insgesamt jedoch relativ schwachen Einflüssen auf die Ausprägung von Entscheidungsstilen ausgegangen werden kann.

*Tab. 9: Führungstätigkeiten nach Dienststellung*

| Führungstätigkeiten | Alle | Dienststellung | | |
| | | Dezernent | Dezernats-leiter | Abteilungs-leiter |
| | % | % | % | % |
| 0-30 % | 20 | 21 | 21 | 6 |
| 31-60 % | 30 | 40 | 21 | 6 |
| 61-100 % | 50 | 39 | 58 | 88 |
| Summe | 100,0 | 100 | 100 | 100 |
| N | 278 | 146 | 115 | 16 |

tau b = 0,27 ***

Im Sinne einer Zusammenfassung unserer bisherigen Ergebnisse läßt sich nun festhalten, daß wir es im Rahmen der befragten Führungskräfte zum überwiegenden Teil mit Experten (60%) und zu einem geringeren Teil mit Generalisten (16%) zu tun haben. Wir sind nun der zentralen Frage nachgegangen, ob es sich dabei eher um stabile Dispositionen oder um jeweils situativ angepaßte Schemata des Entscheidens handelt. Es läßt sich

116

nun feststellen, daß die Ausprägung der Entscheidungsstile durch unterschiedliche Größen beeinflußt wird. So bestätigt sich die Annahme, daß diese Orientierungen schon recht frühzeitig im Rahmen von Lernprozessen bzw. Sozialisationen während des Studiums erlernt werden. Die hier vermittelten Entscheidungsstile erweisen sich dann auch als relativ stabil im Hinblick auf den weiteren beruflichen Werdegang in der öffentlichen Verwaltung.[298] Entsprechend unseren Untersuchungsergebnissen hat die Dauer der Beschäftigung im öffentlichen Dienst auch keinen Einfluß auf die Ausprägung von Entscheidungsstilen.

Auch wenn wir nun zusätzlich die Wirkung weiterer situativer Größen nachweisen konnten, so scheint es sich hier größtenteils um vermittelte Zusammenhänge zu handeln. So ist einerseits davon auszugehen, daß über die jeweils wahrgenommene Funktion bzw. Dienststellung nun auch jeweils positionsspezifische Erwartungen vorgegeben werden. Entsprechend deutet dies darauf hin, daß die Ausprägung bzw. der Einsatz bestimmter Entscheidungsstile quasi strukturell erzwungen wird. So konnten wir feststellen, daß z.B. von Abteilungsleitern eher eine generalistische Orientierung, d.h. eine vergleichsweise starke Orientierung an Regeln und politischen Vorgaben vorausgesetzt wird. Gleichzeitig lassen sich nun auch vermittelnde Einflüsse des relativen Anteils an Führungstätigkeiten im Rahmen der Aufgabenerledigung erkennen. Demgemäß werden relativ größere Anteile expertenhafter Orientierungen bei der Erledigung von Sachaufgaben (in Relation zu Führungstätigkeiten) wirksam. Der relative Anteil wahrzunehmender Führungstätigkeiten bzw. Sachaufgaben resultiert nun wiederum aus den Anforderungen der jeweiligen Dienststellung. So sind es gerade die Dezernenten, die mit der Bearbeitung von Sachaufgaben konfrontiert sind, während die Dezernats- und Abteilungsleiter relativ häufiger Führungsaufgaben wahrzunehmen haben.

Vergleichsweise stärker als der Einfluß der Dienststellung auf die Entscheidungsstile diskriminiert nun wiederum der Einfluß der Dienststellung im Hinblick auf den jeweils absolvierten Studiengang. Entsprechend können wir insgesamt gesehen davon ausgehen, daß mit Sicherheit keine einseitig situative und damit zeitlich variable Angepaßtheit der Entscheidungsstile vorliegt. Unsere Ergebnisse deuten vielmehr darauf hin, daß relativ gesehen, der vergleichbar wirkungsvollste Einfluß auf die Entscheidungsstile von biographischen Größen, in diesem Fall von den jeweils ge-

---

298 Vgl. *Schneewind, Klaus A.*, Selbstkonzept, 1977, S. 426 ff.

gebenen Studienabschlüssen ausgeht. Da gemäß unseren Untersuchungsergebnissen die Entscheidungsstile wesentlich durch die kognitiven und normativen Einflüsse des Studiums geprägt werden, können wir also davon ausgehen, daß wir es mit relativ stabilen persönlichkeitsbestimmten Merkmalen zu tun haben. Das folgende Schaubild gibt einen zusammenfassenden Überblick über die von uns untersuchten Einflußgrößen auf die Ausgestaltung von Entscheidungsstilen.[299]

*Abb. 14: Einflüsse auf die Ausprägung von Entscheidungsstilen*

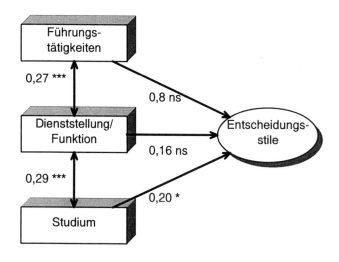

299 Im Rahmen dieser Untersuchung konnten nur bivariate Zusammenhänge berücksichtigt werden. Eine multivariate Analyse führte aufgrund der zur Verfügung stehenden Anzahl an Untersuchungsfällen nicht zu verwertbaren Ergebnissen.

## 3.3 Die Leistungswirksamkeit von Entscheidungen

### 3.3.1 Vorbemerkungen

Aufgrund wohlfahrtsstaatlicher Entwicklungen hin zu modernen Planungs- und Leistungsaufgaben sind die Führungskräfte in öffentlichen Verwaltungen mit einer zunehmenden Komplexität bei der Wahrnehmung ihrer Fachaufgaben konfrontiert.[300] Es ist davon auszugehen, daß den Führungskräften nicht schon in abschließender Art und Weise alle Anlässe, Ziele und Mittel durch rechtliche Programme vorgegeben werden. Die Führungskräfte haben somit die relevanten Prämissen ihrer Entscheidungen weitgehend selbst zu erarbeiten. Unter diesen Bedingungen ist zu vermuten, daß die Führungskräfte zu einer zentralen Größe im Hinblick auf die erreichbare Güte bzw. Effektivität von Entscheidungen werden. Entsprechend soll in der vorliegenden Untersuchung geprüft werden, ob und wie sich nun der personelle Einfluß der Führungskräfte auf den Erfolg der Aufgabenbewältigung auswirkt.

Gemäß unseren konzeptuellen Vorüberlegungen gehen wir davon aus, daß die individuellen Entscheidungsstile einen wesentlichen Einfluß darauf haben, wie Führungskräfte ihre Entscheidungsverhältnisse definieren und zu welchen Lösungswegen sie kommen. Entscheidend für die jeweils erreichte Leistungswirksamkeit von Entscheidungen wird nun sein, ob und inwieweit, vermittelt über die Entscheidungsstile, eine Passung zwischen gegebener Aufgabenkomplexität und individuellem Entscheidungsverhalten hergestellt werden kann.

Entsprechend den Vorgaben des S-O-R-Schemas wollen wir nun zunächst zu einer Beschreibung unserer abhängigen Variablen bzw. „Reaktions-Größen" kommen. Dabei soll dann geprüft werden, welche Höhe der Leistungswirksamkeit des Entscheidens nun insbesondere vor dem Hintergrund veränderter Anforderungen von den Führungskräften erreicht wird.

---

300 Vgl. *Böhret, Carl/Klages, Helmut/Reinermann,Heinrich/Siedentopf, Heinrich (Hrsg.)*, Innovationskraft, 1987, S. 29 ff.

### 3.3.2 Herleitung und Operationalisierung

Gemäß unseren konzeptuellen Vorüberlegungen gehen wir davon aus, daß die Führungskräfte mit zunehmend komplexen Aufgabenstellungen konfrontiert sind. Sie haben somit ihre Entscheidungssituationen zunächst aufzubauen, um letztendlich zu einer Ableitung angemessener Entscheidungen kommen zu können. Die Höhe der Leistungswirksamkeit des Entscheidens hängt im wesentlichen von dem Grad der Passung zwischen gegebenen Anforderungen und individuell veranschlagtem Entscheidungsverhalten ab.[301] Die Leistungswirksamkeit des Entscheidens gibt uns somit Aufschluß über die Folgen individuellen Entscheidungsverhaltens.

Betrachtet man nun den Typus der Leistungserstellung im Bereich der Mittelinstanz, so treffen wir hier auf höchst unterschiedliche Bündelungs- und Koordinierungsaufgaben.[302] Im einzelnen geht es dabei z.B. um die Aufstellung und Genehmigung von Planungsverfahren im Rahmen der Raumordnung und die Genehmigung der Errichtung und des Betriebes technischer Anlagen.[303] Eine wesentliche Aufgabe ist auch die Gewährung von Fördermitteln aus Landes- und Bundesprogrammen. Hinzu kommen unterschiedliche Aufgaben im Rahmen der Kontrolle der Gesetzmäßigkeit bei der Wahrnehmung kommunaler Selbstverwaltungsangelegenheiten und auch die fachliche Aufsicht bei der Wahrnehmung staatlicher Aufgaben durch die Kommunen.[304] Wir treffen hier also auf das Idealbild einer eher regelorientierten Verwaltung. Die Leistungserstellung im Rahmen der Regierungspräsidien ist dabei weitgehend auf den innerbehördlichen Kontext begrenzt, dabei also relativ unabhängig vom direkten Kontakt mit den Bürgern.

Was nun die Operationalisierung unserer abhängigen Größe anbetrifft, so wollen wir in unserer Untersuchung auf zwei unterschiedliche „Reaktions-Variablen" zurückgreifen. Zum einen wollen wir auf eine subjektiv relevante Größe der Leistungswirksamkeit von Entscheidungen abstellen. Die individuell wahrgenommene Situationskontrolle soll uns dann Aufschluß darüber geben, ob und inwieweit die Führungskräfte nun das Emp-

---

301 Vgl. *Rowe, Alan J./Boulgarides, James D.,* Decision-Styles, 1983, S. 3 sowie *Streufert, Siegfried/Swezey, Robert W.,* Complexity, 1986, S. 18 ff.

302 Vgl. *Gratz, Jürgen,* Regierungspräsidien, 1982, S. 200 und *Freudenberg, Dierk,* Berzirksregierung 1, 1993, S. 234 ff.

303 Vgl. *Freudenberg, Dierk,* Bezirksregierung 2, 1993, S. 350.

304 Vgl. *Stöbe, Sybille/Brandel, Rolf,* Bezirksregierungen, 1996, S. 16.

finden haben, daß sie die für sie effektivitätserheblichen Einflußgrößen des Entscheidens zu kontrollieren vermögen und sie demgemäß zu einem anforderungsgerechten Aufbau ihrer Entscheidungsverhältnisse kommen.

Darüber hinaus wollen wir nun auch ein quasi objektives Maß der Leistungswirksamkeit von Entscheidungen erheben. Dabei ist zu bedenken, daß wir aufgrund unserer methodischen Vorentscheidungen bei der Erhebung dieser Größe wieder nur auf die Wahrnehmung der Führungskräfte zurückgreifen können. Im Rahmen einer direkten Befragung im Sinne einer Selbstbewertung von Führungskräften haben wir somit von vornherein von einem hohen Maß an Selbstbetroffenheit oder gar Bedrohungen auszugehen. In Anlehnung an vergleichbare internationale Studien werden nun die Führungskräfte im Sinne von Experten zu einer Einschätzung der Qualität der Arbeitsleistung ihrer gesamten Einheit im Vergleich zu anderen Verwaltungseinheiten aufgefordert.[305] Dadurch sollen zum einen mögliche Verzerrungen bei der Bewertung aufgrund des Einflusses unterschiedlicher individueller Anspruchsniveaus minimiert werden. Gleichzeitig läßt sich über die Berücksichtigung eines Vergleiches auch eine Orientierung an der sozialen Erwünschtheit eigenen Handelns bei der Leistungseinschätzung reduzieren.

### 3.3.3 Situationskontrolle als subjektiv relevantes Maß der Leistungswirksamkeit

Im folgenden wollen wir uns nun einer ersten Reaktions- oder Outputgröße im Rahmen des Entscheidungsverhaltens zuwenden. Dabei geht es zunächst um einen subjektiven Ansatz der Erfassung der Leistungswirksamkeit von Entscheidungen. Zentraler Gesichtspunkt der hier erhobenen Größe Situationskontrolle ist das subjektive Empfinden der Führungskräfte, ihr individuell veranschlagtes anforderungsgerechtes Entscheidungsverhalten nun auch realisieren zu können.

---

305 Vgl. *Luthans, Fred/Welsh, Dianne H.B./Taylor, III, Lewis A.*, Managerial Effectiveness, 1988, S. 154.

*Tab. 10: Situationskontrolle*

*Entsprechend den gegebenen Arbeitsverhältnissen ist es mir möglich, alle für eine Entscheidung notwendigen bzw. besonders kritischen Leistungsvoraussetzungen in meinem Sinne zu beeinflussen oder zu kontrollieren!*

|  | Situationskontrolle | |
|  | Anzahl | % |
|---|---|---|
| liegt nicht vor | 80 | 29 |
| teils/teils | 84 | 31 |
| liegt vor | 107 | 40 |
| Zusammen | 271 | 100 |

Aufgrund dieser Verteilungen zeigt sich, daß lediglich 40% der befragten Führungskräfte das Empfinden einer Gestaltbarkeit effektivitätserheblicher Leistungsgrößen haben. Damit wird deutlich, daß es zumindest einem großen Teil der Führungskräfte nicht gelingt, ein gemessen an ihren eigenen Ansprüchen adäquates Entscheidungsverhalten zu verwirklichen, so daß in diesem Fall mit Leistungsdefiziten zu rechnen ist. An späterer Stelle werden wir dann noch zu analysieren haben, welche Faktoren bzw. Bedingungen für diese „Störungen" verantwortlich sind.

### 3.3.4 Arbeitsleistung als objektives Maß der Leistungswirksamkeit

An dieser Stelle wollen wir uns der erreichten Qualität der Leistungserstellung in den befragten Regierungspräsidien zuwenden. Mit dieser quasi objektiven Größe soll darauf abgestellt werden, wie der Zielerreichungsgrad bzw. die Güte der erbrachten Arbeitsleistung eingeschätzt wird.

122

*Tab. 11: Qualität der Arbeitsleistung*

*Was die quasi objektive bzw. tatsächliche Arbeitsleistung Ihres Bereiches anbetrifft - wo liegt dann Ihre Einheit im Vergleich zu der anderen?*

|  | Arbeitsleistung | |
|  | Anzahl | % |
| --- | --- | --- |
| Durchschnittliche Leistungen | 141 | 53 |
| Überdurchschnittliche Leistungen | 127 | 47 |
| Zusammen | 268 | 100 |

Es zeigt sich, daß die erzielte Qualität der Arbeitsleistung von den befragten Führungskräften insgesamt als relativ hoch eingeschätzt wird. So werden die Arbeitsleistungen des eigenen Bereichs von 53% der Bediensteten als überdurchschnittlich und von 47% der Bediensteten als durchschnittlich bewertet. Eine unterdurchschnittliche Einschätzung der erzielten Leistungsfähigkeit der eigenen Einheit wurde von keinem der befragten Führungs-kräfte abgegeben. Dieses Ergebnis deckt sich nun weitgehend mit weiteren empirischen Untersuchungen, in denen eine hohe Leistungsfähigkeit bei der Wahrnehmung öffentlicher Aufgaben konstatiert wird.[306]

Vergleicht man nun die absolute Ausprägung der beiden Output-Größen miteinander, so zeigt sich, daß die Qualität der Arbeitsleistungen der eigenen Einheit vergleichsweise höher eingeschätzt wird als die persönlich empfundene Situationskontrolle. Diese Unterschiede könnten auf kompensatorische Effekte organisatorischer Rahmenbedingungen zurückzuführen sein. So ist denkbar, daß zwar individuell eine geringe Situationskontrolle wahrgenommen wird, sich dennoch aufgrund der Strukturierungsleistungen

---

306 Vgl. die Untersuchungen von *Koch, Rainer*, Entscheidungsunterstützung, 1992 sowie *Koch, Rainer*, Entscheidungsverhalten, 1990 und *Koch, Rainer*, Erfolgsbedingungen, 1993

der Organisationsverhältnisse eine vergleichsweise hohe Qualität der Arbeitsergebnisse einstellt.[307]

Im Rahmen unserer Untersuchung können wir somit auf zwei unterschiedliche „Output- oder Reaktions-Größen" zurückgreifen. Das erreichte Maß an Situationskontrolle gibt uns Aufschluß darüber, in welchem Maße sich ein komplexitätsgerechtes Entscheidungsverhalten durch die Führungskräfte realisieren läßt, inwieweit also eine effektivitätserhebliche Passung zwischen gegebenen Anforderungen und eigenem Entscheidungsverhalten hergestellt werden kann („fit-Theorem"). Die wahrgenommene Qualität der Arbeitsleistung gibt uns Aufschluß über die tatsächlich erreichte Wirksamkeit des Entscheidens der eigenen Einheit im Vergleich zu anderen Einheiten.

### 3.3.5 Situationskontrolle und die Qualität der Arbeitsleistung

Wir haben nun festgestellt, daß wir aufgrund der Ausprägungen der beiden Output-Größen von einer insgesamt recht hohen Leistungswirksamkeit der Entscheidungen in den befragten Regierungspräsidien auszugehen haben, wobei die empfundene Höhe der Situationskontrolle vergleichsweise etwas schwächer ausfällt als die wahrgenommene Qualität der erbrachten Arbeitsleistungen. Entsprechend unseren konzeptuellen Vorüberlegungen können wir nun davon ausgehen, daß die beiden erhobenen Reaktions-Variablen in einem systematischen Zusammenhang zueinander stehen. So ist damit zu rechnen, daß je nach Realisierungsgrad eines komplexitätsgerechten Entscheidungsverhaltens durch die Führungskräfte, entsprechend auch eine gewisse Qualität der Arbeitsergebnisse erzielt wird.[308] Diese Vermutung läßt sich dann auch durch den folgenden Zusammenhang bestätigen.

---

307 Vgl. *Frese, Erich*, Organisation, 1987, S. 29 ff. sowie *Laux, Helmut/Liermann, Felix*, Organisation, 1987, S. 5 ff. und *Gebert, Diether*, Organisation, 1978, S. 26 ff. und *Kieser, Alfred Kubicek, Herbert*, Organisation, 1992, S. 76 ff.

308 Vgl. *Schroder, Harold M./Driver, Michael S./Streufert, Siegfried*, Informationsverarbeitung, 1975 sowie *Kirsch, Werner*, Entscheidungsprozesse I, 1977, S. 76 ff.

*Tab. 12: Qualität der Arbeitsleistung nach Situationskontrolle*

| Qualität der | | Situationskontrolle | | |
|---|---|---|---|---|
| Arbeitsleistung | Alle | liegt nicht vor | teils/teils | liegt vor |
| | % | % | % | % |
| Durchschnittliche Leistungen | 53 | 70 | 53 | 39 |
| Überdurchschnittliche Leistungen | 47 | 30 | 47 | 61 |
| Summe | 100 | 100 | 100 | 100 |
| N | 268 | 80 | 84 | 107 |

tau b = 0,27 ***

Das folgende Schaubild gibt einen Überblick über die von uns erhobenen Variablen zur Leistungswirksamkeit von Entscheidungen.

*Abb. 15: Die Leistungswirksamkeit von Entscheidungen*

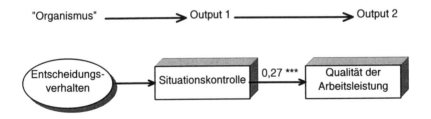

## 3.4 Die Leistungswirksamkeit von Entscheidungen und die Komlexität der Aufgabenstellungen

### 3.4.1 Vorbemerkungen

Gemäß unseren konzeptuellen Vorüberlegungen gehen wir davon aus, daß die Leistungswirksamkeit von Entscheidungen aus dem Wechselspiel zwischen Situationsgrößen und Organismusgrößen resultiert.[309] Entsprechend ist zunächst einmal von Bedeutung, mit welchen entscheidungsrelevanten Situationsgrößen die Führungskräfte konfrontiert sind. Entsprechend wollen wir im folgenden analysieren, welche Höhe der Aufgabenkomplexität im Rahmen des Entscheidens zu bewältigen ist und welche Leistungswirksamkeit von Entscheidungen sich daraufhin einstellt.

### 3.4.2 Herleitung und Operationalisierung

Generell ist davon auszugehen, daß es im Zuge eines staatlichen Aufgaben- und Funktionenwandels zu einer Übernahme wohlfahrtsstaatlicher Planungs- und Leistungsaufgaben gekommen ist. Bei zunehmender Breite und Tiefe staatlicher Interventionen ist auch mit einer Erhöhung der Problemkomplexität zu rechnen. Eine relativ hohe Anzahl verschiedener, variierender Bedingungen und Wirkungen sind bei der Verfolgung staatlicher Zielsetzungen zu berücksichtigen. Staat und Verwaltung bedienen sich üblicherweise des Instrumentes der gesetzesförmigen Programmierung, um gegebene Komplexität zu erfassen und auf entscheidungserhebliche Tatbestände zu reduzieren. Für den Fall ansteigender Problemkomplexität muß dann auf zunehmend offene Formen der Aufgabenprogrammierung zurückgegriffen werden, um eine situativ angemessene Verfolgung von Zielen zu ermöglichen.[310] Somit sind dann nicht im ausreichenden Maße alle Anlässe, Ziele und Mittel des Entscheidens vorgegeben. Unter diesen Bedingungen ist zu vermuten, daß die Führungskräfte bei der Anwendung

---

309 Vgl. *Lantermann, Ernst D.*, Interaktionen, 1980, S. 38 ff. sowie *Gebert, Diether/Rosenstiel, Lutz von*, Organisationspsychologie, 1992, S. 14 ff. und *Frey, Dieter/Irle, Martin (Hrsg.)*, Informationsverarbeitungstheorien, 1985, S. 258.

310 Vgl. *Becker, Bernd*, Entscheidungen, 1981, S. 279 ff. und *Thieme, Werner*, Entscheidungen, 1981, S. 94 sowie *Schmidt, Walter*, Verwaltungsentscheidungen, 1971, S. 333 ff.

von Rechtsnormen auf regelungsbedürftige Sachverhalte einen hohen Grad an Unbestimmtheit in den Anforderungen zu bewältigen haben.[311]

Im Rahmen der Erhebung der Komplexität von Aufgabenstellungen orientieren wir uns an den gängigen Konzepten der Problemlöseforschung.[312] Demnach definiert sich die Komplexität von Aufgaben über den Grad der Determiniertheit von Entscheidungen, genauer gesagt, im Sinne einer (In-)Determiniertheit von Anlässen, Zielen und Mitteln des Entscheidens.[313] Um nun zu einer angemessenen Operationalisierung zu gelangen, ist im wesentlichen zu fragen, wovon nun der Grad der Determiniertheit einer Entscheidung abhängt. Einerseits resultiert die Determiniertheit einer Entscheidung aus der Komplexität der Entscheidungssituation, d.h. aus der Vielzahl und Vielfalt der bei der Entscheidungsfindung zu berücksichtigenden Elemente und Wirkungsbeziehungen.[314] Die Determiniertheit der Entscheidung hängt andererseits von der Dynamik der Entscheidungssituation ab. Damit ist die Änderungsrate der relevanten Elemente und Beziehungen gemeint.

Aufgrund dieser Vorüberlegungen erscheint es sinnvoll, die gegebene Aufgabenkomplexität nicht gesamt als eine Größe, sondern zunächst anhand mehrerer verschiedener Merkmale zu erheben. Dabei wollen wir diese Situations-Größe über die Wahrnehmung der Führungskräfte erheben, sie aber im weiteren als quasi objektiv gegebene Größe interpretieren.[315]

So wollen wir in dieser Untersuchung danach fragen, inwieweit die Führungskräfte im Rahmen der Aufgabenerledigung eine Vielzahl an fachlichen Wirkungszusammenhängen zu berücksichtigen haben, inwieweit den Führungskräften durch die Aufgabenstellung bereits klare Lösungswege vorgegeben werden und schließlich mit welchen unterschiedlichen Anforderungen sie bei der Aufgabenwahrnehmung konfrontiert sind.[316]

---

311 Vgl. *Simon, Herbert A.*, Decision, 1970, S. 13 ff.

312 Vgl. *Fisch, Rudolf/Boos, Margarete,* Komplexität, 1990, S. 13 ff.

313 Vgl. *Pfohl, Hans-Christian*, Entscheidungsfindung, 1977, S. 40 ff. sowie *Streufert, Siegfried/Swezey, Robert W.*, Complexity, 1986, S. 16 ff.

314 Vgl. *Dörner, Dietrich/Kreuzig, Heinz/Reither, Franz/Ständer, Thea*, Lohhausen 1983, S. 19 ff. sowie *Pfohl, Hans-Christian*, Entscheidungsfindung, 1977, S. 40 ff.

315 Vgl. *Hummell, Hans J*, Mehrebenenanalyse, 1972, S. 27 ff. sowie *Lange, Elmar*, Mehrebenenanalyse, 1987, S. 91 ff. und *Koch, Rainer*, Methodologische Entwicklungen, 1984, S. 24 ff.

316 Vgl. *Kostka, Dieter*, Verwaltungsaufgaben, 1992, S. 15 ff.

### 3.4.3 Die Ausprägung von Aufgabenkomplexität

Im folgenden wollen wir nun zu einer Darstellung der absoluten Verteilungen der von uns zugrunde gelegten Variablen zur Aufgabenkomplexität kommen.

*Tab. 13: Wirkungszusammenhänge*

*Bei der Aufgabenerledigung sind komplexe fachliche Wirkungszusammenhänge zu berücksichtigen (Vielzahl an Bedingungen, Verknüpfungen sowie Folgen und Nebenwirkungen)!*

|  | Wirkungszusammenhänge | |
|---|---|---|
|  | Anzahl | % |
| nicht so komplex | 14 | 6 |
| hält sich im Rahmen | 34 | 12 |
| eher komplex | 230 | 82 |
| Zusammen | 278 | 100 |

Was nun die Bedingungen in den jeweiligen Handlungsfeldern anbetrifft, so ergeben sich aus der Aufgabenstellung Informationsverarbeitungsprobleme bei der Auswahl geeigneter Mitteleinsätze bzw. bei der Verknüpfung von Mitteln und Zwecken. So zeigt sich eine starke Tendenz (82%), daß die Bediensteten im Rahmen der Auswahl geeigneter Mittel, komplexe fachliche Wirkungszusammenhänge, also eine Vielzahl an Voraussetzungen, Verknüpfungen, Folgen und Nebenwirkungen zu berücksichtigen haben. Es kann somit davon ausgegangen werden, daß in den untersuchten Regierungspräsidien zunehmend sog. Multi-Kontext-Probleme anfallen.[317] So sind z.B. bei der Durchführung von Genehmigungsverfahren beim Bau von Abfallentsorgungsanlagen neben Fragen des Baurechts und der Raumordnung auch Fragen des Immissions- und Brandschutzes zu berücksichtigen. Entsprechend können wir davon ausgehen, daß in den Regierungspräsidien eine vergleichsweise hohe Problemkomplexität gegeben ist.[318]

---

317 Vgl. *Kirsch, Werner*, Entscheidungsprobleme, 1988, S. 74 ff.
318 Vgl. *Stöbe, Sybille/Brandel, Rolf*, Bezirksregierungen, 1996, S. 38.

*Tab. 14: Lösungsweg*

*Von den fachlichen Anforderungen (und den weiteren Umständen bzw. Bedingungen) bietet die Aufgabenstellung einen ziemlich klaren Lösungsweg an!*

|  | Lösungsweg | |
| --- | --- | --- |
|  | Anzahl | % |
| liegt eher vor | 69 | 25 |
| teils/teils | 80 | 29 |
| eher zu erarbeiten | 127 | 46 |
| Zusammen | 276 | 100 |

Hier zeigt sich, daß ein vergleichsweise großer Anteil der Führungskräfte (46%) der Meinung ist, daß sich im Zuge der fachlich angemessenen Entscheidungsfindung nicht ausschließlich auf vorgegebene Lösungsschemata der rechtlichen Programme zurückgreifen läßt, sondern Ziele, Ausgangsbedingungen und Mittel des Entscheidens von den Bediensteten häufig erst noch zu erarbeiten sind. Dies läßt darauf schließen, daß trotz zu unterstellender Programmierung nicht schon von vornherein alle notwendigen entscheidungserheblichen Tatbestände sowie Kriterien zur Ableitung von brauchbaren Mitteleinsätzen in mehr oder weniger vollständig definierter Form vorgegeben sind. Wie schon vermutet, werden es die Führungskräfte vielmehr vermehrt mit offenen Formen der Programmierung zu tun haben, bei denen Ziele, Ausgangsbedingungen, Mitteleinsätze sowie relevante Verknüpfungen weitgehend nur recht unbestimmt vorgegeben sind.[319]

---

319 Vgl. *Becker, Bernd*, Entscheidungen, 1981, S. 279 ff. und *Thieme, Werner*, Entscheidungen, 1981, S. 94 sowie *Schmidt, Walter*, Verwaltungsentscheidungen, 1971, S. 333 ff.

## Tab. 15: Anforderungen

*Von der fachlichen Seite her stellen sich bei der Aufgabenerledigung zumeist ein und dieselben Anforderungen!*

|  | Anforderungen | |
|---|---|---|
|  | Anzahl | % |
| Dieselben | 46 | 16 |
| teils/teils | 66 | 24 |
| Verschieden | 166 | 60 |
| Zusammen | 278 | 100 |

Und schließlich sehen sich die befragten Führungskräfte in einer überwiegenden Anzahl der Fälle (60%) mit wechselnden Anforderungen konfrontiert. Entsprechend dieser Dynamik der Entscheidungssituationen läßt sich im Rahmen der Aufgabenerledigung auch nicht schon an regelmäßig wiederkehrenden entscheidungserheblichen Tatbeständen und Rechtsfolgen anknüpfen. Somit dürfte auch nur im eingeschränkten Maße mit entlastenden Routinisierungseffekten zu rechnen sein.

Um nun aus den drei erhobenen Variablen einen Index „Aufgabenkomplexität" bilden zu können, wurden die drei von uns erhobenen Variablen nach der Durchschnittsmethode aggregiert.[320] Die Verteilung dieser Variablen stellt sich dann wie folgt dar.

## Tab. 16: Aufgabenkomplexität

|  | Aufgabenkomplexität | |
|---|---|---|
|  | Anzahl | % |
| gering | 13 | 5 |
| mittel | 78 | 28 |
| hoch | 185 | 67 |
| Zusammen | 276 | 100 |

---

320 Vgl. *Laatz, Wilfried*, Methoden, 1993, S. 261 ff.

Wie bereits zu erwarten, kann also zusammenfassend davon ausgegangen werden, daß die Führungskräfte im Bereich der Mittelinstanz mit überwiegend komplexen, fachlichen Aufgabenstellungen konfrontiert sind. Nicht zuletzt aufgrund des unterstellten Aufgaben- und Funktionenwandels hin zu zusätzlichen Planungs- und Leistungsaufgaben, dürfte das Ausmaß einer geschlossenen Programmierung der Aufgabenstellungen vergleichsweise gering sein.[321] Entscheidungstheoretisch gesehen, sind somit häufig auch nur unzureichende Informationen zum Aufbau von Entscheidungssituationen bzw. der Ableitung adäquater Lösungen vorgegeben.[322] Die Aufgabenstellungen zeichnen sich durch eine relativ hohe Dynamik aus, entsprechend sind also die Führungskräfte mit häufig wechselnden Anforderungen konfrontiert. Im Rahmen ihrer Entscheidungsfindung sind dann überwiegend komplexe fachliche Wirkungszusammenhänge zu berücksichtigen. Die gegebene Komplexität fachlicher Aufgabenstellungen stellt somit hohe Anforderungen an das persönliche Informationsverarbeitungsverhalten der Führungskräfte.

### 3.4.4 Situationskontrolle und Aufgabenkomplexität

Im weiteren wollen wir nun überprüfen, welche Auswirkungen nun diese vergleichsweise hohe Aufgabenkomplexität auf die von uns zugrunde gelegten Reaktions- bzw. Output-Größen hat. Dabei wollen wir zunächst darauf abstellen, ob und inwieweit die Führungskräfte unter den Bedingungen hoher Aufgabenkomplexität das Empfinden haben, die effektivitätserheblichen Faktoren angemessenen Entscheidens kontrollieren zu können.

---

321 Vgl. *Nocke, Joachim*, Wissen, 1980. S. 144 ff.
322 Vgl. hierzu auch die Ergebnisse der Fallstudie zu komplexen Verwaltungsaufgaben im Bereich der Wirtschaftsförderung bei *Kostka, Dieter*, Verwaltungsaufgaben, 1992.

*Tab. 17: Situationskontrolle nach Aufgabenkomplexität*

| Situationskontrolle | Alle | Aufgabenkomplexität | | |
| --- | --- | --- | --- | --- |
| | | gering | mittel | hoch |
| | % | % | % | % |
| liegt nicht vor | 29 | 25 | 26 | 31 |
| teils/teils | 31 | 8 | 30 | 33 |
| liegt vor | 40 | 67 | 44 | 36 |
| Summe | 100 | 100 | 100 | 100 |
| N | 271 | 12 | 77 | 181 |

tau b = - 0,10  ns

Unter einer weiterhin durchgängig erhöht wahrgenommenen Situationskontrolle, führt eine erhöhte Aufgabenkomplexität insgesamt gesehen dennoch zu einem Kontrollverlust. Zumindest einem Teil der Führungskräfte
(31%) scheint es Probleme zu bereiten, eine Passung zwischen einer erhöhten Informationsverarbeitungslast und einem adäquaten individuellen
Entscheidungsverhalten herzustellen.[323] Entsprechend ist zu vermuten, daß
für diese wahrgenommene Diskrepanz zum einen Unterschiede in den Entscheidungsstilen, zum anderen aber auch die Ausgestaltung der Arbeits-
und Führungsorganisation verantwortlich ist.

### 3.4.5 Arbeitsleistung und Aufgabenkomplexität

Im folgenden soll untersucht werden, ob und inwieweit nun infolge der
erhöhten Anforderungen bei der Wahrnehmung von Fachaufgaben mit
quasi objektiv gegebenen Leistungseinbußen zu rechnen ist.

---

323 Vgl. *Rowe, Alan J./Boulgarides, James D.,* Decision-Styles, 1983, S. 3 sowie
*Streufert, Siegfried/Swezey, Robert W.,* Complexity, 1986, S. 18 ff.

*Tab. 18: Arbeitsleistung nach Aufgabenkomplexität I*

| Arbeitsleistung | Alle | Aufgabenkomplexität | | |
|---|---|---|---|---|
| | | gering | mittel | hoch |
| | % | % | % | % |
| durchschnittliche Leistungen | 53 | 92 | 60 | 47 |
| überdurchschittliche Leistungen | 47 | 8 | 40 | 53 |
| Summe | 100 | 100 | 100 | 100 |
| N | 271 | 12 | 77 | 181 |

tau b = 0,10 ns

Die entsprechende Korrelationsanalyse verdeutlicht, daß im Bereich der untersuchten Regierungspräsidien eine zunehmende Aufgabenkomplexität nicht schon reale Effektivitätseinbußen im Rahmen des Entscheidens zur Folge hat. Ganz im Gegenteil zeigt sich eine umgekehrte Reaktion. Vermutlich gerade weil eine erhöhte Aufgabenkomplexität zu einer verstärkten Anstrengung herausfordert, kommt es nicht zu einer Verschlechterung der Entscheidungsfindung. Im umgekehrten Sinne wird auf eine zunehmende Komplexität der Anforderungen mit einer Erhöhung der Qualität der Arbeitsleistungen reagiert. Dieses Ergebnis läßt sich dann auch über eine Analyse der relevanten einzelnen Zusammenhänge bestätigen.

*Tab. 19: Arbeitsleistung nach Aufgabenkomplexität II*

| Qualität der Arbeitsleistung | tau b | |
|---|---|---|
| Wechselnde Anforderungen | 0,16 | * |
| Komplexe fachliche Wirkungszusammenhänge | 0,12 | ns |
| Unklare Lösungswege | 0,15 | * |

*Abb. 16: Die Leistungswirksamkeit von Entscheidungen und Aufgabenkomplexität*

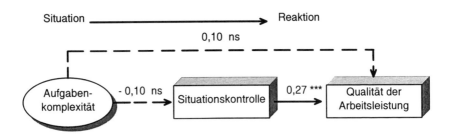

Gemäß den Vorgaben des dieser Untersuchung zugrunde liegenden S-O-R- Paradigmas ist anzunehmen, daß es sich hier nicht schon um einen direkten, sondern vielmehr um einen vermittelnden Zusammenhang handelt. So gehen wir davon aus, daß erst der intervenierende Einfluß weiterer „Organismus-Variablen" über die Ausprägung der „Reaktions-Größen" entscheidet.[324] Im folgenden wollen wir nun prüfen, welche weiteren Variablen dabei im einzelnen wirksam werden und welche Einflüsse nun von der Ausgestaltung der „Organismus"- Größen auf die Leistungswirksamkeit von Entscheidungen („Reaktion") ausgehen.

### 3.5 Die Leistungswirksamkeit von Entscheidungen und die Qualität der Arbeits- und Führungsorganisation

### 3.5.1 Vorbemerkungen

Gemäß S-O-R-Paradigma führen Situations- bzw. Umwelteinflüsse nicht schon als solche, sondern erst unter dem zusätzlichen Einfluß intervenierender „Organisations-Größen" zu einer bestimmten Reaktion. Im folgenden wollen wir uns einer strukturellen Organisations-Variablen, der Qualität der Arbeits- und Führungsorganisation zuwenden. Unter effektivitätserheblichen Gesichtspunkten ist bedeutsam, inwieweit auf die gegebene Aufgabenkomplexität mit einem entsprechenden Entscheidungsverhalten reagiert werden kann. Es stellt sich nun die Frage, inwieweit schon

---

324 Vgl. *Lantermann, Ernst H.,* Interaktionen, 1980, S. 38 ff. und *Gebert, Diether/Rosenstiel, Lutz von*, Organisationspsychologie, 1992, S. 14 ff.

durch die spezifische Ausgestaltung organisatorischer Rahmenbedingungen als intervenierende Variable, eine adäquate komplexitätserfassende und -reduzierende Wirkung gegeben ist. Genauer gesagt ist zu prüfen, inwieweit eine entsprechend günstige Ausgestaltung der Arbeits- und Führungsorganisation eine angemessene Erledigung komplexer Aufgaben durch die Führungskräfte ermöglicht, indem gegebene Aufgabenkomplexität erfaßt und in möglichst bestimmte Entscheidungsverhältnisse überführt wird, die dann den Ausgangspunkt für die Ableitung angemessener Entscheidungen bilden.[325]

### 3.5.2 Herleitung und Operationalisierung

Mit der Einrichtung von Organisationsstrukturen soll ein System einer zielgerichteten, angemessenen Aufgabenerledigung bereitgestellt werden. Dabei wird einerseits der Versuch unternommen, durch die Bildung von Organisationsstrukturen zu einer zweckgerechten Zuordnung von Aufgaben zu kommen. Die Art und das Ausmaß der Arbeitsteilung bestimmt dabei den Grad an Differenzierung. Die sich dadurch entwickelnde Spezialisierung der Aufgabenerledigung soll zu einer verläßlichen Abbildung entscheidungserheblicher Tatbestände führen.[326] Darüber hinaus wird durch die Art und das Ausmaß der innerhalb der Organisation festgelegten Entscheidungs- und Kommunikationskompetenzen der Grad der Integration festgelegt. Durch die gegebenen Möglichkeiten zur Beteiligung einzelner Mitglieder sollen entsprechende Informationsverarbeitungskapazitäten zur Bewertung von Tatbeständen und der Auswahl sachgerechter Entscheidungen innerhalb der Organisation bereitgestellt werden.

Was nun die spezielle organisatorische Ausgestaltung von Regierungspräsidien anbetrifft, so ist hier allerdings der Typus einer bürokratischen Organisation vorzufinden. Im einzelnen zeichnet sich diese Organisationsform nun durch eine stark differenzierte Arbeitsteilung aus.[327] Die Regierungspräsidien sind horizontal nach unterschiedlichen Sachbereichen gegliedert. Das Dezernat bildet dabei die Basiseinheit in den Regierungspräsidien. Die Zuordnung von Aufgaben auf einzelne Dienstposten und Ar-

---

325 Vgl. *Gebert, Diether/Rosenstiel, Lutz von*, Organisationspsychologie, 1992, S. 24 ff.

326 Vgl. *March, James G./Simon, Herbert A.*, Organisation, 1976, S. 148 ff.

327 Vgl. *Kieser, Alfred*, Bürokratie, 1993, S. 46 sowie *Kieser, Alfred*, Situativer Ansatz, 1993, S. 165.

beitsplätze wird durch die Geschäftsverteilungspläne der Regierungspräsidien festgelegt. Dabei werden die Aufgaben nach Sachzusammenhängen gebildet, wobei der Zuständigkeits- und Verantwortungsbereich jedes Mitarbeiters klar ersichtlich sein muß.[328] Die Bediensteten verfügen somit zwar über einen durch verwaltungsinterne Regeln eindeutig definierten Aufgaben- und Kompetenzbereich, was im Rahmen der Aufgabenerledigung zu einer erhöhten Handlungssicherheit bei den Bediensteten führen dürfte. Unter der Bedingung erhöhter Aufgabenkomplexität ist jedoch zu erwarten, daß sich ein zu hoher Grad an Differenzierung relativ ungünstig auf die ganzheitliche Erarbeitung von Informationen zum Aufbau von Entscheidungsverhältnissen auswirkt. Zwischen den einzelnen Sachbereichen bestehen inhaltliche Interdependenzen. So berührt der Bereich der Wirtschaftsförderung unter Umständen auch Fragen des Umweltschutzes. Entsprechend kann es immer wieder zu Abstimmungsproblemen zwischen den unterschiedlichen Sachbereichen kommen.[329]

Des weiteren zeichnen sich bürokratische Organisationen durch ein festgeordnetes, hierarchisch-monokratisch strukturiertes Entscheidungs- und Kommunikationssystem mit einer festen Zuordnung von Kompetenzen und Unterstellungsverhältnissen aus.[330] Die Beteiligungsmöglichkeiten der Bediensteten an der Entscheidungsfindung sind an den hierarchisch fixierten Dienstweg gebunden. Geringe Grade der Integration verhindern im Falle komplexer Aufgabenstellungen eine hinreichende Nutzung benötigter Informationsverarbeitungskapazitäten innerhalb der Organisation.[331]

Im Rahmen der Operationalisierung verschiedener Merkmale der Arbeits- und Führungsorganisation wollen wir nun in der vorliegenden Untersuchung gemäß unseren Ausführungen auf unterschiedliche strukturelle als auch prozedurale Elemente zurückgreifen.[332] Dabei soll durch die Erhebung strukturbezogener Größen, die Art und das Ausmaß der Differenzierung erfaßt werden. Die Erhebung von Prozeßgrößen soll uns Hinweise auf den Grad der wahrgenommenen Integration geben.

---

328 Vgl. § 5(2), GOBezReg, 1981.

329 Vgl. *Mantz, Renate*, Soziologie, 1978, S. 103.

330 Vgl. *Kieser, Alfred*, Bürokratie, 1993, S. 46 sowie *Kieser, Alfred*, Situativer Ansatz, 1993, S. 165.

331 Vgl. *Luhmann, Niklas*, Aufklärung 2, 1991, S. 41 ff.

332 Vgl. *Kieser, Alfred/Kubicek, Herbert*, Organisationstheorien II, 1978, S. 114 ff.

Auch in diesem Fall greifen wir nun bei Erfassung dieser Größe auf die Wahrnehmung der Führungskräfte zurück. So werden die Führungskräfte einerseits aufgefordert, die Güte bzw. Qualität der wahrgenommenen Aufgaben- und Zuständigkeitsverteilung, das Ausmaß der politischen Unterstützung sowie die Koordination unter den Einheiten einzuschätzen. Andererseits werden im Sinne von Prozeßgrößen die Geschwindigkeit der Entscheidungsfindung innerhalb der Organisation, der Grad der Steuerung bzw. Rückmeldung durch die politische Spitze sowie das Ausmaß der Anerkennung von Leistungen einzelner Einheiten erhoben.

### 3.5.3 Die Qualität der Arbeits- und Führungsorganisation

Was nun die Ausprägung der von uns erhobenen Variablen zur Qualität der Arbeits- und Führungsorganisation anbetrifft, so ergibt sich folgendes Bild.

*Tab. 20: Qualität der Arbeits- und Führungsorganisation*

| | liegt nicht vor | teils/ teils | liegt vor | N |
|---|---|---|---|---|
| **Aufgaben- und Zuständigkeits-verteilung** *In unserem Hause ist eine brauchbare Aufgaben- und Zuständigkeitsverteilung gegeben!* | 9% (24) | 16% (45) | 75% (208) | 100% (277) |
| **Politische Unterstützung** *In unserem Hause gewährt die politische Spitze bzw. die Verwaltungsleitung den einzelnen Aufgabenbereichen die notwendige Unterstützung!* | 12% (32) | 25% (70) | 63% (174) | 100% (276) |
| **Koordination** *In unserem Hause wird für eine brauchbare Koordination bzw. wechselseitige Abstimmung unter den einzelnen Einheiten gesorgt!* | 13% (37) | 32% (88) | 55% (151) | 100% (276) |
| **Schnelligkeit der Ent-scheidungen** *In unserem Hause werden Entscheidungen von grundlegender Bedeutung mit großer Schnelligkeit getroffen!* | 40% (109) | 35% (99) | 25% (68) | 100% (276) |
| **Rückmeldung durch politische Spitze** *In unserem Hause meldet die politische Spitze zurück, was sie von der Leistungsfähigkeit einzelner Einheiten hält!* | 66% (180) | 22% (60) | 12% (34) | 100% (274) |
| **Anerkennung im Hause** *In unserem Hause finden die einzelnen Einheiten die ihnen gebührende Anerkennung!* | 45% (122) | 38% (105) | 17% (46) | 100% (273) |

Aus den gegebenen Merkmalen bürokratischer Organisationen erklärt sich nun auch die überwiegend positive Einschätzung der befragten Führungskräfte hinsichtlich der Verteilung von Aufgaben und Zuständigkeiten in den Regierungspräsidien (75%). Ein hoher Grad der Spezialisierung sorgt hier generell für eine angemessene Reduktion gegebener Aufgabenkomplexität. Darüber hinaus läßt sich im Sinne einer überwiegenden Tendenz feststellen, daß den Führungskräften eine angemessene Unterstützung durch die Leitung der Verwaltung gewährt wird (63%). Entsprechend ist davon auszugehen, daß die Führungskräfte beim Aufbau ihrer Entscheidungsverhältnisse entlastet werden, da ihnen weitere, normative Prämissen des Entscheidens durch die politische Spitze vorgegeben werden. Ein weiteres Kriterium der formalen Struktur von Organisationen liegt in den Regelungen zur Arbeitsteilung und Koordination zwischen den Organisationsmitgliedern.[333] Auch diese werden von einem großen Teil der Führungskräfte positiv eingeschätzt (55%). Allerdings ist davon auszugehen, daß die Tätigkeiten trotz gegebener Ansätze weniger über komplexe Planungssysteme[334] als vielmehr über das herkömmliche Mittel der hierarchischen Strukturierung koordiniert werden.

Was nun die Einschätzung der eher prozeßbezogenen Leistungen im Rahmen der Entscheidungsfindung anbetrifft, so zeigt sich für die Ausgestaltung der Arbeits- und Führungsorganisation der untersuchten Regierungspräsidien ein vergleichsweise nicht so positives Bild. Von einem Teil der Bediensteten werden Defizite hinsichtlich der Geschwindigkeit von Entscheidungen wahrgenommen (40%).[335] Dieses Ergebnis resultiert aus den Folgen eines hierarchisch-monokratisch strukturierten Entscheidungs- und Kommunikationssystems in öffentlichen Verwaltungen. Ein geringer Grad an Integration bzw. die stark fixierten, eingeschränkten Beteiligungsmöglichkeiten von Organisationsmitgliedern an Entscheidungen lassen eine schnelle Informationsverarbeitung nicht zu. Eine vergleichsweise hohe Anzahl der an der Entscheidungsfindung zu beteiligenden Ebenen, bei gleichzeitiger Einhaltung des Dienstweges, führt zwangsläufig zu Geschwindigkeitseinbußen bei der Entscheidungsfindung.[336] Die wahrgenommenen Möglichkeiten der Delegation von Entscheidungs- und Zeichnungsbefugnissen sind offenbar nicht ausreichend, um innerbehördliche

---

333 Vgl. *Kieser, Alfred/Kubicek, Herbert*, Organisation, 1992, S. 16 ff.

334 Vgl. *Böhret, Carl*, Planungspraxis, 1975.

335 Vgl. *Kieser, Alfred/Kubicek, Herbert*, Organisationstheorien II, 1978, S. 71.

336 Vgl. *Stöbe, Sybille/Brandel, Rolf*, Bezirksregierungen, 1996, S. 48 ff. und *Kieser, Alfred*, Bürokratie, 1993, S. 46 sowie § 33 GOBezReg, 1981.

Entscheidungsvorgänge angemessen beschleunigen zu können.[337] Auch wird von dem größten Teil der befragten Führungskräfte eine unzureichende Rückkoppelung von Leistungsergebnissen durch die politische Spitze der Regierungspräsidien wahrgenommen (66%). Eine Ursache hierfür dürfte wiederum in den strukturellen Merkmalen bürokratischer Organisationen liegen. Eine monokratische Spitze und das weitgehende Fehlen eines übergreifenden Verwaltungs-Controllings lassen Rückmeldungen über Leistungsergebnisse durch die politische Spitze nur im unzureichendem Maße zu.[338] Darüber hinaus ist nun auch festzustellen, daß der Tendenz nach die Führungskräfte in den befragten Regierungspräsidien nicht immer die entsprechende Anerkennung ihrer Leistungen erhalten (45%). Dieses Ergebnis deutet mitunter auf Defizite im Führungsverhalten der Vorgesetzten in der öffentlichen Verwaltung hin, wie es auch schon in weiteren diesbezüglichen Studien dargelegt wird.[339] Die Kontrolle und Bewertung erbrachter Arbeitsleistungen sind wesentliche erfolgserhebliche Größen des Führungsvorganges. Trotz zahlreicher Bemühungen im Rahmen der Entwicklung von Führungsrichtlinien und der Führungskräftefortbildung ist die politische Spitze offensichtlich nur bedingt in der Lage, zu einer angemessenen Leistungsaktivierung der Mitarbeiter beizutragen.[340] Umgekehrt ist aufgrund dieses Ergebnisses auch zu vermuten, daß die politische Spitze nur im unzureichenden Maße in der Lage ist, die Leistungsfähigkeit einzelner Einheiten innerhalb der Verwaltung einzuschätzen. Da diese Informationen hinsichtlich der Steuerung der Leistungserbringung jedoch von großer Bedeutung ist, versucht man auf dieses Defizit zunehmend auch mit der Einführung von Managementinformationssystemen und Controllinginstrumenten zu reagieren.[341]

Zusammenfassend kann also festgestellt werden, daß in den untersuchten Regierungspräsidien, unter den Bedingungen bürokratischer Organisationsverhältnisse, die strukturierenden Regelungen überwiegend positiv bewertet werden. Insbesondere eine weitgehend angemessen wahrgenom-

---

337 Vgl. hierzu auch die Reformmaßnahmen in der Bezirksregierung Düsseldorf bei *Behrens, Fritz*, Bezirksregierung Düsseldorf, 1995, S. 43.

338 Vgl. *Kieser, Alfred*, Bürokratie, 1993, S. 46 und *Kieser, Alfred/Kubicek, Herbert*, Organisation, 1992, S. 36 sowie § 33, GOBezReg, 1981.

339 Vgl. *Klages, Helmut/Hippler, Gabriele*, Mitarbeitermotivation, 1991 sowie *Rosemann, Bernhard/Schweer, Martin*, Führungsverhalten, 1996, S. 301 ff..

340 Vgl. *Göck, Ralf*, Führungskräftefortbildung, 1995, S. 181 ff. sowie *Behrens, Fritz*, Bezirksregierung Düsseldorf, 1995, S. 44 ff.

341 Vgl. *Freudenberg, Dierk*, Bezirksregierung 3, 1993, S. 412.

mene Aufgaben- und Zuständigkeitsverteilung in den Regierungspräsidien deutet darauf hin, daß über Spezialisierungseffekte grundsätzlich eine hinreichende Reduktion von Aufgabenkomplexität erreicht werden kann. Relativ große Defizite werden allerdings bei den erhobenen prozeßbezogenen Leistungen wahrgenommen, obwohl in den Regierungspräsidien schon der Versuch unternommen wird, mit speziellen organisatorischen Maßnahmen, wie z.B. die Delegation von Kompetenzen, die Entwicklung von Zielvorgaben sowie die Einrichtung von übergreifenden Projektgruppen, zu einer Verbesserung der Steuerung des Entscheidungsverhaltens innerhalb der öffentlichen Verwaltung zu kommen.[342]

Aufgrund eines weiterhin vorherrschenden hierarchisch-monokratisch strukturierten Entscheidungs- und Kommunikationssystem, beschränken sich die entscheidungserheblichen Beteiligungsmöglichkeiten der Führungskräfte auf die Vorgaben des Dienstweges, so daß Informationsverarbeitungskapazitäten innerhalb der Verwaltung nur unzureichend genutzt werden. So werden Leistungsergebnisse nicht hinreichend rückgekoppelt, Entscheidungen werden nur unter vergleichsweise hohem Zeitaufwand getroffen und die einzelnen Einheiten finden nicht immer die gebührende Anerkennung. Unter diesen Bedingungen dürften die von der Arbeits- und Führungsorganisation ausgehenden Unterstützungsleistungen auch nur eingeschränkt gegeben sein. Entsprechend haben die Führungskräfte bei dem Aufbau ihrer Entscheidungssituationen und dem Ableiten ihrer Entscheidungen nicht schon mit erheblichen Entlastungen zu rechnen.

Um nun zu einer summarischen Bewertung der beschriebenen Merkmale zur Qualität der Arbeits- und Führungsorganisation zu kommen, wurden von uns zwei Indizes gebildet. Eine auf der Basis der sechs erhobenen Variablen durchgeführte Faktorenanalyse führt dann, wie bereits vermutet, zu den folgenden zwei Faktoren. Der erste Faktor „Qualität der Organisationsstruktur" setzt sich dann aus den Variablen „Aufgaben- und Zuständigkeitsverteilung", „Politische Unterstützung" und „Koordination" zusammen. Der zweite Faktor „Qualität der Organisationsprozesse" beinhaltet die Variablen „Schnelligkeit der Entscheidungen", „Rückmeldung durch politische Spitze" und „Anerkennung im Hause". Durch diese beiden extrahierten Faktoren werden insgesamt 55% der Varianz der einbezogenen Variablen erklärt.[343] Die in den beiden Faktoren extrahierten Variablen wur-

---

342 Vgl. hierzu auch die GOBezReg, 1981
343 Zur Berechnung von Eigenwerten vgl. *Brosius, Gerhard*, Advanced, 1989, S. 148 ff.

den nun jeweils nach der Durchschnittsmethode zu zwei Indizes aggregiert.[344]

Tab. 21: *Qualität der Organisationsstruktur*

| | Qualität der Organisationsstruktur | |
|---|---|---|
| | Anzahl | % |
| Gering | 19 | 7 |
| Mittel | 77 | 28 |
| Hoch | 180 | 65 |
| Zusammen | 276 | 100 |

Tab. 22: *Qualität der Organisationsprozesse*

| | Qualität der Organisationsprozesse | |
|---|---|---|
| | Anzahl | % |
| gering | 139 | 51 |
| mittel | 104 | 38 |
| hoch | 29 | 11 |
| Zusammen | 272 | 100 |

Die von uns ermittelten Einzelergebnisse zur Qualität der Arbeits- und Führungsorganisation werden durch die beiden aggregierten Variablen bestätigt. Im Rahmen einer zusammenfassenden Bewertung läßt sich somit feststellen, daß zwar die strukturellen Leistungen der Arbeits- und Führungsorganisation eine angemessene Erledigung komplexer Aufgaben durch die Führungskräfte begünstigen bzw. ermöglichen können. Es werden von den befragten Führungskräften jedoch vergleichsweise große Defizite im Bereich prozessualer Ermöglichungsbedingungen festgestellt.

---

344 Vgl. *Laatz, Wilfried*, Methoden, 1993, S. 261 ff.

### 3.5.4 Die Leistungswirksamkeit von Entscheidungen und die Qualität der Arbeits- und Führungsorganisation

Im folgenden soll überprüft werden, ob und inwieweit ein direkter Zusammenhang zwischen den von uns erhobenen strukturellen „Organismus-Größen" und den „Reaktions-Größen" besteht, ob und inwieweit also von der Qualität der organisatorischen Rahmenbedingungen individuellen Entscheidens ein direkter Einfluß auf das erreichte Ergebnis von Entscheidungen ausgeht.

*Tab. 23: Situationskontrolle nach Qualität der Organisationsstruktur*

| Situationskontrolle | Alle | Qualität der Organisationsstruktur | | |
|---|---|---|---|---|
| | | gering | mittel | hoch |
| | % | % | % | % |
| liegt nicht vor | 29 | 48 | 40 | 23 |
| teils/teils | 31 | 26 | 39 | 28 |
| liegt vor | 40 | 26 | 21 | 49 |
| Summe | 100 | 100 | 100 | 100 |
| N | 271 | 180 | 77 | 19 |

tau b = 0,25 ***

Setzt man die Qualität der strukturell-organisatorischen Rahmenbedingungen individuellen Entscheidens in Beziehung zur subjektiv wahrgenommenen Situationskontrolle, so zeigt sich, daß die organisatorischen Ermöglichungsbedingungen einen wesentlichen Einfluß darauf haben, ob und inwieweit die Führungskräfte das Empfinden haben, daß sie die für sie effektivitätserheblichen Einflußgrößen des Entscheidens zu kontrollieren vermögen und sie demgemäß zu einem anforderungsgerechten Aufbau ihrer Entscheidungsverhältnisse kommen (49%).

## Tab. 24 *Situationskontrolle nach Qualität der Organisationsprozesse*

| Situationskontrolle | Alle | Qualität der Organisationsprozesse | | |
| --- | --- | --- | --- | --- |
| | | gering | mittel | Hoch |
| | % | % | % | % |
| liegt nicht vor | 29 | 40 | 22 | 10 |
| teils/teils | 31 | 32 | 32 | 24 |
| liegt vor | 40 | 28 | 46 | 66 |
| Summe | 100 | 100 | 100 | 100 |
| N | 271 | 139 | 104 | 29 |

tau b = 0,26 ***

Ein vergleichsweise noch etwas stärkerer Einfluß auf die empfundene Situationskontrolle geht dann von der Qualität der prozessualen Rahmenbedingungen aus (66%). Eine angemessene Schnelligkeit der Entscheidungen, die Rückmeldung durch die politische Spitze und die Anerkennung im Hause stellen für die Führungskräfte wesentliche Bedingungen dar, um ihr persönlich veranschlagtes Entscheidungsverhalten auch durchsetzen zu können. Auf derartige Defizite reagieren die Führungskräfte mit einem abnehmenden Maß an Situationskontrolle.

Setzt man die gegebenen Rahmenbedingungen der Arbeits- und Führungsorganisation in Beziehung zu der objektiv erbrachten Arbeitsleistung, so erhält man folgende Ergebnisse.

*Tab. 25: Qualität der Arbeitsleistung nach Qualität der Organisationsstruktur*

| Qualität der | | Qualität der Organisationsstruktur | | |
|---|---|---|---|---|
| Arbeitsleistung | Alle | gering | mittel | hoch |
| | % | % | % | % |
| durchschnittliche Leistungen | 53 | 63 | 62 | 48 |
| Überdurchschnitt-liche Leistungen | 47 | 37 | 38 | 52 |
| Summe | 100 | 100 | 100 | 100 |
| N | 268 | 180 | 77 | 19 |

tau c = 0,13  ns

Es zeigt sich, daß die Ausgestaltung organisatorischer Rahmenbedingungen zumindest prinzipiell die objektiv erreichte Qualität des Entscheidens beeinflußt (52%). Eine angemessene Aufgaben- und Zuständigkeitsverteilung, eine ausreichende Abstimmung unter den Einheiten und die Gewährung notwendiger Unterstützung durch die politische Spitze sind für die Führungskräfte wichtig, um zu möglichst effektiven Entscheidungen gelangen zu können.

*Tab. 26: Qualität der Arbeitsleistung nach Qualität der Organisationsprozesse*

| Qualität der | | Qualität der Organisationsprozesse | | |
|---|---|---|---|---|
| | Alle | gering | mittel | hoch |
| Arbeitsleistung | % | % | % | % |
| Durchschnittliche Leistungen | 53 | 58 | 52 | 25 |
| Überdurchschnitt-liche Leistungen | 47 | 42 | 48 | 75 |
| Summe | 100 | 100 | 100 | 100 |
| N | 268 | 139 | 104 | 29 |

tau c = 0,16 ***

Der vergleichsweise größere Einfluß auf die Qualität der erbrachten Arbeitsleitungen geht allerdings von den prozeßbezogenen Regelungen der Arbeits- und Führungsorganisation aus. Hinreichend schnelle Entscheidungswege, ständige Rückmeldungen und die Bewertung der Leistungen durch die politische Spitze sind offenbar eine wesentliche Voraussetzung für erfolgreiches Entscheiden in den Regierungspräsidien.

### 3.5.5 Die Leistungswirksamkeit von Entscheidungen und die Qualität der Arbeits- und Führungsorganisation unter Berücksichtigung der Aufgabenkomplexität

Bislang haben wir ohne Berücksichtigung weiterer Bedingungen den Einfluß von strukturellen „Organisations-Größen" auf die Ausprägung von „Reaktions-Größen" dargestellt. Dabei haben wir festgestellt, daß die Struktur- und Prozeßleistungen der übergeordneten Arbeits- und Führungsorganisation einen wesentlichen Einfluß darauf haben, welches empfundene Maß an Situationskontrolle sich bei den Führungskräften einstellt und welche Qualität der Entscheidungen tatsächlich erreicht wird. Im folgenden wollen wir nun diese Zusammenhänge unter der zusätzlichen Berücksichtigung des Einflusses der Komplexität der Aufgabenstellungen prüfen.[345]

---

345 Zur Analyse dreidimensionaler Tabellen vgl. *Laatz, Wilfried,* Methoden, 1993, S.491 ff. und *Mayntz, Renate/Holm, Kurt/Hübner, Peter,* Methoden, 1978, S.199 ff.

*Tab. 27: Situationskontrolle nach Qualität der Organisationsstruktur unter Konstanthalten der Aufgabenkomplexität[346]*

| | | Aufgabenkomplexität | | | | | |
| | | gering | | | hoch | | |
| | | Qualität der Organisationsstruktur | | | Qualität der Organisationsstruktur | | |
| Situationskontrolle | Alle | gering | mittel | hoch | gering | mittel | hoch |
| | % | % | % | % | % | % | % |
| liegt nicht vor | 29 | 100 | 43 | 19 | 44 | 39 | 24 |
| teils/teils | 31 | - | 43 | 23 | 28 | 38 | 32 |
| liegt vor | 40 | - | 14 | 58 | 28 | 23 | 44 |
| Summe | 100 | 100 | 100 | 100 | 100 | 100 | 100 |
| N | 271 | 1 | 21 | 67 | 18 | 56 | 107 |

Betrachtet man den Einfluß der Qualität der Organisationsstruktur auf die Situationskontrolle unter Konstanthalten der Aufgabenkomplexität, so zeigt sich, daß die Verteilungen der beiden Teiltabellen weitgehend der Ausgangstabelle entsprechen[347] und kaum voneinander abweichen. Somit können wir davon ausgehen, daß unabhängig vom Einfluß gegebener Aufgabenkomplexität, ausreichende Strukturleistungen für das subjektive Empfinden eines anforderungsgerechten Entscheidungsverhaltens als notwendig erachtet werden. Zu einem ähnlichen Ergebnis kommen wir bei der Analyse des Zusammenhanges zwischen der Qualität der Organisationsprozesse und Situationskontrolle unter Konstanthalten der Aufgabenkomplexität.

---

346 Zum Zwecke der verbesserten Darstellung wurde die Variable Aufgabenkomplexität in den dreidimensionalen Zusammenhängen dichotomisiert.
347 Vgl. Tab. 23.

*Tab. 28: Situationskontrolle nach Qualität der Organisationsprozesse*
*unter Konstanthalten der Aufgabenkomplexität*

| | | Aufgabenkomplexität | | | | | |
| | | gering | | | hoch | | |
| | | Qualität der | | | Qualität der | | |
| | | Organisationsprozesse | | | Organisationsprozesse | | |
| Situationskontrolle | Alle | gering | mittel | hoch | gering | mittel | hoch |
| | % | % | % | % | % | % | % |
| liegt nicht vor | 29 | 39 | 20 | - | 39 | 23 | 16 |
| teils/teils | 31 | 24 | 30 | 30 | 35 | 33 | 21 |
| liegt vor | 40 | 37 | 50 | 70 | 26 | 44 | 63 |
| Summe | 100 | 100 | 100 | 100 | 100 | 100 | 100 |
| N | 271 | 38 | 40 | 10 | 99 | 61 | 19 |

Auch hier kommt es zu einer überwiegenden Übereinstimmung zwischen den Verteilungen in den Teiltabellen und der Ausgangstabelle.[348] Entsprechend ist eine angemessene Ausgestaltung prozessualer Rahmenbedingungen für eine wahrgenommene Situationskontrolle, unabhängig von der Höhe der gegebenen Aufgabenkomplexität, von Bedeutung. Auch bei der Bewältigung von Routineaufgaben müssen z.b. Teilaktivitäten angemessen koordiniert werden, Aufgaben und Kompetenzen sinnvoll verteilt und ein angemessener Informationsfluß gewährleistet sein. Die Ausgestaltung organisatorischer Rahmenbedingungen ist für die Führungskräfte eine effektivitätserhebliche Voraussetzung, damit sie zu einem jeweils passenden Entscheidungsverhalten kommen können. Im weiteren wollen wir nun den Einfluß der Arbeits- und Führungsorganisation auf die Qualität der objektiv erbrachten Arbeitsleistung unter Berücksichtigung der Aufgabenkomplexität betrachten.

---

348 Vgl. Tab. 24.

*Tab. 29: Qualität der Arbeitsleistung nach Qualität der Organisations-*
*struktur unter Konstanthalten der Aufgabenkomplexität*

| Qualität der Arbeitsleistung | Alle | Aufgabenkomplexität | | | | | |
|---|---|---|---|---|---|---|---|
| | | gering | | | hoch | | |
| | | Qualität der Organisationsstruktur | | | Qualität der Organisationsstruktur | | |
| | | gering | mittel | hoch | gering | mittel | hoch |
| | % | % | % | % | % | % | % |
| durchschnittlich | 53 | 100 | 79 | 60 | 61 | 56 | 40 |
| überdurchschnittlich | 47 | - | 21 | 40 | 39 | 44 | 60 |
| Summe | 100 | 100 | 100 | 100 | 100 | 100 | 100 |
| N | 271 | 1 | 19 | 67 | 18 | 54 | 108 |

Bei diesem Zusammenhang zeigen sich leichte, aber erkennbare Unterschiede zwischen den beiden Teiltabellen. Während unter der Bedingung hoher Aufgabenkomplexität die Ausgestaltung organisatorischer Strukturleistungen eine wesentliche Voraussetzung für das erfolgreiche Entscheiden darstellt, ist dieser Zusammenhang unter dem Einfluß gering komplexer Aufgabenstellungen nicht mehr festzustellen. Gerade unter der Bedingung hoher Aufgabenkomplexität scheint eine angemessene Zuordnung von Aufgaben, die Verteilung von Kompetenzen und die Einrichtung von Beteiligungsmöglichkeiten den Ablauf einer effektiven Entscheidungsfällung zu begünstigen. Ein ähnliches Ergebnis stellen wir fest, wenn wir nun den Einfluß von Prozeßleistungen auf die Qualität der Arbeitsleistung unter Berücksichtigung der Aufgabenkomplexität betrachten.

*Tab. 30: Qualität der Arbeitsleistung nach Qualität der Organisations-*
*prozesse unter Konstanthalten der Aufgabenkomplexität*

| | | Aufgabenkomplexität | | | | | |
|---|---|---|---|---|---|---|---|
| | | gering | | | hoch | | |
| Qualität | | Qualität der | | | Qualität der | | |
| der | | Organisationsprozesse | | | Organisationsprozesse | | |
| Arbeitsleistung | Alle | gering | mittel | hoch | gering | mittel | hoch |
| | % | % | % | % | % | % | % |
| durchschnittlich | 53 | 67 | 67 | 40 | 55 | 42 | 17 |
| überdurchschnittlich | 47 | 33 | 33 | 60 | 45 | 58 | 83 |
| Summe | 100 | 100 | 100 | 100 | 100 | 100 | 100 |
| N | 271 | 36 | 40 | 10 | 99 | 62 | 18 |

Aus einem Vergleich der beiden Teiltabellen ergibt sich, daß sich eine angemessene Ausgestaltung der Prozeßleistungen schon generell positiv auf die erreichte Qualität der Arbeitsleistungen auswirkt, jedoch dürften die prozessualen Rahmenbedingungen tendenziell eine etwas größere Bedeutung für das Fällen effektiver Entscheidungen unter der Bedingung erhöhter Aufgabenkomplexität haben. Es ist somit von einem Interaktionseffekt der Aufgabenkomplexität auszugehen.[349]

Bislang konnten wir in unserer Untersuchung feststellen, daß eine erhöhte Aufgabenkomplexität zwar zunächst zu Kontrollverlusten bei den Führungskräften führt, aber dennoch nicht schon weniger effektive Entscheidungen zur Folge hat. Ganz im Gegenteil geht eine hohe Komplexität der Aufgabenstellungen mit einer Zunahme der Qualität objektiv erbrachter Arbeitsleistungen einher. Unter Berücksichtigung einer ersten „Organismus-Größe", der Qualität der Arbeits- und Führungsorganisation, ließ sich erkennen, daß unterschiedliche strukturelle und auch prozessuale Faktoren einen Einfluß auf die von uns zugrunde gelegten „Reaktions-Größen" haben. So hat die Ausgestaltung der Arbeits- und Führungsorganisation einen wesentlichen Einfluß darauf, welches Maß an Situationskontrolle von den Führungskräften wahrgenommen wird und welche Qua-

---

349 Vgl. *Laatz, Wilfried,* Methoden, 1993, S. 494.

lität der Entscheidungsergebnisse sich letztendlich einstellt, wobei der Einfluß prozessualer Bedingungen dabei jeweils dominiert. Darüber hinaus konnten wir auch feststellen, daß die Führungskräfte mit unzureichenden Kontextbedingungen konfrontiert sind. So wurden von den befragten Führungskräften erhebliche Defizite insbesondere hinsichtlich der Qualität organisatorischer Prozeßleistungen wahrgenommen. Es ist nun zu prüfen, wie es unter dem zusätzlichen Einfluß weiterer „Organismus-Größen", wie z.B. den Entscheidungsstilen, zu der insgesamt recht hoch veranschlagten Leistungswirksamkeit von Entscheidungen kommen kann.

*Abb. 17: Die Leistungswirksamkeit von Entscheidungen und dieQualität der Arbeits- und Führungsorganisation*

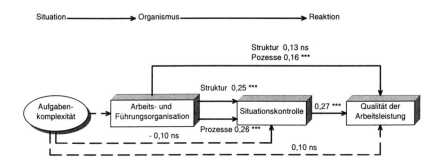

## 3.6 Die Leistungswirksamkeit von Entscheidungen und der Einfluß der Entscheidungsstile

### 3.6.1 Vorbemerkungen

Entsprechend unseren theoretischen Vorüberlegungen gehen wir davon aus, daß die Leistungswirksamkeit von Entscheidungen („Reaktion") aus einem Wechselspiel zwischen Situationsvariablen bzw. Umweltstimuli und „Organismus- Größen" resultiert.[350] In den vorangegangenen Ausführun-

---

350 Vgl. *Lantermann, Ernst H.,* Interaktionen, 1980, S. 38 ff. und *Gebert, Diether/Rosenstiel, Lutz von,* Organisationspsychologie, 1992, S. 14 ff.

gen haben wir bereits die Bedeutung und den Einfluß einer strukturellen „Organismus-Variablen", der Qualität der Arbeits- und Führungssituation dargestellt. Im folgenden wollen wir uns nun dem Einfluß personeller „Organismus-Größen" zuwenden.

Trotz entlastender Effekte organisatorischer Struktur- und Prozeßleistungen ist im Rahmen der Bewältigung von Aufgabenkomplexität davon auszugehen, daß die Führungskräfte ihre Entscheidungsverhältnisse zu weiten Teilen selbst zu definieren haben. Unter effektivitätserheblichen Gesichtspunkten ist nun von Bedeutung, ob und inwieweit die Führungskräfte unter den gegebenen organisatorischen Rahmen- bzw. Ermöglichungsbedingungen in der Lage sind, zu einem anforderungs- bzw. komplexitätsgerechten Aufbau ihrer Entscheidungsverhältnisse zu kommen („fit-Theorem").[351] Gemäß unserer Fragestellung wollen wir nun anhand eines direkten Vergleiches zwischen Experten und Generalisten prüfen, ob und inwieweit die Entscheidungsstile der Führungskräfte darüber bestimmen, wie zum Zwecke der Definition der Entscheidungssituation Informationen er- und verarbeitet werden, welche wesentlichen individuell bedeutsamen Voraussetzungen dabei für das Auffinden problembewältigender Lösungswege zugrunde gelegt werden und welche Leistungswirksamkeit von Entscheidungen letztendlich erreicht wird.

### 3.6.2 Entscheidungsstile und die Komplexität der Aufgabenstellung

Wie bereits dargestellt, verstehen wir unter Entscheidungsstilen relativ stabile, über Lernprozesse gebildete Schemata der Problemlösung. Gemäß unseren Unterscheidungen konzentrieren sich Experten bei der Entscheidungsfindung eher auf eine Verbesserung der Informationsbasis und den Einsatz fachwissenschaftlicher Methoden, orientieren sich dabei an fachlichen Referenzgruppen und tendieren zu einer fachlichen Optimierung ihrer Entscheidungen. Die Generalisten präferieren hingegen im Rahmen ihrer Problemlösungen eher den Einsatz sozialer bzw. politischer Mechanismen und richten ihre Entscheidungen an den Vorgaben der politischen Spitze und intern gültigen Regeln aus.

---

351 Vgl. *Schroder, Harold M./Driver, Michael S./Streufert, Siegfried,* Informationsverarbeitung, 1975 sowie *Kirsch, Werner,* Entscheidungsprozesse I, 1977, S. 76 ff.

Geht es um den Einfluß eher situativ wirkender Größen auf die Ausprägung von Entscheidungsstilen, so ist denkbar, daß sich von vornherein eine Passung zwischen bestimmten Entscheidungsstilen und jeweils situativ unterschiedlich komplexen Arbeitsanforderungen einstellt. Entsprechend unseren theoretischen Vorüberlegungen wäre es unter Effektivitätsgesichtspunkten durchaus funktional, wenn Führungskräfte auf vergleichsweise unbestimmte Aufgabenstellungen mit eher expertenhaften Orientierungen, wie der Verbesserung des Informationsaustausches und der Anwendung fachwissenschaftlicher Methoden, zu reagieren versuchen.[352]

*Tab. 31 Entscheidungsstile nach Aufgabenkomplexität*

| Entscheidungsstile | Alle | Aufgabenkomplexität | | |
| | | gering | mittel | hoch |
| | % | % | % | % |
| --- | --- | --- | --- | --- |
| Generalist | 16 | 15 | 13 | 17 |
| sowohl als auch | 24 | 8 | 30 | 22 |
| Experte | 60 | 77 | 57 | 61 |
| Summe | 100 | 100 | 100 | 100 |
| N | 276 | 12 | 77 | 181 |

tau b = - 0,02 ns

Die entsprechenden bivariaten Verteilungen weisen nicht auf einen Zusammenhang zwischen der Ausgestaltung von Entscheidungsstilen und gegebener Aufgabenkomplexität hin. Zum einen bestätigt dieses Ergebnis unsere These, daß Entscheidungsstile relativ stabil gegenüber Einflüssen bzw. Merkmalen unterschiedlicher Arbeitsanforderungen sind. Eine situativ-reaktive Anpassung an gegebene Aufgabenstellungen ist vermutlich auch schon deshalb nicht erkennbar, weil Aufgabenkomplexität in kognitiver und sozialer Hinsicht gleichermaßen komplex ist. So können die Anforderungen zum einen in einer informationsbezogenen Kontrolle komplexer Ursache-Wirkungs-Beziehungen liegen, andererseits ist auch denkbar,

---

352 Vgl. *Driver, Michael J./Rowe, Alan J.*, Decision-Making Styles, 1975, S. 142 und *Streufert, Siegfried/Swezey, Robert W.*, Complexity, 1986, S. 35 sowie *Schroder, Harold M./Driver, Michael J./Streufert, Siegfried*, Informationsverarbeitung, 1975.

daß die gegebenen Anforderungen auch die Bildung von Konsens zwischen allen Beteiligten vorsehen.

### 3.6.3 Entscheidungsstile und Entscheidungsverhalten

Die bisherigen Ergebnisse dieser Untersuchung weisen darauf hin, daß die Führungskräfte in den Regierungspräsidien mit einer vergleichsweise hohen Aufgabenkomplexität konfrontiert sind, dementsprechend also Bedingungen, Anlässe, Ziele und Mittel des Entscheidens nicht schon in ausreichendem Maße vorgegeben sind. Es ließ sich feststellen, daß die gegebenen Organisationsverhältnisse zwar schon von sich aus zur Reduktion der Problem- und Aufgabenkomplexität beitragen und somit einen Einfluß auf die erreichte Leistungswirksamkeit von Entscheidungen haben. Darüber hinaus ist aber auch davon auszugehen, daß die Steuerungsleistungen der Arbeits- und Führungsorganisation unter den hier vorherrschenden Bedingungen bürokratischer Organisationsverhältnisse nicht ausreichend sind. So werden insbesondere im Bereich prozeßbezogener Steuerungsleistungen von den Führungskräften Defizite wahrgenommen. Somit kann davon ausgegangen werden, daß die Führungskräfte ihre Entscheidungsverhältnisse weitgehend selbst zu definieren haben. Gemäß unseren konzeptionellen Annahmen ist hinsichtlich der zu erreichenden Effektivität von Entscheidungen nun bedeutsam, ob und inwieweit es den Führungskräften nun gelingt, zu einem komplexitätsgerechten Entscheidungsverhalten zu kommen („fit-Theorem"). Die Art des gezeigten Entscheidungsverhaltens hängt nun weitgehend von der Ausgestaltung individueller Entscheidungsstile ab. Die Entscheidungsstile fungieren somit als individuelle, erhebliche Schemata des Entscheidungsverhaltens,[353] bestimmen also darüber, wie Informationen er- und verarbeitet werden und welche einzelnen Entscheidungsanforderungen dabei jeweils zugrunde gelegt werden.

Im folgenden soll nun überprüft werden, welches Entscheidungsverhalten von den Führungskräften im einzelnen gezeigt wird, wie sie also ihre Entscheidungssituationen aufbauen und welche effektivitätserheblichen Kriterien für die Ableitung geeigneter Entscheidungen zugrunde gelegt werden. Entsprechend des zugrunde gelegten funktionalen Zusammenhan-

---

353 Vgl. *Rowe, Alan j./Boulgarides, James, D.*, Decision-Styles, 1983, S. 3 sowie *Henderson, John C./Nutt, Paul C.*, Decision Style, 1980, S. 3371 ff. und *Hunt, Raymond G.Krzystofiak, Frank S./Meindl, James R./Younsry, Abdulla M.*, Cognitive Style, 1989, S. 371 ff.

ges ist es von besonderer Bedeutung, ob und in welcher Hinsicht dabei die von uns identifizierten Entscheidungsstile (Experte vs. Generalist) ein unterschiedliches Entscheidungsverhalten zeigen, inwieweit also die Entscheidungsstile zu einer wesentlichen Größe zur Bewältigung gegebener Aufgabenkomplexität werden.

### 3.6.3.1 Entscheidungsstile und Informationsverarbeitungsverhalten

Da wir von weitgehend komplexen Aufgabenstellungen auszugehen haben, haben die Führungskräfte ihre Entscheidungssituationen zum größten Teil selbst zu definieren. An dieser Stelle soll nun zunächst analysiert werden, welches Informationsverarbeitungsverhalten die befragten Führungskräfte dabei zeigen. Aufgrund der zunehmenden Unbestimmtheit gegebener Anforderungen sind die Führungskräfte gehalten, aktiv Anlässe, Ziele und Mittel des Entscheidens zu erarbeiten.

Zum Zweck der Messung dieser Aktivitäten zur Er- und Verarbeitung von Informationen wurden mehrere Dimensionen als Wahrnehmung der Bediensteten erhoben und im folgenden als objektive Größe interpretiert. Was nun zunächst die Ausprägung der von uns erhobenen Variablen zum Aufbau von Entscheidungssituationen anbetrifft, so ergibt sich folgendes Bild.

*Tab. 32: Der Aufbau von Entscheidungssituationen*

| Anlässe des Handelns | eher vorgegeben | teils/ teils | eher zu entwikkeln | N |
|---|---|---|---|---|
| *Die Anlässe des Handelns sind im Regelfall selbst zu erkennen bzw. gar erst zu entwickeln!* | 31% (86) | 29% (80) | 40% (111) | 100% (277) |
| **Informationserarbeitung** | liegen eher vor | teils/ teils | zu erstellen | N |
| *Die notwendigen Informationen müssen im Regelfall noch selbst durch eigene Initiative beschafft bzw. erarbeitet werden!* | 16% (45) | 25% (68) | 59% (163) | 100% (276) |
| **Maßnahmentauglichkeit** | eher umgehend | teils/ teils | häufiges Abwägen | N |
| *Die Tauglichkeit einer Maßnahme muß durch häufiges Probieren und Prüfen bestimmt werden!* | 66% (182) | 19% (54) | 15% (41) | 100% (277) |
| **Anforderungen** | liegen eher vor | teils/ teils | eher zu erarbeiten | N |
| *Die ausschlaggebenden Anforderungen bzw. Maßstäbe für eine Entscheidung müssen im Regelfall noch selbst erarbeitet werden!* | 30% (82) | 26% (72) | 44% (123) | 100% (277) |
| **Schrittabfolge** | geordnete Abfolge | teils/ teils | eher durch Umkehren | N |
| *Bei der Entscheidung hat man häufig zu vorausgegangenen (Ausgangs-) Punkten bzw. zu bereits erledigt erschienenen Punkten zurückzukehren!* | 41% (112) | 24% (67) | 35% (97) | 100% (276) |

Im folgenden soll nun geprüft werden, welche Bedeutung die unterschiedlichen Entscheidungsstile im Hinblick auf die konkrete Bewältigung von Aufgaben haben. Da mit den Entscheidungsstilen bestimmte normative Anforderungen an das eigene Entscheidungsverhalten wirksam werden, ist zu erwarten, daß Generalisten und Experten auf jeweils unterschiedliche Art und Weise ihre Entscheidungssituationen aufbauen.

*Tab. 33: Anlässe des Handelns nach Entscheidungsstilen*

| Anlässe des Handelns | Alle | Entscheidungsstile | | |
| --- | --- | --- | --- | --- |
| | | Generalist | sowohl als auch | Experte |
| | % | % | % | % |
| eher vorgegeben | 31 | 34 | 22 | 33 |
| teils/teils | 29 | 30 | 29 | 29 |
| eher zu entwickeln | 40 | 36 | 49 | 38 |
| Summe | 100 | 100 | 100 | 100 |
| N | 277 | 44 | 65 | 167 |

tau b = - 0,05 ns

Es zeigt sich, daß ein insgesamt vergleichsweise großer Teil der Führungskräfte die Anlässe des Handelns weitgehend selbst zu bestimmen hat (40%), so daß sie relevante Problemstellungen über individuelles Suchverhalten selbst zu entwickeln haben. Jedoch sind keine Unterschiede zwischen Experten und Generalisten zu erkennen.

*Tab. 34: Informationserarbeitung nach Entscheidungsstilen*

| Informationen | Alle | Entscheidungsstile | | |
| --- | --- | --- | --- | --- |
| | | Generalist | sowohl als auch | Experte |
| | % | % | % | % |
| liegen eher vor | 16 | 20 | 19 | 15 |
| teils/teils | 25 | 23 | 15 | 28 |
| zu erstellen | 59 | 57 | 66 | 57 |
| Summe | 100 | 100 | 100 | 100 |
| N | 276 | 44 | 65 | 166 |

tau b = - 0,01 ns

Auch bei diesem Zusammenhang ist keine nennenswerte Diskriminierung durch den Einfluß der Entscheidungsstile festzustellen. Es wird deutlich, daß die Führungskräfte zu weiten Teilen (59%), egal ob nun Experten oder Generalisten, relevante Informationen zum Aufbau ihrer Entscheidungssituationen erst selbst zu erstellen haben. Unterschiede bestehen vermutlich nur in der Art und Weise wie die notwendigen Informationen er- und verarbeitet werden. So werden die Experten dabei wohl eher auf den Einsatz fachlicher Methoden setzen, während die Generalisten sozial-kommunikative Mechanismen bevorzugen werden.

*Tab. 35: Maßnahmentauglichkeit nach Entscheidungsstilen*

| Bestimmung der Maßnah-men-tauglichkeit | Alle | Entscheidungsstile | | |
| | | Generalist | sowohl als auch | Experte |
| | % | % | % | % |
| eher umgehend | 66 | 64 | 51 | 72 |
| teils/teils | 19 | 27 | 23 | 16 |
| häufiges Abwägen | 15 | 9 | 26 | 12 |
| Summe | 100 | 100 | 100 | 100 |
| N | 277 | 44 | 65 | 166 |

tau b = - 0,12 **

Es zeigt sich, daß der überwiegende Teil der Entscheidungsträger (66%) in der Lage ist, die Tauglichkeit einer gefundenen Lösungsalternative eher umgehend zu bestimmen. Dies wird insbesondere in den technisch ausgerichteten Aufgabenfeldern, wie z.B. Hochbau der Fall sein, da sich hier die Zielausmaße z.B. durch den Rückgriff auf DIN-Vorschriften besser quantifizieren lassen. Darüber hinaus ist nun auch festzustellen, daß Experten der Tendenz nach häufiger zu einer relativ umgehenden und damit auch schnelleren Bestimmung der Tauglichkeit von Maßnahmen gelangen (72%).[354] Der von den Experten bevorzugte Einsatz von fachlichen Methoden erhöht die Kalkulierbarkeit und dann auch die Geschwindigkeit bei der Prüfung auf Geeignetheit gefundener Lösungsalternativen. Da die generalistisch orientierten Führungskräfte bei der Bestimmung der Maßnahmentauglichkeit wohl eher die Mobilisierung von Konsens bevorzugen, führt dies zwangsläufig zu einer vergleichsweise häufigeren Abwägung hinsichtlich unterschiedlicher Interessen und Vorgaben und damit zu einem Geschwindigkeitsverlust.

---

354 Vgl. hierzu auch den Zusammenhang zwischen Denk- und Handlungsgeschwindigkeit und der Besetzung von Spitzenpositionen bei *Luhmann, Niklas/Mayntz, Renate*, Personal, 1973, S. 148.

*Tab. 36: Anforderungen nach Entscheidungsstilen*

| Anforderungen | Alle | Entscheidungsstile | | |
| | | Generalist | sowohl als auch | Experte |
| | % | % | % | % |
|---|---|---|---|---|
| liegen eher vor | 30 | 37 | 23 | 30 |
| teils/teils | 26 | 27 | 28 | 25 |
| eher zu erarbeiten | 44 | 36 | 49 | 45 |
| Summe | 100 | 100 | 100 | 100 |
| N | 277 | 44 | 65 | 167 |

tau b = 0,02 ns

Dieser Zusammenhang verdeutlicht, daß die Führungskräfte zu einem überwiegenden Teil (44%) die passenden Maßstäbe für eine Entscheidung im Sinne normativer Entscheidungsprämissen selbständig zu entwickeln haben. Vermutlich, weil die Experten aufgrund ihrer Problemlösungsschemata grundsätzlich um eine Verbesserung der Informationsbasis bemüht sind, sehen sie sich auch vergleichsweise häufiger veranlaßt (45%), zusätzliche Anforderungen bzw. Maßstäbe für ihre Entscheidungen zu erarbeiten.

*Tab. 37: Schrittabfolge nach Entscheidungsstilen*

| Schrittabfolge | Alle | Entscheidungsstile | | |
| | | Generalist | sowohl als auch | Experte |
| | % | % | % | % |
|---|---|---|---|---|
| geordnete Abfolge | 41 | 32 | 34 | 45 |
| teils/teils | 24 | 34 | 25 | 22 |
| eher durch Umkehren | 35 | 34 | 41 | 34 |
| Summe | 100 | 100 | 100 | 100 |
| N | 276 | 44 | 65 | 167 |

tau b = -0,08 ns

Der folgende Zusammenhang verdeutlich nun auch, daß die Experten im Verhältnis zu den Generalisten zu einer eher geordneten sequentiellen Abfolge von einzelnen Schritten während der Er- und Verarbeitung von Informationen neigen (45%). Ein Rückgriff auf fachliche Informationen und Methoden führt somit zu einem schnelleren Aufbau der Entscheidungssituationen und hat insoweit positive Auswirkungen auf die Proze-ßeffizienz.

Um nun zu einer summarischen Darstellung zu kommen, haben wir aus den Variablen zum Aufbau von Entscheidungssituationen nach der Durchschnittsmethode einen Index „Intensität der Informationsverarbeitung" gebildet.[355]

*Tab. 38: Intensität der Informationsverarbeitung*

| | Intensität der Informationsverarbeitung | |
|---|---|---|
| | Anzahl | % |
| gering | 61 | 22 |
| mittel | 154 | 56 |
| hoch | 60 | 22 |
| Zusammen | 275 | 100 |

Insgesamt betrachtet ist zu erkennen, daß die befragten Führungskräfte ihre Entscheidungssituationen überwiegend selbst aufzubauen haben. Im Vergleich zu der ermittelten Komplexität gegebener Aufgabenstellungen fällt die Komplexität des Informationsverarbeitungsverhaltens jedoch vergleichsweise etwas schwächer aus. Dies läßt sich nun dadurch erklären, daß entsprechend gegebener bürokratischer Arbeitsverhältnisse ein gewisser Grad an Strukturierung bzw. Programmierung der Entscheidungsverhältnisse gegeben ist, somit Aufgabenkomplexität nur als bereits reduzierte Komplexität zum Tragen kommt. Wie bereits dargestellt, ist mit einer nur eingeschränkten Steuerungsfähigkeit, insbesondere im Bereich der prozeßbezogenen Leistungen der Arbeits- und Führungsorganisation zu rechnen, so daß die verbleibende Komplexität durch das individuelle Entscheidungsverhalten der Bediensteten zu kompensieren ist. Wie bereits im einzelnen dargestellt, steuern die jeweiligen Entscheidungsstile dabei die Art und Weise der Er- und Verarbeitung von Informationen bei der Definition von Entscheidungssituationen.

---

355 Vgl. *Laatz, Wilfried*, Methoden, 1993, S. 261 ff.

*Tab. 39: Intensität der Informationsverarbeitung nach Entscheidungsstilen*

| Intensität der Informations-verarbeitung | Alle | Entscheidungsstile | | |
|---|---|---|---|---|
| | | Generalist | sowohl als auch | Experte |
| | % | % | % | % |
| gering | 22 | 25 | 12 | 25 |
| mittel | 56 | 48 | 58 | 58 |
| hoch | 22 | 27 | 30 | 17 |
| Summe | 100 | 100 | 100 | 100 |
| N | 275 | 44 | 65 | 167 |

tau b = -0,11  ns

Im Rahmen eines zusammenfassenden Urteils läßt sich also feststellen, daß Experten und Generalisten ein unterschiedlich komplexes bzw. intensives Informationsverarbeitungsverhalten zeigen. Der Tendenz nach sind es dann die generalistisch orientierten Führungskräfte (27%), die um einen vergleichsweise intensiveren und breiter angelegten Aufbau von Entscheidungssituationen bemüht sind. Ein Einsatz sozialer und politischer Mechanismen und die verstärkte Verfahrensorientierung führt bei den Generalisten quasi zwangsläufig zu einer intensiveren bzw. aufwendigeren Er- und Verarbeitung von Informationen. Anders herum lassen diese Ergebnisse darauf schließen, daß sich der ausschließliche Rückgriff auf fachliche Informationen und Methoden der Experten in einer vergleichsweise geringen Intensität (17%) beim Aufbau von Entscheidungssituationen niederschlägt. Experten sind möglicherweise aufgrund einer differenzierteren Strukturiertheit und Geschlossenheit ihrer „inneren Modelle" zu einer verhältnismäßig selektiveren Erfassung von Entscheidungsbedingungen fähig, so daß sich die Experten zu einem im Vergleich weniger umfassenden und intensiven Aufbau von Entscheidungssituationen aufgefordert sehen.[356]

---

356 Vgl. *Paquette, Laurence/Kida Thomas*, Decision Strategy, 1988, S. 128 ff. und *Schroeder, Harold M./Driver, Michael J./Streufert, Siegfried*, Informationsverarbeitung, 1975, S. 86 ff. sowie *Streufert, Siegfried/Swezey, Robert W.*, Complexity, 1986, S. 88 und *Fink, Wolfgang F.*, Informationsverhalten 1987, S. 271 ff.

### 3.6.3.2 Entscheidungsstile und Entscheidungsanforderungen

Im weiteren geht es nun darum zu prüfen, wie es im Rahmen jeweils definierter Entscheidungssituationen zu einer Ableitung adäquater Lösungen kommt, anders gesagt, welche Kriterien von den Führungskräften als ausschlaggebend angesehen werden, um letztendlich auch zu wirksamen Entscheidungen zu gelangen. Es ist in diesem Zusammenhang davon auszugehen, daß unterschiedliche normative Ansprüche der Führungskräfte wirksam werden, um zu erfolgreichen Entscheidungen zu gelangen. Diese Gütemaßstäbe haben dabei den Charakter von individuell erheblichen Lösungsgeneratoren, die die Führungskräfte bei der schrittweisen Entwicklung von Lösungshypothesen leiten.[357] Ein wesentlicher effektivitätserheblicher Gesichtspunkt ist nun, ob und inwieweit sich die individuellen Entscheidungsanforderungen der Führungskräfte auch unter den jeweils gegebenen organisatorischen Rahmenbedingungen realisieren lassen.

Für unsere weiteren Zwecke ist nun bedeutsam, welche diversen Kriterien von den Führungskräften als erfolgserhebliche Voraussetzung für das Auffinden geeigneter Lösungen angesehen werden, welchen Einfluß unterschiedliche Entscheidungsstile auf die Ausprägung der erhobenen Kriterien nehmen und welche Zusammenhänge letztendlich mit der Art bzw. Intensität der Er- und Verarbeitung von Informationen bestehen.

---

357 Vgl. *Kirsch, Werner*, Entscheidungsprobleme, 1988, S. 65 ff. und *Kirsch, Werner*, Entscheidungsprozesse II, 1977, S. 204 ff.

## Tab. 40: Anforderungen für erfolgreiches Entscheiden

| | eher un- wichtig | teils/ teils | eher sehr wichtig | N |
|---|---|---|---|---|
| **Politische Unterstützung** *Es muß eine hinlängliche Unterstützung durch die politische Spitze der Behörde gegeben sein!* | 44% (121) | 17% (46) | 40% (109) | 100% (276) |
| **Informationsversorgung** *Es muß eine hinlängliche Versorgung und Verarbeitung entscheidungsrelevanter Informationen gegeben sein!* | 5% (15) | 8% (22) | 87% (239) | 100% (276) |
| **Unterstützung durch die Öffentlichkeit** *Es muß eine hinlängliche Unterstützung durch die Öffentlichkeit bzw. durch die betroffenen Bürger gegeben sein!* | 49% (135) | 16% (43) | 35% (98) | 100% (276) |
| **Innerbehördliche Kooperation** *Es muß eine hinlängliche Kooperation mit weiteren Behörden der Landesverwaltung bzw. anderen Verwaltungen gegeben sein!* | 8% (23) | 16% (44) | 76% (208) | 100% (275) |
| **Unterstützung durch politische Gruppierungen** *Es muß eine hinlängliche Unterstützung durch politische Gruppierungen - Parlamentsfraktion, parteipolitische Gremien, Bürgerinitiativen oder Verbände gegeben sein!* | 57% (156) | 20% (56) | 65% (23) | 100% (275) |

Diese Ergebnisse deuten darauf hin, daß für die befragten Führungskräfte höchst unterschiedliche Kriterien für die Ableitung angemessener Problemlösungen von Bedeutung sind. Im folgenden wollen wir untersuchen, inwieweit nun durch die jeweiligen Entscheidungsstile unterschiedliche Anforderungen an eine erfolgreiche Entscheidungsfindung vermittelt werden.

*Tab. 41: Politische Unterstützung nach Entscheidungsstilen*

| Politische Unterstützung | Alle | Entscheidungsstile | | |
| | | Generalist | sowohl als auch | Experte |
| | % | % | % | % |
|---|---|---|---|---|
| eher unwichtig | 44 | 23 | 40 | 51 |
| teils/teils | 17 | 23 | 17 | 15 |
| eher sehr wichtig | 40 | 54 | 43 | 34 |
| Summe | 100 | 100 | 100 | 100 |
| N | 276 | 44 | 65 | 167 |

tau b = -0,17 *

Es zeigt sich, daß nahezu für die Hälfte der befragten Führungskräfte (44%) die Unterstützung durch die politische Spitze der Regierungspräsidien ein wesentliches Mittel zur Ableitung erfolgreicher Entscheidungen darstellt. Für eine fast gleich große Anzahl an Führungskräften (40%) ist eine politische Unterstützung jedoch eher unwichtig für das Auffinden von Lösungswegen. Im Vergleich betrachtet sind es dann die Generalisten, die tendenziell eher auf politische Unterstützungsleistungen zurückgreifen müssen (54%), während sich dieses Kriterium für die Gruppe der Experten als mehr oder weniger irrelevant erweist.

*Tab. 42: Informationsversorgung nach Entscheidungsstilen*

| Informations-versorgung | Alle | Entscheidungsstile | | |
| | | Generalist | sowohl als auch | Experte |
| | % | % | % | % |
|---|---|---|---|---|
| eher unwichtig | 5 | 4 | 4 | 6 |
| teils/teils | 8 | 7 | 11 | 7 |
| eher sehr wichtig | 87 | 89 | 85 | 87 |
| Summe | 100 | 100 | 100 | 100 |
| N | 276 | 44 | 65 | 167 |

tau b = -0,003 ns

Erwartungsgemäß ist die Bereitstellung und Verarbeitung entscheidungsrelevanter Informationen bei nahezu allen befragten Führungskräften ein wesentliches Kriterium, um zu einer Ableitung passender Lösungswege zu kommen (87%). Erst durch ausreichend verfügbare, relevante Informationen ist es den Führungskräften möglich, Entscheidungsprämissen inhaltlich zu präzisieren.[358] Unter Effektivitätsgesichtspunkten dürfte jedoch nicht allein die ausreichende Versorgung mit Informationen bedeutsam sein, sondern mit welcher Intensität verfügbare Informationen nun auch von den Führungskräften nachgefragt werden.[359]

*Tab. 43: Unterstützung durch die Öffentlichkeit nach Entscheidungsstilen*

| Unterstützung durch die Öffentlichkleit | Alle | Entscheidungsstile | | |
|---|---|---|---|---|
| | | Generalist | sowohl als auch | Experte |
| | % | % | % | % |
| eher unwichtig | 49 | 32 | 45 | 55 |
| teils/teils | 16 | 27 | 21 | 10 |
| eher sehr wichtig | 35 | 41 | 34 | 35 |
| Summe | 100 | 100 | 100 | 100 |
| N | 276 | 44 | 65 | 167 |

tau b = -0,11  *

Vergleichsweise geringer wird hingegen die Notwendigkeit von Kooperation und Zustimmung durch die Öffentlichkeit für die Entscheidungsfindung eingeschätzt. Nahezu die Hälfte der Führungskräfte (49%) erachten eine Unterstützung durch betroffene Bürger als eher unwichtig im Hinblick auf eine erfolgreiche Entscheidungsfindung. Aufgrund der Koordinierungs- und Bündelungsfunktion der Mittelinstanz ist die Leistungserstellung überwiegend auf den innerbehördlichen Kontext begrenzt.[360] Im Vergleich betrachtet sind es dann aber wieder die Generalisten, die aufgrund ihrer Problemlösungsschemata eher auf Möglichkeiten einer kooperativen Entscheidungsfindung zurückgreifen wollen (41%),[361] während dieses Kriterium für die Experten weniger relevant ist (55%).

---

358 Vgl. *Geißler, Hartmut*, Fehlentscheidungen, 1986, S. 91.
359 Vgl. *Hauschild, Jürgen/Gemünden, Hans Georg/Grotz-Martin, Silvia/Haidle, Ulf*, Entscheidungen, 1983, S. 224 ff.
360 Vgl. *Stöbe, Sybille/Brandel, Rolf*, Bezirksregierungen, 1996, S. 16.
361 Vgl. *Ritter, Ernst-Hasso*, Kooperativer Staat, 1990, S. 89 ff. und *Stöbe, Sybille/Brandel, Rolf*, Bezirksregierungen, 1996, S. 38 ff.

*Tab. 44: Innerbehördliche Kooperation nach Entscheidungsstilen*

| Innerbehördliche Koopera-tion | Alle | Entscheidungsstile | | |
|---|---|---|---|---|
| | | Generalist | sowohl als auch | Experte |
| | % | % | % | % |
| eher unwichtig | 8 | 5 | 9 | 9 |
| teils/teils | 16 | 16 | 13 | 17 |
| eher sehr wichtig | 76 | 79 | 78 | 74 |
| Summe | 100 | 100 | 100 | 100 |
| N | 275 | 44 | 64 | 167 |

tau b = -0,05 ns

Der überwiegende Teil der befragten Führungskräfte (76%) sieht in einer angemessenen innerbehördlichen Kooperation eine wesentliche Voraussetzung für das Fällen angemessener Entscheidungen. Dieses Ergebnis dürfte nicht zuletzt aus der allgemeinen Koordinierungsfunktion von Mittelinstanzen resultieren.[362] Viele Entscheidungen lassen sich entsprechend nur durch eine Beteiligung weiterer Behörden ableiten, z.B. um entscheidungsrelevante Informationen austauschen zu können und um zu einem angemessenen Interessenausgleich zu gelangen. So verstehen sich Regierungspräsidien auch als Mittler zwischen den Kommunen und der Landesregierung. Insbesondere im Bereich der Wirtschaftsförderung, der Bauplanung und des Umweltschutzes bedarf es des Informationsaustausches und der Kooperation bzw. Koordination mit den betroffenen Institutionen, um zu erfolgreichen Entscheidungen zu kommen.[363]

---

362 Vgl. *Stöbe, Sybille/Brandel, Rolf*, Regierungspräsidien, 1982, S. 200 sowie *Freudenberg, Dierk*, Bezirksregierung 1, S. 234 ff.

363 Vgl. *Schuppert, Gunnar Folke*, Öffentliche Aufgaben, 181, S. 259 ff. sowie *Ritter, Ernst-Hasso*, Kooperativer Staat, 1990, S. 89 ff.

*Tab. 45: Unterstützung durch politische Gruppierungen nach Ent-
scheidungsstilen*

| Unterstützung durch politische Gruppierungen | Alle | Entscheidungsstile | | |
|---|---|---|---|---|
| | | Generalist | sowohl als auch | Experte |
| | % | % | % | % |
| eher unwichtig | 57 | 39 | 52 | 63 |
| teils/teils | 20 | 25 | 22 | 19 |
| eher sehr wichtig | 23 | 36 | 26 | 18 |
| Summe | 100 | 100 | 100 | 100 |
| N | 275 | 44 | 64 | 167 |

tau b = -0,18 *

Die größte Teil der Führungskräfte (57%) betrachtet eine Unterstützung durch politische Gruppierungen als eher unwichtige Bedingung für das Auffinden adäquater Lösungen. Eine Kooperation mit externen Institutionen wird von vielen Führungskräften nicht als entscheidungserhebliche Ressource genutzt. Was dabei die Einflüsse unterschiedlicher Entscheidungsstile anbetrifft, so läßt sich feststellen, daß ein vergleichsweise größerer Anteil der Generalisten (36%) diese Handlungsressource als problemlösungsrelevant erachtet. Da sich ein expertenhafter Entscheidungsstil auf die Er- und Verarbeitung von Informationen und den Einsatz fachlicher Methoden beschränkt, ist für diese Gruppe von Führungskräften dann auch typisch, daß sie weniger der Unterstützung politischer Gruppierungen bedürfen, um zu erfolgreichen Entscheidungen zu gelangen (63%).

Auf der Basis der hier dargestellten Variablen wird im folgenden eine Faktorenanalyse durchgeführt, um zu einer übergeordneten Klassifizierung der von den Führungskräften als bedeutsam angesehenen Anforderungen an eine erfolgreiche Entscheidungsfindung zu kommen. Dabei lassen sich zwei Faktoren extrahieren, die insgesamt 62,2% der Varianz aller einbezogenen Variablen erklären.[364]

---

364 Zur Berechnung von Eigenwerten vgl. *Brosius, Gerhard*, Advanced, 1989, S. 148 ff.

*Faktor 1: Politisch orientierte Entscheidungsanforderungen*
* *Politische Unterstützung*
* *Unterstützung durch die Öffentlichkeit*
* *Unterstützung durch politische Gruppierungen*

*Faktor 2: Fachlich orientierte Entscheidungsanforderungen*
* *Informationsversorgung*
* *Innerbehördliche Kooperation*

Aufgrund dieser Ergebnisse wurde nun anhand aller extrahierten Variablen ein Index „Entscheidungsanforderungen" berechnet. Da die hier verwendeten Merkmale des Faktors 1 mit denen des Faktors 2 jeweils negativ miteinander korrelieren, können wir annehmen, daß diese Variablen die jeweiligen Pole ein und derselben Dimension darstellen. Die einfache Bildung von Durchschittswerten über alle Variablen hinweg gibt uns dann die Möglichkeit, die Entscheidungsanforderungen der Führungskräfte nach politisch orientierten und fachlich orientierten Entscheidungsanforderungen zu gruppieren.[365]

*Tab. 46: Entscheidungsanforderungen*

| | Entscheidungsanforderungen Informati- | |
| | Anzahl | % |
|---|---|---|
| politisch | 33 | 12 |
| teils/teils | 158 | 57 |
| fachlich | 84 | 30 |
| Zusammen | 276 | 100 |

Wie auch schon aus den jeweiligen Einzelverteilungen diesbezüglicher Variablen zu entnehmen ist, zeigt sich im Rahmen einer unbedingten Verteilung, daß sich die befragten Führungskräfte zur Ableitung angemessener Lösungswege vergleichsweise eher an fachlichen bzw. informationsbezogenen statt an politikbezogenen Kriterien orientieren. Diese Verteilung ent-

---

365 Vgl. *Laatz, Wilfried*, Methoden, 1993, S. 261 ff.

spricht ungefähr der bereits dargelegten Verteilung zu den Entscheidungsstilen der befragten Führungskräfte.[366]

*Tab. 47: Entscheidungsanforderungen nach Entscheidungsstilen*

| Entscheidungs-<br>anforderungen | Alle | Entscheidungsstile | | |
|---|---|---|---|---|
| | | Generalist | sowohl als<br>auch | Experte |
| | % | % | % | % |
| politisch | 12 | - | 8 | 3 |
| teils/teils | 57 | 61 | 51 | 32 |
| fachlich | 30 | 39 | 41 | 65 |
| Summe | 100 | 100 | 100 | 100 |
| N | 276 | 44 | 64 | 167 |

tau b = -0,18 *

Im Sinne eines zusammenfassenden Urteils läßt sich an dieser Stelle
festhalten, daß die unterschiedlichen Entscheidungsstile der Führungskräfte
(Experte vs. Generalist) im wesentlichen darüber bestimmen, welche individuell relevanten Anforderungen für eine erfolgreiche Entscheidungsfindung als notwendig erachtet werden. Aus unseren Darstellungen läßt sich
ableiten, daß nur die Gruppe der Experten ausschließlich fachlich orientierte bzw. informationsbezogene Unterstützungsleistungen für die Ableitung adäquater Entscheidungen als wichtig erachtet, während die Generalisten bei ihrer Entscheidungsfindung ebenfalls auf informationsbezogene
Unterstützungen zurückgreifen, das entscheidende Kriterium bei der Auf-
findung von Lösungswegen jedoch in den beschriebenen, sozialen bzw.
politisch orientierten Entscheidungsanforderungen sehen. Aufgrund der
sozialkommunikativen Problemlösungsstrategie der Generalisten liegt der
zentrale Gesichtspunkt erfolgreicher Problemlösungen in der Mobilisierung
von Konsens auf seiten der politischen Spitze der Verwaltung, bei der Öffentlichkeit bzw. den betroffenen Bürgern und auch auf seiten weiterer politischer Gruppierungen, wie z.B. Verbände und Parteien.

---

366 Einem geringen Anteil an Generalisten (16%) steht ein relativ größerer Anteil an
   Experten (60%) gegenüber.

### 3.6.3.3 Entscheidungsanforderungen und Informationsverarbeitungsverhalten

Wie bereits dargestellt, bedingen unterschiedliche Entscheidungsstile der Führungskräfte jeweils verschiedene Anforderungen für eine erfolgversprechende Entscheidungsfindung. Es ist anzunehmen, daß die Art der jeweils benötigten Entscheidungsanforderungen nun auch eine mehr oder weniger ausgeprägte Informationsverarbeitungslast nach sich zieht, die von den Führungskräften zusätzlich zu bewältigen ist. In den weiteren Zusammenhängen soll nun geprüft werden, ob und inwieweit einzelne normative Ansprüche an eine adäquate Ableitung von Entscheidungen auch Auswirkungen auf den Aufbau von Entscheidungssituationen haben.

*Tab. 48: Intensität der Informationsverarbeitung nach Politischer Unterstützung*

| Intensität der Informations-verarbeitung | Alle | Politische Unterstützung | | |
|---|---|---|---|---|
| | | eher un-wichtig | teils/teils | eher sehr wichtig |
| | % | % | % | % |
| gering | 22 | 29 | 20 | 16 |
| mittel | 56 | 58 | 52 | 56 |
| hoch | 22 | 13 | 28 | 28 |
| Summe | 100 | 100 | 100 | 100 |
| N | 275 | 121 | 46 | 109 |

tau b = 0,18  *

Führungskräfte, die ein wesentliches Kriterium für die Findung von Problemlösungen in der Unterstützung durch die politische Spitze der Regierungspräsidien sehen, zeigen ein intensiveres Informationsverarbeitungsverhalten. Eine insbesondere von den Generalisten bevorzugte Abstimmung ihrer Entscheidungen mit den Vorstellungen der politischen Führung erweist sich demgemäß als vergleichsweise aufwendige Strategie.

*Tab. 49: Intensität der Informationsverarbeitung nach Unterstützung durch die Öffentlichkeit*

| Intensität der Informations-verarbeitung | Alle | Unterstützung durch die Öffentlichkeit | | |
| --- | --- | --- | --- | --- |
| | | eher un-wichtig | teils/teils | eher sehr wichtig |
| | % | % | % | % |
| gering | 22 | 32 | 12 | 13 |
| mittel | 56 | 53 | 60 | 58 |
| hoch | 22 | 15 | 28 | 29 |
| Summe | 100 | 100 | 100 | 100 |
| N | 275 | 135 | 43 | 98 |

tau b = 0,21  **

Auch der für die Gruppe der Generalisten typische, zusätzliche Rückgriff auf die Zustimmung bzw. Unterstützung der Öffentlichkeit bzw. betroffener Bürger führt tendenziell zu einer Intensivierung der Informationsverarbeitungsaktivitäten bei den Führungskräften.

*Tab. 50: Intensität der Informationsverarbeitung nach Unterstützung durch politische Gruppierungen*

| Intensität der Informationsverar-beitung | Alle | Unterstützung durch politische Gruppie-rungen | | |
| --- | --- | --- | --- | --- |
| | | eher un-wichtig | teils/teils | eher sehr wichtig |
| | % | % | % | % |
| gering | 22 | 30 | 16 | 6 |
| mittel | 56 | 54 | 52 | 67 |
| hoch | 22 | 16 | 32 | 27 |
| Summe | 100 | 100 | 100 | 100 |
| N | 275 | 156 | 56 | 23 |

tau b = 0,22 ***

Ebenso zeigt sich, daß Führungskräfte, die bei ihrer Entscheidungsfindung vergleichsweise häufiger auf die Absprache und den Konsens mit politischen Gruppierungen zurückgreifen wollen, einen erhöhten Aufwand beim Aufbau ihrer Entscheidungssituationen haben.

Aus diesen Zusammenhängen wird deutlich, daß die aufgrund der Einwirkung unterschiedlicher Entscheidungsstile zugrunde gelegten Anforderungen an ein erfolgreiches Entscheiden zu einem jeweils korrespondierenden Informationsverarbeitungsverhalten führen.[367] Die jeweils verschieden gearteten, normativen Ansprüche an eine adäquate Entscheidungsfindung führen dazu, daß nun auch ein unterschiedlich intensives Informationsverarbeitungsverhalten gezeigt wird, hier also abhängig von den selbst zugrunde gelegten Bedingungen in unterschiedlicher Intensität Handlungsanlässe selbst entwickelt, entscheidungsrelevante Informationen gesucht, ausschlaggebende Maßstäbe der Entscheidung erarbeitet und die Tauglichkeit von Maßnahmen bestimmt werden. Erwartungsgemäß zeigt sich hiermit, daß gerade die Anwendung einer zusätzlichen politischen bzw. sozialkommunikativen Strategie, und damit der Versuch, insbesondere durch Kontakte und Gespräche zu konsensfähigen Entscheidungen zu kommen, quasi zwangsläufig zu einer zunehmenden Informationslast und damit zu einem relativ intensiveren Informationsverarbeitungsverhalten führen muß.

Im Fall einer rein fachlichen bzw. informationsbezogenen Strategie, wie es die Experten bevorzugen, beschränkt man sich auf die Ermittlung eines fachlich geeigneten Mitteleinsatzes, und verzichtet bei der Entwicklung von Problemlösungen weitgehend auf eine Abstimmung mit weiteren Beteiligten. Wie bereits dargelegt, führt dies dann auch dazu, daß die Experten zu einem vergleichsweise schnelleren bzw. effizienteren Aufbau von Entscheidungssituationen gelangen.

Eine Korrelation der beiden Indizes „Entscheidungs-anforderungen" und „Intensität der Informationsverarbeitung" führt zu folgendem zusammenfassenden Ergebnis.

---

367 Ein entsprechender dreidimensionaler Zusammenhang führt aufgrund mangelnder Zellenbesetzungen nicht zu sinnvollen Ergebnissen.

*Tab. 51: Intensität der Informationsverarbeitung nach Entscheidungs-
anforderungen*

| Intensität der Informationsverarbeitung | Alle | Entscheidungsanforderungen | | |
| --- | --- | --- | --- | --- |
| | | politisch | teils/teils | fachlich |
| | % | % | % | % |
| gering | 22 | - | 14 | 30 |
| mittel | 56 | 70 | 54 | 57 |
| hoch | 22 | 30 | 32 | 13 |
| Summe | 100 | 100 | 100 | 100 |
| N | 275 | 33 | 158 | 84 |

tau b = -0,25 ***

Die bisherigen Ausführungen dienten dem Zweck, den Einfluß unterschiedlicher Entscheidungsstile (Experte vs. Generalist) auf das individuelle Entscheidungsverhalten aufzudecken. Korrespondierend zu den Ergebnissen bisheriger Untersuchungen der empirischen Entscheidungsforschung läßt sich auch hier ein entsprechender Zusammenhang feststellen.[368]
So zeichnen sich die Experten durch eine vergleichsweise weniger intensive Er- und Verarbeitung von Informationen beim Aufbau ihrer Entscheidungsverhältnisse aus. Auch wenn dieser Zusammenhang in dieser Arbeit
nicht untersucht werden konnte, so läßt sich einerseits vermuten, daß Experten aufgrund einer komplexeren Strukturiertheit und Differenziertheit
„innerer Modelle" zu einer vergleichsweise erhöhten Prozeßeffizienz beim
Aufbau ihrer Entscheidungssituationen gelangen.[369]

Bei näherer Aufschlüsselung wird aber deutlich, daß hier insbesondere
die unterschiedlichen normativen Ansprüche von Experten und Generalisten bei der Ableitung erfolgreicher Entscheidungen wirksam werden. Im
Rahmen der Ableitung passender Entscheidungen präferieren die Experten
nahezu ausschließlich fachliche Anforderungen, während Generalisten zusätzlich auf sozial-kommunikative bzw. politisch ausgerichtete Mittel der

---

368 Vgl. *Kunt, Raymond G./Krzystofiak, Frank S./Meindl, James R./, Yousrey, Abdalla
M.*, Cognitive Style, 1989 und *Robey, Daniel/Taggart, William*, Human Information Prozessing, 1981 sowie *Henderson, John C./Nutt, Paul G.*, Decision Style,
1980 und *Fink, Wolfgang, F.*, Informationsverhalten, 1987.

369 Vgl. *Schroder, Harold M./Driver, Michael J./Streufert, Siegfried*, Informationsverarbeitung, 1975, S. 86 ff. sowie *Streufert, Siegfried/Swezey, Robert W.*, Complexity, 1986, S. 88 und *Fink, Wolfgang F.*, Informationsverhalten, 1987, S. 271 ff.

Entscheidungsfindung setzen, was zwangsläufig zu einem relativ größeren Aufwand bzw. Intensität beim Informationsverarbeitungsverhalten führen muß.

Das folgende Schaubild verdeutlich nochmals die entsprechenden Ergebnisse der vorliegenden Untersuchung.

*Abb. 18: Entscheidungsstile und Entscheidungsverhalten*

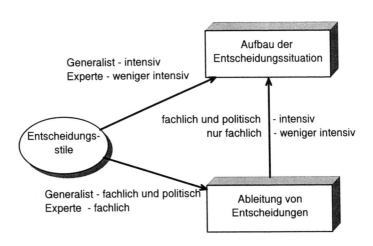

### 3.6.4 Entscheidungsstile und die Leistungswirksamkeit von Entscheidungen

Bislang wurde dargestellt, mit welchem Entscheidungsverhalten die befragten Führungskräfte auf zunehmend komplexe Aufgabenstellungen reagieren. Dabei wurde in dieser Untersuchung festgestellt, daß die unterschiedlichen Entscheidungsstile der Führungskräfte (Experte vs. Generalist) einen Einfluß darauf haben, wie Entscheidungsverhältnisse eingerichtet werden bzw. auf welche Art und Weise dabei Informationen er- und verarbeitet werden und welche individuell erfolgserheblichen Anforderungen im Sinne von Lösungsgeneratoren bei der Ableitung von Entscheidungen zugrunde gelegt werden. Nachdem wir also überprüft haben, wie sich unter den gegebenen Umwelt- bzw. Situationsbedingungen die personellen „Organismus- Größen" gestalten, wollen wir uns jetzt der zentralen Frage

174

zuwenden, welche Auswirkungen sich nun hinsichtlich der „Reaktions-Größen" einstellen, welches Ausmaß an Effektivität bzw. Leistungswirksamkeit von Entscheidungen nun jeweils erreicht wird.

Im folgenden wollen wir uns zunächst mit dem Einfluß der Entscheidungsstile auf eine erste Reaktions- oder Outputgröße, die erreichte Situationskontrolle zuwenden. Dabei soll geprüft werden, inwieweit die Führungskräfte bei Anwendung ihrer Entscheidungsstile das subjektive Empfinden haben, die erfolgserheblichen Bedingungen des Entscheidens kontrollieren zu können.

*Tab. 52: Situationskontrolle nach Entscheidungsstilen*

| Situationskontrolle | Alle | Entscheidungsstile | | |
| | | Generalist | durch-schnittlich | Experte |
| | % | % | % | % |
| liegt nicht vor | 29 | 38 | 28 | 27 |
| teils/teils | 31 | 29 | 33 | 27 |
| liegt vor | 40 | 33 | 39 | 46 |
| Summe | 100 | 100 | 100 | 100 |
| N | 271 | 44 | 64 | 167 |

tau b = 0,06  ns

Was nun den direkten Zusammenhang zwischen Entscheidungsstilen und wahrgenommener Situationskontrolle anbetrifft, so zeigt sich zumindest der Tendenz nach, daß die Führungskräfte mit expertenhaften Orientierungen eine erhöhte Kontrolle ihrer Entscheidungsverhältnisse wahrnehmen. Entsprechend diesem Ergebnis kann grundsätzlich davon ausgegangen werden, daß sich expertenhafte Orientierungen unter den gegebenen Rahmenbedingungen zum Aufbau adäquater Entscheidungsverhältnisse besser durchsetzen lassen. Eine Konzentration auf die Verbesserung der Informationsbasis und die Anwendung spezieller fachlicher Methoden erscheint weniger problematisch, als sich gemäß dem generalistischen Idealbild an den Erwartungen der politischen Führung und den vielfältigen Vorschriften und Regeln der öffentlichen Verwaltung bei der Problemlösung zu orientieren. Es ist zu vermuten, daß diese „Öffnung" der Generalisten zugunsten politischer bzw. sozialer Mechanismen vergleichsweise störanfälliger durch Dritteinflüsse ist, welches sich negativ auf die wahrgenommene Gestaltungsmöglichkeit erfolgserheblicher Größen auswirkt. Es ist

jedoch zu vermuten, daß nicht die Art der Entscheidungsstile direkt, sondern das damit jeweils verbundene Entscheidungsverhalten einen vergleichsweise größeren Einfluß auf die erreichte Situationskontrolle hat. Im
weiteren soll daher analyisert werden, wie sich das durch die verschiedenen Entscheidungsstile vermittelte unterschiedliche Entscheidungsverhalten der Führungskräfte im einzelnen realisieren läßt, inwieweit also ange-
strebte Vorgehensweisen bei der Definition von Entscheidungssituationen
und der Ableitung von Entscheidungen zu einer erhöhten Kontrolle von
Erfolgsvoraussetzungen führen.

Die bisherigen Untersuchungsergebnisse weisen darauf hin, daß die Führungskräfte in öffentlichen Verwaltungen auf die gegebene Aufgabenkomplexität mit einem unterschiedlich intensiven Informationsverarbeitungsverhalten reagieren. Experten sind in der Lage, mit einem vergleichsweise
geringeren Aufwand Handlungsanlässe zu erschließen und entscheidungsrelevante Informationen zu erarbeiten. Darüber hinaus benötigen sie weniger Iterationen durch die Phasen des Entscheidungsprozesses und kommen
zu einer relativ direkten Bestimmung tauglicher Mitteleinsätze.

Betrachtet man nun den Zusammenhang zwischen der Intensität der Informationsverarbeitung und dem erreichten Maß an Situationskontrolle so
zeigt sich der Tendenz nach eine abnehmende Kontrolle erfolgserheblicher
Entscheidungsgrößen, bei einem gleichzeitig zunehmenden Aufwand beim
Aufbau von Entscheidungssituationen.

*Tab. 53: Situationskontrolle nach Intensität der Informationsverarbeitung*

| Situationskontrolle | Alle | Intensität der Informationsverarbeitung | | |
| | | gering | mittel | hoch |
| | % | % | % | % |
|---|---|---|---|---|
| liegt nicht vor | 29 | 29 | 32 | 29 |
| teils/teils | 31 | 27 | 27 | 34 |
| liegt vor | 40 | 44 | 41 | 37 |
| Summe | 100 | 100 | 100 | 100 |
| N | 271 | 61 | 154 | 60 |

tau b = -0,05  ns

Betrachtet man nun diesen Zusammenhang unter Konstanthalten der Entscheidungsstile so ergibt sich folgendes Bild.

*Tab. 54: Situationskontrolle nach Intensität der Informationsverarbeitung unter Konstanthalten der Entscheidungsstile[370]*

| | | Entscheidungsstile | | | |
| | | Generalist | | Experte | |
| | | Intensität der Informationsverarbeitung | | Intensität der Informationsverarbeitung | |
| Situationskontrolle | Alle | gering | hoch | gering | hoch |
| | % | % | % | % | % |
| liegt nicht vor | 29 | 37 | 30 | 29 | 29 |
| teils/teils | 31 | 20 | 30 | 32 | 37 |
| liegt vor | 40 | 43 | 40 | 39 | 34 |
| Summe | 100 | 100 | 100 | 100 | 100 |
| N | 271 | 74 | 30 | 136 | 29 |

Da die Verteilungen in den beiden Teiltabellen weitgehend der Ausgangstabelle entsprechen ist davon auszugehen, daß der wesentliche Einfluß auf die Situationskontrolle nicht von den Entscheidungsstilen, sondern von der Intensität der Informationsverarbeitung ausgeht.

Aufgrund der vorliegenden Untersuchungsergebnisse kann nun auch davon ausgegangen werden, daß die Führungskräfte bei ihrer Entscheidungsfindung von recht unterschiedlichen normativen Ansprüchen an eine erfolgreiche Problembewältigung geleitet werden, welche die Funktion von Lösungsgeneratoren übernehmen. Dabei zeigt sich im einzelnen, daß die Er- und Verarbeitung entscheidungsrelevanter Informationen bei allen Führungskräften zu einer wesentlichen Voraussetzung für das Auffinden passender Lösungswege wird. Während nun die Experten ausschließlich auf das Mittel der Informationsverarbeitung zurückgreifen, setzen die Generalisten bei der Ableitung adäquater Lösungswege zusätzlich auf die Mobilisierung von politischem Konsens seitens der politischen Führung, der betroffenen Bürger und weiterer politischer Gruppierungen.

---

370 Zum Zwecke der verbesserten Darstellung wurden die Variablen Intensität der Informationsverarbeitung und Entscheidungsstile dichotomisiert.

Aus funktionaler Perspektive ist nun bedeutsam, inwieweit sich diese individuellen Strategien einer aufgabengerechten Entscheidungsfindung nun auch unter den spezifischen Rahmenbedingungen der öffentlichen Verwaltung realisieren lassen, ob sich also gemäß den eigenen Anforderungen auch eine ausreichende Kontrolle der Erfolgsbedingungen erzielen läßt.

*Tab. 55: Situationskontrolle nach Entscheidungsanforderungen*

| Situationskontrolle | Alle | Entscheidungsanforderungen | | |
| | | politisch | teils/teils | fachlich |
| | % | % | % | % |
| liegt nicht vor | 29 | 40 | 33 | 27 |
| teils/teils | 31 | 30 | 34 | 29 |
| liegt vor | 40 | 30 | 33 | 44 |
| Summe | 100 | 100 | 100 | 100 |
| N | 271 | 33 | 158 | 84 |

tau b = 0,11  ns

Auch wenn es sich hierbei nicht schon um einen signifikanten Zusammenhang handelt, so wird zumindest der Tendenz nach deutlich, daß fachlich orientierte bzw. informationsbezogene Strategien der Entscheidungsfindung, bei denen es lediglich um die Ermittlung eines fachlich adäquaten Mitteleinsatzes geht, zu einem vergleichsweise höheren Maß an Situationskontrolle führen. Im Gegensatz dazu bereitet die Anwendung von kommunikations- bzw. politikorientierten Strategien der Ableitung von Entscheidungen größere Probleme. Die auftretenden Schwierigkeiten bei der Mobilisierung von Konsens hinsichtlich anzustrebender Ziele und denkbarer Mitteleinsätze unter einer Vielzahl an Beteiligten, reduziert das subjektive Empfinden von Gestaltbarkeit bzw. Kontrollierbarkeit entscheidungserheblicher Größen.

Zur näheren Aufschlüsselung wird im folgenden eine dreidimensionale Analyse dieses Zusammenhanges unter Einbeziehung des Einflusses unterschiedlicher Entscheidungsstile durchgeführt.

*Tab. 56: Situationskontrolle nach Entscheidungsanforderungen unter Konstanthalten der Entscheidungsstile[371]*

| Situationskontrolle | Alle | Entscheidungsstile | | | |
| | | Generalist | | Experte | |
| | | Entscheidungs-anforderungen | | Entscheidungs-anforderungen | |
| | | poli-tisch | fachlich | poli-tisch | fachlich |
| | % | % | % | % | % |
| liegt nicht vor | 29 | 30 | 35 | 37 | 23 |
| teils/teils | 31 | 33 | 20 | 34 | 33 |
| liegt vor | 40 | 37 | 45 | 29 | 44 |
| Summe | 100 | 100 | 100 | 100 | 100 |
| N | 271 | 63 | 40 | 59 | 107 |

Betrachtet man den Einfluß der Entscheidungsanforderungen auf die Situationskontrolle unter Konstanthalten der Entscheidungsstile, so zeigt sich, daß die Verteilungen der beiden Teiltabellen weitgehend der Ausgangstabelle entsprechen[372] und kaum voneinander abweichen. Somit können wir davon ausgehen, daß der dominierende Einfluß auf die erreichte Situationskontrolle von den jeweils zugrunde gelegten Anforderungen an ein adäquates Problemlösen ausgeht.

Von den Entscheidungsstilen und den von uns erhobenen Variablen zum Entscheidungsverhalten ist nun kein direkter Einfluß auf die objektiv erreichte Arbeitsleistung festzustellen. Allerdings haben wir bereits über einen vergleichsweise starken Zusammenhang ermittelt, daß die Situationskontrolle als vermittelnde Größe zur Qualität der erbrachten Arbeitsleistungen fungiert.

---

371 Zum Zwecke der verbesserten Darstellung wurden die Variablen Entscheidungsanforderungen und Entscheidungsstile dichotomisiert.
372 Vgl. Tab. 55.

### 3.6.5 Entscheidungsstile und die Leistungswirksamkeit von Entscheidungen unter Berücksichtigung der Aufgaben-komplexität

Im folgenden wollen wir nun überprüfen, wie sich der Einfluß personeller „Organismus-Größen" auf die Leistungswirksamkeit von Entscheidungen unter dem zusätzlichen Einfluß unserer „Umwelt- bzw. Situations-Variablen", der Komplexität gegebener Aufgabenstellungen auswirkt. Bislang konnten wir feststellen, daß zwar eine erhöhte Aufgabenkomplexität zu einer Abnahme der Situationskontrolle führt, sich insgesamt betrachtet jedoch eine erhöhte Qualität objektiv erreichter Arbeitsleistungen einstellt. Entsprechend unseren konzeptionellen Annahmen gehen wir davon aus, daß hierbei der vermittelnde Einfluß personeller „Organismus-Größen" wirksam wird. In diesem Zusammenhang haben wir bereits ermittelt, daß die Entscheidungsstile darüber bestimmen, mit welcher Informationsverarbeitungsintensität Entscheidungssituationen aufgebaut werden und welche kritischen Anforderungen jeweils bei der Ableitung von Entscheidungen zugrunde gelegt werden. Je nach Art des gezeigten Entscheidungsverhaltens stellt sich nun ein angemessenes Maß an Situationskontrolle und darüber vermittelt auch eine entsprechende Höhe der Qualität der Arbeitsleistungen ein. Wir wollen nun untersuchen, welche Bedeutung die jeweilige Aufgabenkomplexität im Rahmen dieser Zusammenhänge hat. Zunächst gilt es dabei zu überprüfen, wie sich der Zusammenhang zwischen Entscheidungsstilen und der Kontrolle entscheidungserheblicher Faktoren unter dem zusätzlichen Einfluß der Aufgabenkomplexität darstellt.[373]

---

373 Zum Zwecke der verbesserten Darstellung wurden die Variablen Aufgabenkomplexität, Intensität der Informationsverarbeitung, Entscheidungsanforderungen und Entscheidungsstile dichotomisiert.

*Tab. 57: Situationskontrolle nach Entscheidungsstilen unter Konstant-
halten der Aufgabenkomplexität*

| | | Aufgabenkomplexität | | | |
| | | gering | | hoch | |
| | | Entscheidungsstile | | Entscheidungsstile | |
| Situationskontrolle | Alle | Generalist | Experte | Generalist | Experte |
| | % | % | % | % | % |
|---|---|---|---|---|---|
| liegt nicht vor | 29 | 26 | 26 | 34 | 29 |
| teils/teils | 31 | 36 | 28 | 29 | 32 |
| liegt vor | 40 | 38 | 46 | 37 | 39 |
| Summe | 100 | 100 | 100 | 100 | 100 |
| N | 271 | 35 | 54 | 70 | 111 |

Die Verteilungen der beiden Teiltabellen entsprechen weitgehend der
Ausgangstabelle[374] und weichen kaum voneinander ab. Somit können wir
einerseits davon ausgehen, daß unabhängig vom Einfluß gegebener Aufgabenkomplexität, ein expertenhafter Entscheidungsstil zu einer verbesserten
Kontrolle entscheidungserheblicher Bedingungen führt. Andererseits weisen diese Ergebnisse auf eine differenziertere Bestätigung unserer Aus-
gangshypothese hin. So führt nicht erst eine erhöhte Aufgabenkomplexität,
sondern zu einem Gutteil bereits die schon prinzipiell große Unbestimmtheit nicht-marktlicher Entscheidungsverhältnisse zu den Leistungsvorteilen
des Experten.

Zu einem ähnlichen Resultat kommen wir bei der Analyse des Zusammenhanges zwischen der Intensität der Informationsverarbeitung und Situationskontrolle unter Konstanthalten der Aufgabenkomplexität.

---

374 Vgl. Tab. 52.

*Tab. 58: Situationskontrolle nach Intensität der Informationsverarbeitung unter Konstanthalten der Aufgabenkomplexität*

| | | Aufgabenkomplexität | | | |
| | | gering | | hoch | |
| | | Intensität der In- formationsver- arbeitung | | Intensität der In- formationsver- arbeitung | |
| Situationskontrolle | Alle | gering | hoch | gering | hoch |
| | % | % | % | % | % |
| liegt nicht vor | 29 | 28 | 24 | 29 | 37 |
| teils/teils | 31 | 28 | 39 | 34 | 30 |
| liegt vor | 40 | 43 | 37 | 37 | 33 |
| Summe | 100 | 100 | 100 | 100 | 100 |
| N | 271 | 74 | 15 | 136 | 43 |

Auch hier kommt es zu einer überwiegenden Übereinstimmung zwischen den Verteilungen in den Teiltabellen und der Ausgangstabelle.[375] Entsprechend ist der Einfluß der Intensität des Informationsverarbeitungsverhaltens auf die erreichte Höhe der Situationskontrolle unabhängig von der Höhe der gegebenen Aufgabenkomplexität. Auch unter dem Einfluß hoher Aufgabenkomplexität führt ein erhöhter Informationsverarbeitungsaufwand zu einer leicht abnehmenden Kontrolle entscheidungserheblicher Bedingungen.

---

375 Vgl. Tab. 53.

*Tab. 59: Situationskontrolle nach Entscheidungsanforderungen unter Konstanthalten der Aufgabenkomplexität*

| | | Aufgabenkomplexität | | | |
| | | Gering | | hoch | |
| | | Entscheidungs-anforderungen | | Entscheidungs-anforderungen | |
| Situationskontrolle | Alle | poli-tisch | Fachlich | poli-tisch | fachlich |
| | % | % | % | % | % |
| liegt nicht vor | 29 | 27 | 26 | 36 | 26 |
| teils/teils | 31 | 27 | 28 | 36 | 30 |
| liegt vor | 40 | 47 | 46 | 28 | 44 |
| Summe | 100 | 100 | 100 | 100 | 100 |
| N | 271 | 30 | 57 | 92 | 89 |

Dieser Zusammenhang weist auf einen Interaktionseffekt der Variablen Aufgabenkomplexität hin.[376] Aus einem Vergleich der beiden Teiltabellen ergibt sich, daß sich gerade unter der Bedingung hoher Aufgabenkomplexität eine Beschränkung auf fachlich orientierte Entscheidungsanforderungen positiv auf die erreichte Situationskontrolle auswirkt. Unter zunehmender Unbestimmtheit in den Anlässen, Bedingungen und Mitteln des Entscheidens dürften sich politische bzw. soziale Strategien der Abstimmung und Konsensfindung unverhältnismäßig schwer verwirklichen lassen, was bei den Führungskräften letztendlich Kontrollverlust und damit auch Leistungsdefizite zur Folge hat.

Aufgrund der bisherigen Ergebnisse läßt sich somit festhalten, daß die Experten aufgrund ihrer Problemlösungsschemata zu einem effizienteren Aufbau ihrer Entscheidungssituationen gelangen, und sich bei der Ableitung angemessener Lösungen weitgehend auf fachlich orientierte Entscheidungsanforderungen beschränken. Auf diesem Wege vermögen die Experten eher, die schon grundsätzlich gegebene Unbestimmtheit nichtmarktlicher Entscheidungsbedingungen angemessen zu handhaben. Unter der zusätzlichen Bedingung komplexer Aufgabenstellungen sind die Experten schließlich besser in der Lage, ein passendes Entscheidungsverhalten zu realisieren („fit"). Entsprechend lassen sich von den Experten also auch die erfolgserheblichen Bedingungen des Entscheidens besser kontrol-

---

376 Vgl. *Laatz, Wilfried,* Methoden, 1993, S.494.

lieren, was letztendlich eine erhöhte Qualität der Arbeitsleistungen zur Folge hat. Die Generalisten greifen im Rahmen ihrer Entscheidungsfindung zusätzlich auf politisch orientierte Entscheidungsanforderungen zurück, und bedürfen zum Aufbau ihrer Entscheidungssituationen eines relativ intensiveren Informationsverarbeitungsverhaltens. Da sich ein derartiges Entscheidungsverhalten offensichtlich schlechter realisieren läßt, erreichen sie auch eine geringere Situationskontrolle und darüber vermittelt auch eine geringere Qualität ihrer erbrachten Arbeitsleistungen.

*Abb. 19: Aufgabenkomplexität, Entscheidungsstile und Leistungswirksamkeit von Entscheidungen*

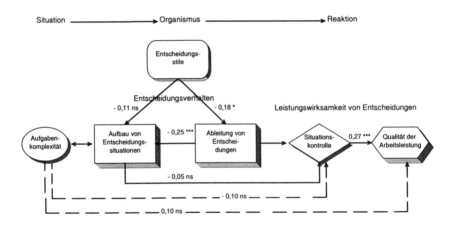

### 3.6.6 Entscheidungsstile und die Leistungswirksamkeit von Entscheidungen unter Berücksichtigung der Qualität der Arbeits- und Führungsorganisation

Im folgenden wollen wir nun eine zusätzliche Betrachtung der strukturellen „Organismus-Größen" vornehmen. Dabei wollen wir untersuchen, ob und inwieweit die Ausgestaltung der übergeordneten Arbeits- und Führungsorganisation ein jeweils passendes bzw. komplexitätsgerechtes Entscheidungsverhalten der Führungskräfte überhaupt ermöglicht. Bisher haben wir festgestellt, daß die Ausgestaltung der Arbeits- und Führungsorganisation prinzipiell einen Einfluß auf die erreichte Situationskontrolle und auch auf die Qualität der Arbeitsleistung hat, wobei die prozessualen Unterstützungsleistungen, wie z.b. hinreichend schnelle Entscheidungswege, ständige Rückmeldungen und Leistungsbewertungen durch die politische Spitze, einen tendenziell stärkeren Einfluß auf das Entscheidungsergebnis nehmen. Die strukturellen Leistungen, so z.B. eine angemessene Aufgaben- und Zuständigkeitsverteilung und eine ausreichende Abstimmung unter den Einheiten, werden von den Führungskräften als relativ positiv bewertet. Defizite werden allerdings bei den Prozeßleistungen wahrgenommen. Wir haben bereits ermittelt, daß durch die jeweiligen Problemlösungsschemata der Entscheidungsstile unterschiedliche Anforderungen für das Auffinden problembewältigender Lösungswege vorgegeben werden. Während die Experten dabei lediglich auf eine Verbesserung der Informationsbasis abstellen, sehen die Generalisten das wesentliche Mittel der Entscheidungsfällung zusätzlich in der Mobilisierung von Konsens mit der politischen Spitze, der weiteren Öffentlichkeit und auch einzelner politischer Gruppierungen. Die Ausgestaltung der Arbeits- und Führungsorganisation dürfte nun wesentlich dafür verantwortlich sein, inwieweit nun die jeweiligen Entscheidungsanforderungen der Führungskräfte auch erfüllt werden und sich somit ein anforderungsgerechtes Entscheidungsverhalten realisieren läßt. Zur Prüfung dieser Zusammenhänge wird eine dreidimensionale Analyse des Einflusses individuell veranschlagter Entscheidungsanforderungen auf die empfundene Situationskontrolle unter Berücksichtigung des Einflusses organisatorischer Rahmenbedingungen durchgeführt.

*Tab. 60: Situationskontrolle nach Entscheidungsanforderungen*
*unter Konstanthalten der Qualität der Organisations*
*struktur*

| Situations-kontrolle | Alle | Qualität der Organisationsstruktur | | | | | |
|---|---|---|---|---|---|---|---|
| | | gering | | mittel | | hoch | |
| | | Entscheidungs-anforderungen | | Entscheidungs-anforderungen | | Entscheidungs-anforderungen | |
| | | poli-tisch | fachlich | poli-tisch | fachlich | poli-tisch | fachlich |
| | % | % | % | % | % | % | % |
| liegt nicht vor | 29 | 78 | 20 | 47 | 35 | 23 | 23 |
| teils/teils | 31 | 22 | 30 | 41 | 38 | 32 | 25 |
| liegt vor | 40 | - | 50 | 12 | 27 | 45 | 53 |
| Summe | 100 | 100 | 100 | 100 | 100 | 100 | 100 |
| N | 271 | 9 | 10 | 32 | 45 | 81 | 92 |

Aus diesen Verteilungen wird ein interaktiver Einfluß der Qualität der Strukturleistung deutlich. Es ist erkennbar, daß unzureichende Strukturierungsleistungen der Arbeits- und Führungsorganisation dafür verantwortlich sind, daß es gerade im Fall politisch orientierter Entscheidungsanforderungen zu einem abnehmenden Maß an Situationskontrolle kommt (47% und 78%). Eine eindeutige Aufgaben- und Kompetenzverteilung, die Gewährung von Unterstützung durch die politische Spitze und eine angemessene Koordination unter den beteiligten Einheiten ist demnach eine wichtige Voraussetzung, um über eine Strategie der Konsensbildung zu angemessenen Entscheidungen zu gelangen. Umgekehrt betrachtet, bedingt die Anwendung einer ausschließlich fachlich orientierten bzw. informationsbezogenen Strategie eine vergleichsweise geringe Abhängigkeit von der Leistungsfähigkeit der Arbeits- und Führungsorganisation in der öffentlichen Verwaltung. Gleichzeitig muß allerdings auch bedacht werden, daß diese technokratische Begrenzung auf ausschließlich fachliche Aspekte der Entscheidungsfindung eine Selbstbeschränkung der Experten darstellt, also in diesem Fall womöglich nur unzureichend der Versuch unternommen wird, auf zusätzliche strukturelle Unterstützungsleistungen der Arbeits- und Führungsorganisation zurückzugreifen.

Eine Berücksichtigung prozeßbezogener Einflüsse der Qualität der Arbeits- und Führungsorganisation führt nun zu folgenden Ergebnissen.

Tab. 61: *Situationskontrolle nach Entscheidungsanforderungen unter Konstanthalten der Qualität der Organisationsprozesse*

| Situationskontrolle | Alle | Qualität der Organisationsprozesse | | | | | |
| --- | --- | --- | --- | --- | --- | --- | --- |
| | | gering | | mittel | | hoch | |
| | | Entscheidungs-anforderungen | | Entscheidungs-anforderungen | | Entscheidungs-anforderungen | |
| | | poli-tisch | fachlich | poli-tisch | fachlich | poli-tisch | fachlich |
| | % | % | % | % | % | % | % |
| liegt nicht vor | 29 | 44 | 37 | 29 | 14 | 13 | 7 |
| teils/teils | 31 | 34 | 30 | 31 | 33 | 33 | 14 |
| liegt vor | 40 | 22 | 33 | 40 | 53 | 53 | 79 |
| Summe | 100 | 100 | 100 | 100 | 100 | 100 | 100 |
| N | 271 | 55 | 83 | 51 | 48 | 15 | 14 |

Auch in diesem Fall ist davon auszugehen, daß leistungserhebliche Probleme nicht allein aus der Art der unterschiedlichen Entscheidungsanforderungen, sondern vielmehr aus dem Zusammenspiel bzw. der jeweiligen Passung von Entscheidungsanforderungen und organisatorischen Ermöglichungsbedingungen resultieren. Im einzelnen wird in diesem Zusammenhang deutlich, daß unzureichend wahrgenommene Prozeßsteuerungsleistungen, wie die Rückmeldung von Leistungsergebnissen und die Gewährung von Anerkennung durch die politische Spitze sowie die Geschwindigkeit der Entscheidungsprozesse im Regierungspräsidium generell zu einem individuell empfundenen Kontrollverlust hinsichtlich leistungsrelevanter Größen bei den Bediensteten führt. Allerdings zeigt sich hier kein wesentlicher Unterschied zwischen politisch und fachlich orientierten Anforderungen bei der Ableitung von Entscheidungen (44% zu 37%). Von den störenden Einflüssen prozeßbezogener Regelungen der Arbeits- und Führungssituation dürften demnach sowohl Generalisten als auch Experten gleichermaßen betroffen sein.

Der funktionale Vorteil bei der Verfolgung einer ausschließlich fachlich- bzw. informationsbezogenen Strategie der Entscheidungsfindung, wie sie die Experten bevorzugen, scheint damit im wesentlichen in der relativen Unabhängigkeit vom Kontext defizitärer Steuerungsleistungen der Arbeits- und Führungssituation begründet zu sein. Anders gesagt, ist ein ausschließlicher Rückgriff bzw. eine Beschränkung auf informationsbezogene

Anforderungen bei der Ableitung von Entscheidungen weniger störanfällig gegenüber Einflüssen der Arbeits- und Führungsorganisation. Diese Selbstbeschränkung der Experten erweist sich zumindest in dieser Hinsicht als relativ vorteilhaft, da aus diesem Umstand eine vergleichsweise bessere Möglichkeit der Kontrolle leistungserheblicher Faktoren resultiert, was letztendlich eine vergleichsweise hohe Qualität erreichter Arbeitsergebnisse zur Folge hat.

### 3.7 Art der Bestätigung

Wie schon in einigen anderen verwaltungswissenschaftlichen Arbeiten,[377] wird in dieser Untersuchung die Frage der Bedeutung des Personals bei der Steuerung von Leistungsprozessen aufgegriffen. Diese Arbeit konzentriert sich dann auf den zentralen Gesichtspunkt, welche Bedeutung unterschiedliche individuelle Entscheidungsstile im Rahmen der Aufgabenerledigung haben. Diese Fragestellung wird dabei vor dem Hintergrund der sich verändernden Entscheidungsverhältnisse im Rahmen des für die öffentliche Verwaltung typischen Aufgaben- und Funktionenwandels behandelt. Im Rahmen der Prüfung unserer Zusammenhänge haben wir uns an den Vorgaben des Stimulus-Organismus-Reaktions-Paradigmas orientiert. Dementsprechend resultiert das Entscheidungsergebnis nicht schon in direkter bzw. linearer Art und Weise aus den objektiv gegebenen Umwelteinflüssen, sondern aus der Wechselwirkung von „Organismus-Größen" und weiteren „Umwelt- oder Situations-Größen".

Aufgrund der vorliegenden Untersuchungsergebnisse läßt sich die von uns formulierte Hypothese bestätigen, daß die individuellen Entscheidungsstile eine zentrale Erfolgsbedingung leistungswirksamen Entscheidens darstellen. Unter den veränderten, komplexen Aufgabenbedingungen sind es dann die Experten, denen eine relativ bessere Anpassung ihres Entscheidungsverhaltens an gegebene Entscheidungsverhältnisse gelingt („fit") und die somit ein vergleichsweise höheres Maß an Situationskontrolle erreichen und darüber vermittelt auch zu einer verbesserten Qualität

---

377 Vgl. hierzu bsw. *Mayntz, Renate/Scharpf, Fritz W.*, Policy-Making, 1975, S. 100 ff. sowie *Scharpf, Fritz W.*, Interessenlage, 1983, S. 116, *Grunow, Dieter*, Bürgernähe, 1982, S. 237-253, *Steinkemper, Bärbel*, Bürokraten, 1975, S. 14 ff., *Koch, Rainer*, Entscheidungsunterstützung, 1992, S. 26 ff., *Koch, Rainer*, Erfolgsbedingungen, 1993, S. 509 ff.

ihrer Arbeitsergebnisse gelangen.[378] Die Ergebnisse dieser Untersuchung weisen darüber hinaus auf eine differenziertere Bestätigung unserer Hypothese hin. So führt nicht erst eine erhöhte Aufgabenkomplexität, sondern zu einem gewissen Teil auch schon die prinzipiell große Unbestimmtheit nicht-marktlicher Entscheidungsverhältnisse zu Leistungsvorteilen des Experten.

Die These von der Vorteilhaftigkeit expertenhafter Entscheidungsstile muß jedoch relativiert werden, wenn man die ursächlichen Bedingungen dabei mitberücksichtigt. So beschränken sich die Experten im Rahmen ihres Entscheidungsverhaltens auf die Anwendung fachwissenschaftlicher Methoden und sehen ein wesentliches Mittel zur erfolgreichen Entscheidungsfindung in der Verbesserung der Informationsbasis. Die Generalisten hingegen versuchen, Entscheidungen zusätzlich über die Steuerung eines Netzes einer Vielzahl an Beteiligten herbeizuführen, was sich letztendlich auch in einem vergleichsweise größeren Aufwand bei der Informationser- und -verarbeitung niederschlägt. Unter der Bedingung einer zunehmenden Bedeutung kooperativer Steuerungsstrategien, wie z.B. im Bereich der Bauplanung, der regionalen Wirtschaftsförderung und im Umweltschutz, haben die Führungskräfte im Rahmen ihrer Entscheidungsfindung die vielfältigen Interessen und Belange unterschiedlicher Beteiligter zu berücksichtigen und abzuwägen und einen angemessenen Konsens herbeizuführen.[379] Im Rahmen dieser Entwicklungen könnte die Selbstbeschränkung der Experten auf den Aspekt der Informationsverarbeitung und die Anwendung fachlicher Methoden nicht mehr ausreichend sein, um zu einer angemessenen Aufgabenerledigung zu kommen. Hier dürfte dann gerade die generalistische Strategie der Konsensmobilisierung zu besseren Ergebnissen führen.

Gleichermaßen weisen unsere Untersuchungsergebnisse auch darauf hin, daß der relative Effektivitätsverlust der Generalisten aus den Defiziten der übergeordneten Arbeits- und Führungsorganisation resultiert. So werden den Generalisten nicht die notwendigen, organisatorischen Ermöglichungsbedingungen zur Durchsetzung ihres politisch-kommunikativen Problemlöseverhaltens bereitgestellt. Entsprechend unseren Untersu-

---

[378] Vgl. hier auch die Egebnisse der Work-Activity-Forschung bei *Schirmer, Frank,* Work-Activity, 1991, S.205 ff.

[379] Vgl. *Ritter, Ernst-Hasso,* Kooperativer Staat, 1990, S. 89 ff. sowie *Ladeur, Karl-Heinz,* Abwägung, 1985, S. 19 ff. und *Schuppert, Gunnar-Folke,* Steuerung, 1993, S. 103 ff.

chungsergebnissen wird eine Strategie der Beteiligung und Konsensbildung insbesondere durch eine unzureichende Aufgaben- und Zuständigkeitsverteilung, eine geringe politische Unterstützung und durch eine mangelnde Koordination unter den einzelnen Einheiten behindert.

Aufgrund dieser Überlegungen stellt sich zunächst die Frage, ob nicht die organisatorischen Rahmenbedingungen selbst zum Gegenstand von Reformbemühungen gemacht werden sollten, um eine angemessene Unterstützung des individuellen Entscheidungsverhaltens der Führungskräfte gewährleisten zu können. Ein Ansatzpunkt könnte dabei in der Weiterentwicklung eines übergreifenden Verwaltungscontrollings liegen.[380] So könnte z.B. eine Erhöhung der Kommunikationsdichte, ein Einbau von Feed-back-Möglichkeiten zur Verwaltungsspitze und eine erweiterte Koordination von Teilentscheidungen zu einer verbesserten Strukturierung und Steuerung von Entscheidungsprozessen beitragen.

Aufgrund der vorliegenden Untersuchungsergebnisse läßt sich also die These von relativer Vorteilhaftigkeit expertenhafter Entscheidungsstile nur unter der Berücksichtigung der gegebenen organisatorischen Rahmenbedingungen in der öffentlichen Verwaltung aufrechterhalten. Der wesentliche Erkenntnisbeitrag dieser Untersuchung liegt in der Darlegung der funktionalen Bedeutung von Entscheidungsstilen für eine erfolgreiche Leistungserbringung unter den Bedingungen nicht-marktlicher Entscheidungsbedingungen und zunehmend komplexer Aufgabenstellungen in der öffentlichen Verwaltung.

---

380 Vgl. *Koch, Rainer*, Entscheidungsunterstützung, 1992, S. 50 ff.

*Abb. 20: Bedingungen leistungswirksamen Entscheidens*

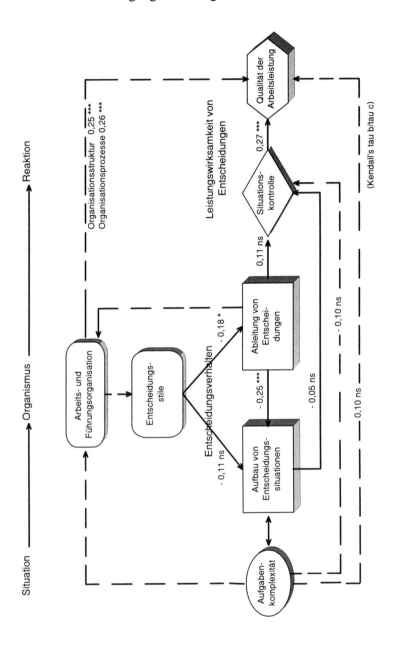

# Kapitel 4

## Entscheidungsstile als Ansatzpunkt für Verwaltungsreformen

Die heutige Verwaltungswissenschaft versteht sich in erster Linie als Verwaltungsreformlehre. Entsprechend hat die Verwaltungswissenschaft nicht nur erfahrungswissenschaftliche, sondern auch rationalwissenschaftliche und normativwissenschaftliche Erkenntnisinteressen.[381] Neben der Beschreibung und Erklärung von verwaltungsrelevanten Zusammenhängen versucht die Verwaltungswissenschaft zunehmend Vorschläge zur Bessergestaltung von Leistungsprozessen zu entwickeln. In dieser Hinsicht ist es dann auch typisch, den Gegenstand unter dem zentralen Aspekt der Effizienz- und Effektivitätssteigerung zu erfassen. In diesem Zusammenhang kann auf unterschiedliche Reformbemühungen[382] bis hin zu jüngeren Ansätzen der Verwaltungsmodernisierung verwiesen werden.[383]

Bekanntlich liegt das übergeordnete Ziel unserer Untersuchung in dem Versuch, einen Beitrag zu einer praktisch-normativen Theorie des Entscheidungsverhaltens von Führungskräften in öffentlichen Verwaltungen zu entwickeln. Die Untersuchung dient dabei allerdings nicht nur der Bestimmung und der Erklärung der Effektivität des Entscheidungsverhaltens, sondern basierend auf den ermittelten empirisch-analytischen Zusammenhängen geht es entsprechend unserer weiteren Zielsetzung in dieser Untersuchung auch darum, Gestaltungsempfehlungen für eine Reform des Verwaltungsmanagements abzuleiten.[384] Genauer gesagt wollen wir im folgenden erörtern, inwieweit die vorliegenden Untersuchungsergebnisse zum Entscheidungsverhalten von Führungskräften in praktischer Hinsicht für eine Reform des Personalmanagements nutzbar gemacht werden können.

---

381 Vgl. *König, Klaus*, System, 1981, S. 404 und *König, Klaus,* Erkenntnisinteressen, S. 53 ff. 1970 sowie *Koch, Rainer*, Perspektive, 1987, S.14 ff.

382 Vgl. die Darstellungen zu unterschiedlichen Reformansätzen bei *Scharpf, Fritz,* Institutionelle Reform, 1987, S. 111 ff. sowie *Derlien, Hans-Ulrich*, Bureaucracy, 1996, S. 145 ff. sowie *Seibel, Wolfgang,* Verwaltungsreformen, 1996/97, S. 87 ff.

383 Vgl. *König, Klaus/Beck, Joachim,* Modernisierung, 1997 und *Röber, Manfred,* Modernisierungsdebatte, 1996, S. 98 ff.

384 Vgl. *Hoffmann, Friedrich,* Organisationsforschung, 1976, S. 18 sowie *Kirsch, Werner*, Verhaltenswissenschaftliche Fundierung, 1979, S. 111 ff..

## 4.1 Entscheidungsstile als Schlüsselqualifikationen

Die besonderen Merkmale öffentlicher Aufgaben und die Einflüsse eines wohlfahrtsstaatlich bedingten Aufgaben- und Funktionenwandels führen im Bereich öffentlicher Verwaltungen zu einer erhöhten Problem- und Aufgabenkomplexität.[385] Trotz diverser Anpassungen unterschiedlicher Strukturgrößen verbleibt gleichwohl eine zunehmende Informationsverarbeitungslast, die von den Führungskräften im Rahmen der Aufgabenerledigung zu bewältigen ist. Unter den zunehmend offenen Entscheidungsvehältnissen entwickeln sich die Führungskräfte zu einem effizienz- bzw. effektivitätserheblichen Einflußfaktor.[386] Aufgrund der gegebenen Anpassungszwänge versucht man, im Rahmen unterschiedlicher Reformmaßnahmen nun auch zu einer Verbesserung des Personalfaktors zu kommen.[387] Beispielhaft soll an dieser Stelle nur auf die Einführung analytischer Dienstpostenbewertungen, die Weiterentwicklung von Beurteilungsinstrumenten, die Einführung von Führungsfunktionen auf Zeit sowie auf verschiedene Fortbildungsmaßnahmen von Spitzenführungskräften hingewiesen werden.[388] Der springende Punkt ist nun allerdings, daß im Rahmen dieser und weiterer Reformbemühungen bislang kaum auf systematisches Wissen zum Einfluß des Personals auf die Effektivität der Leistungserstellung zurückgegriffen werden kann.[389] Die Ergebnisse der vorliegenden empirisch-systematischen Untersuchung liefern nun einen Beitrag zur Schließung dieser Erkenntnislücke. In unserer Untersuchung haben wir festgestellt, daß die von uns erhobenen Entscheidungsstile von Experten und Generalisten einen wesentlichen Einfluß auf die Wirksamkeit der öffentlichen Leistungserstellung haben. Im folgenden wollen wir nun der Frage nachgehen, wie sich diese Erkenntnisse für eine Weiterentwicklung des Personalmanagements in der öffentlichen Verwaltung verwenden lassen.

Im Hinblick auf eine praktische Verwertung unserer Untersuchungsergebnisse geht es zunächst einmal um formale Gesichtspunkte der Trans-

---

385 Vgl. *Böhret, Carl/Klages, Helmut/Reinermann, Heinrich/Siedentopf, Heinrich*, Innovationskraft, 1987, S. 29-123 und *Thieme, Werner*, Entscheidungen, 1981, S. 94 sowie *Schmidt, Walter*, Verwaltungsentscheidungen, 1971, S. 322 ff,

386 Vgl. *Möller, Hans-Werner*, Verwaltungsreform 1995, S. 315.

387 Vgl. *Seibel, Wolfgang*, Verwaltungsreformen, 1996/97. S. 97.

388 Vgl. *Seibel, Wolfgang*, Verwaltungsreformen, 1996/97. S. 97 sowie *Staatskanzlei Rheinland-Pfalz*, Führungsfunktionen, 1995 und *Göck, Ralf*, Führungskräftefortbildung, 1993 und *Kratzer, Monika*, Fort- und Weiterbildung, 1997.

389 Vgl. *Lenk, Klaus*, Gestaltungsprozeß, 1994, S. 22 ff.

formation empirisch gehaltvoller bzw. funktionaler Aussagen in technologische bzw. instrumentelle Aussagen.[390] Generell läßt sich ein kausales Aussagensystem (Ursache-Wirkung) in ein technologisches System (Mittel-Zweck) durch die Umdeutung von Wirkungen in Zwecke und von Ursachen in Mittel transformieren. Die so ermittelten technologischen Aussagen sollen Hinweise darauf geben, welche Mitteleinsätze geeignet sind, um unter Berücksichtigung bestimmter Rahmenbedingungen einen gegebenen Zweck zu erreichen. Da mit der Festlegung von Zwecken ein Werturteil über die Vorzugswürdigkeit bestimmter Zielgrößen gegeben ist, handelt es sich bei technologischen Aussagen immer schon um wertende Aussagen.[391] In unserem Fall wird der Zweck schon durch die abhängige Variable der funktionalen Aussage, die Leistungswirksamkeit von Entscheidungen, definiert. Durch die Erklärung der Leistungswirksamkeit des Entscheidens haben wir dann die logisch zwingende Voraussetzung dafür erfüllt, daß sich durch eine Transformation von Ursache-Wirkungs-Aussagen überhaupt informative Hinweise für eine praktische Gestaltung der öffentlichen Leistungserbringung formulieren lassen.

Zur Verfolgung dieser Zwecke müßten dann die Ursachen in entsprechender Art und Weise manipuliert werden. Dies setzt zunächst voraus, daß die Ursachen auch manipulierbar sind, also eindeutige Interventionsmöglichkeiten existieren.[392]

Bei der Transformation von Ursache-Wirkungs-Aussagen in Mittel-Zweck-Aussagen ist die jeweilige logische Struktur der Aussagensysteme zu berücksichtigen. Eine vollständige tautologische Umformulierung ist bei näherer Betrachtung nur im Falle von Bijunktionen möglich. Die von uns empirisch überprüften Ursache-Wirkungsbeziehungen sind häufig asymmetrisch, d.h. über Subjunktionen miteinander verbunden.[393] Somit stellen die von uns ermittelten Entscheidungsstile (Ursache) lediglich hinreichende Bedingungen dar, um eine bestimmte Höhe der Effektivität bzw. Leistungswirksamkeit (Wirkung) zu erzielen. Anders als im Falle von Bijunktionen kann daraus nicht schon abgeleitet werden, daß die gefundenen Ursachen für diese Wirkung auch notwendig sind, da eine Menge von funk-

390 Vgl. *Hoffmann, Friedrich*, Organisationsforschung, 1976, S. 28 ff. und *Kieser, Alfred/Kubicek, Herbert*, Organisationstheorien I, 1978, S. 60 ff.
391 Vgl. *Hoffmann, Friedrich*, Organisationsforschung, 1976, S. 28.
392 Vgl. *Kieser, Alfred/Kubicek, Herbert*, Organisationstheorien I, 1978, S. 63.
393 Vgl. *Giesen, Bernard/Schmid, Michael*, Basale Soziologie, 1976, S. 52 ff.

tionalen Äquivalenzen für diese Ursachen existieren können.[394] Prinzipiell kann die Wirkung auch auftreten, ohne daß die untersuchte Ursache vorausgegangen ist. So haben beispielsweise nicht nur personelle Größen, sondern auch bestimmte Merkmale organisatorischer Rahmenbedingungen einen Einfluß auf die Leistungswirksamkeit von Entscheidungen.

Auch ist bei der Transformation von Kausalaussagen in instrumentelle Aussagen sicherzustellen, daß die ursprünglich zugrunde gelegten Situationsbedingungen weiterhin berücksichtigt werden, d.h. in möglichst vollständiger Art und Weise alle Ursachen bzw. Rahmenbedingungen in die Transformation eingehen. Die Leistungswirksamkeit des Entscheidens resultiert nicht schon autonom aus dem Einfluß bestimmter Entscheidungsstile, sondern wird erst durch ein Wechselspiel von Entscheidungsstilen mit speziellen Umwelt- bzw. Situationsbedingungen ausgelöst.

Neben diesen eher formalen Regeln zur Umarbeitung unserer Untersuchungsergebnisse in Handlungsempfehlungen ist nun auch in inhaltlicher Hinsicht zu klären, wie sich unsere Befunde ins Verhältnis zu einer Weiterentwicklung des Personalmanagements bringen lassen. Zu diesem Zweck wollen wir nicht schon an der konkreten Unterscheidung vorliegender Entscheidungsstile von Generalisten und Experten anknüpfen. Um zu einer Ableitung von Gestaltungsempfehlungen kommen zu können, wollen wir uns gemäß jüngerer Entwicklungen am Konzept der Schlüsselqualifikationen orientieren.[395] Daher ist im folgenden zunächst zu klären, in welcher Art und Weise denn Entscheidungsstile im Sinne von Schlüsselqualifikationen zu verstehen sind und demgemäß auch zum Bezugspunkt einer veränderten Gestaltung des Personalmanagements gemacht werden können.

Unter Schlüsselqualifikationen sind die allgemeinen Fähigkeiten zu verstehen, konkrete bzw. problemlösende Handlungen jeweils neu situations-

---

394 Vgl. *Luhmann, Niklas*, Aufklärung 1, 1991, S. 13 ff. *Koch, Rainer*, Erfolgsbedingungen, 1993, S. 509 ff.

395 Vgl. *Dixon, John/Kouzmin, Alex*, Human Resource Development, 1996 und *Heimovics, Richard D./Hermann, Robert D.*, Management Skills, 1989, S. 295 ff. sowie *Commonwealth Secretariat*, Performance, *1996 sowie Commonwealth Secretariat*, United Kingdom, 1995 und *Public Service Board of Victoria*, Development, 1990 und *Möller, Hans-Werner*, Bildungsreform, 1995 sowie *Luchters, Johann, H.M.*, Schlüsselqualifikationen I, 1989.

gerecht generieren zu können.[396] Während sich „herkömmliche" berufliche Qualifikationen durch ihren konkreten situativen Bezug auszeichnen, definieren sich Schlüsselqualifikationen gerade über ihre situative Unabhängigkeit. Die Grundidee dieses Konzeptes liegt also darin, daß diese „Metafähigkeiten"[397] eine aufgabengerechte Auseinandersetzung mit einer möglichst breiten Palette beruflich wechselnder Anforderungen und den Transfer auf eine Vielzahl sich ändernder Situationen ermöglichen soll. „Schlüsselqualifikationen sind demnach solche Kenntnisse, Fähigkeiten und Fertigkeiten, welche nicht unmittelbaren und begrenzten Bezug zu bestimmten, disparaten praktischen Tätigkeiten erbringen, sondern vielmehr (a) die die Eignung für eine große Zahl von Positionen und Funktionen als alternative Optionen zum gleichen Zeitpunkt und (b) die Eignung für die Bewältigung einer Sequenz von (meist unvorhersehbaren) Änderungen im Laufe des Lebens."[398] Schlüsselqualifikationen unterscheiden sich demgemäß von anderen Qualifikationen dadurch, daß sie eher unspezifisch sind und somit eine Auseinandersetzung mit verschiedenartigen und sich verändernden Situationen erlauben. Heute existiert eine Vielfalt von Qualifikationskatalogen und Systematisierungsversuchen.[399] Häufig wird im Zusammenhang mit Schlüsselqualifikationen dann auch von Fachkompetenz, Methodenkompetenz und Sozialkompetenz (in der Summe Handlungskompetenz) gesprochen.[400]

Die Übereinstimmung in den wesentlichen Merkmalen von Entscheidungsstilen und Schlüsselqualifikationen weist nun darauf hin, daß wir mit den Entscheidungsstilen bestimmte Schlüsselqualifikationen erfaßt haben. Im Grunde genommen handelt es sich bei den Entscheidungsstilen im Sinne des Schlüsselqualifikationskonzeptes um relativ stabile Problemlösefähigkeiten der Führungskräfte, die unabhängig von konkreten Situationen bzw. Arbeitsanforderungen je neu generiert werden können.[401] Analog zu Schlüsselqualifikationen verstehen sich also Entscheidungsstile als Meta-

---

396 Vgl. *Reetz, Lothar*, Schlüsselqualifikationen I. S. 4 und *Bunk, Gerhard P./Kaiser, Manfred/Zedler, Reinhard*, Schlüsselqualifikationen, 1991, S. 366 ff. sowie *Luchters, Johan H.M.*, Schlüsselqualifikationen I, 1989, S. 48.
397 *Tietgens, Hans*, Erschließungskompetenz, 1989, S. 35.
398 *Mertens, Dieter*, Schlüsselqualifikationen, 1974, S. 40.
399 Vgl. *Rummler, Hans-Michael*, Schlüsselqualifikationen, 1991, S. 46 ff.
400 Vgl. *Bunk, Gerhard/P. Kaiser, Manfred/Zedler, Reinhard*, Schlüsselqualifikationen, 1991, S. 368.
401 Vgl. *Luchters, Johan H.M.*, Schlüsselqualifikationen II, 1989, S. 90 und *Reetz, Lothar*, Berufsausbildung, 1990, S. 17.

fähigkeiten, die fachübergreifend, ungeachtet der konkreten inhaltlichen Anforderungen gegebener Aufgabenstellungen, zur Anwendung gebracht werden können. Die Entscheidungsstile bzw. Problemlösefähigkeiten der Führungskräfte steuern dann im wesentlichen das Entscheidungsverhalten der Führungskräfte, sind also dafür verantwortlich, wie Entscheidungssituationen aufgebaut werden und wie konkrete Entscheidungen abgeleitet werden. Dabei sollen und können diese Problemlösefähigkeiten fachspezifisches Wissen und Rechtsanwendungsfähigkeiten nicht ersetzen, sondern vielmehr ergänzen. Erst die sinnvolle Verknüpfung von Schlüsselqualifikationen und fachlichem Wissen führt zu erfolgreichem Verhalten.[402]

Gemäß der von uns getroffenen Unterscheidung zwischen Generalisten und Experten läßt sich nun auch zu einer, wenn auch noch nicht erschöpfenden, so doch aber zumindest präziseren Erfassung allgemeiner Problemlösefähigkeiten kommen. So zeichnen sich Experten durch eine vergleichsweise starke Ausprägung kognitiver Fähigkeiten aus, zeigen im Rahmen von Problemlösungsprozessen eine hohe Geschwindigkeit bei der Informationsverarbeitung, verfügen über die Fähigkeit zum vernetzten und analytischen Denken und weisen eine hohe Präzision bei der Kalkulation von Handlungsfolgen auf. Die Generalisten verfügen nun eher über stark ausgeprägte soziale Kompetenzen. Dabei sind sie besonders befähigt, soziale Netzwerke aufzubauen und zu steuern, unterschiedliche Interessen zu koordinieren und auszugleichen und auch zu einer angemessenen Durchsetzung ihrer Entscheidungen zu kommen.

*Abb. 21: Problemlösefähigkeiten von Experten und Generalisten*

| Experte | Generalist |
|---|---|
| • Schnelles Erfassen und Aufbauen von Entscheidungssituationen | • Bildung und Steuerung sozialer Netzwerke |
| • Vernetztes, analytisches Denken | • Ausgleich und Verknüpfung unterschiedlicher Interessen |
| • Präzise Kalkulation von Folgen | • Durchsetzungsorientierung |

402 Vgl. *Reetz, Lothar*, Berufsausbildung, 1990, S. 18.

Mit den von uns erhobenen Entscheidungsstilen können wir somit auf unterschiedliche Dimensionen effektivitätserheblicher Problemlösefähigkeiten zurückgreifen. Es stellt sich nun die Frage, wie sich die Entscheidungsstile als Schlüsselqualifikationen in operationalisierter Weise als Instrumente für eine Weiterentwicklung des Personalmanagements einsetzen lassen. Dazu müßten die von uns gefundenen Dimensionen unseres Fragebogens zunächst zu einem Selektionsinstrument umgearbeitet werden. In Frage kommt dabei z.B. die Entwicklung von Fragebögen, Persönlichkeitstests, Simulationen oder auch Fallstudien. In diesem Zusammenhang wären dann auch weitere methodische Probleme zu klären. So müßte zu einem eine passende Skalierung der Dimensionen vorgenommen werden. Hier gilt es dann insbesondere auch festzulegen, bei welcher Ausprägung ein Merkmal hinreichend erfüllt ist. Selbstverständlich müßten entsprechend entwickelte Meßinstrumente dann auch noch auf Validität und Reliabilität hin überprüft werden.[403]

Im weiteren wollen wir nun darstellen, inwieweit die von uns ermittelten problemlösungsrelevanten Schlüsselqualifikationen zu einem Ansatzpunkt der Weiterentwicklung des Personalmanagements in der öffentlichen Verwaltung gemacht werden können. Dabei sollen keine Empfehlungen zur Änderung des Gesamtsystems erarbeitet werden. Vielmehr wollen wir uns auf einzelne Anwendungsmöglichkeiten in den Bereichen der Rekrutierung, Verwendung und Fortbildung von Führungskräften beschränken.

---

403 Vgl. *Weinert, Ansfried B.,* Organisationspsychologie, 1987, S. 217 ff.

*Abb. 22: Schlüsselqualifikationen als Ansatzpunkt der Weiterentwicklung des Personalmanagements*

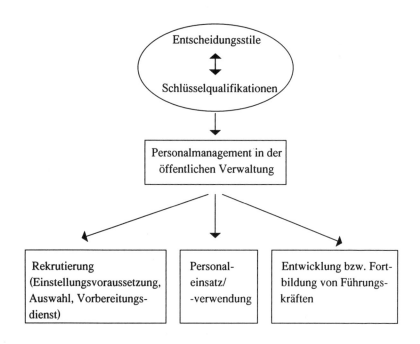

## 4.2 Die Berücksichtigung von Schlüsselqualifikationen bei der Rekrutierung von Führungskräften

Im folgenden wollen wir zunächst der Frage nachgehen, wie sich denn die von uns ausgemachten Problemlösefähigkeiten leistungsfördernd bei der Rekrutierung von Personal nutzen lassen.

Das Personalmanagement in der öffentlichen Verwaltung basiert entsprechend nicht schon auf den Prinzipien eines Vertragssystems im Sinne eines direkten Tausches von Leistung und Gegenleistung. Vielmehr resultiert aus dem Bekenntnis zum Berufsbeamtentum, insbesondere dem Merkmal einer lebenslangen Anstellung, daß auf die Regelungen eines

Karriere- bzw. Laufbahnsystems zurückgegriffen wird.[404] Entsprechend zeichnet sich die Rekrutierung durch bestimmte Einstellungsvoraussetzungen, Selektionskriterien und die Einrichtung von Vorbereitungsdiensten aus. Das Rekrutierungsverfahren in der öffentlichen Verwaltung hat nicht die Zielsetzung einer Personalauswahl für konkret definierte Positionen bzw. Tätigkeiten, sondern die Bediensteten werden für eine Abfolge von Ämtern einer Fachrichtung rekrutiert, die aufgrund der Unterstellung homogener Tätigkeitsanforderungen eine gleichartige Vorbildung und Ausbildung voraussetzen. Jede Laufbahngruppe umfaßt drei bis vier Ämter, wobei grundsätzlich nur für das erste Amt (Eingangsamt) einer Laufbahngruppe rekrutiert wird.

Wesentliche Qualifikationsvoraussetzung für die Einstellung in den öffentlichen Dienst ist der Nachweis eines laufbahngruppenspezifischen Bildungsabschlusses. Einstellungsvoraussetzung für die Laufbahngruppe des höheren nicht-technischen Verwaltungsdienstes ist demnach der Abschluß eines rechts-, wirtschafts-, finanz- oder sozialwissenschaftlichen Hochschulstudiums.[405] Die Steuerung der Personalselektion erfolgt dann im Rahmen einer Bestenauswahl.[406] Der Nachweis bestimmter Ausbildungsgänge gewährleistet nun nicht schon eine erfolgreiche Aufgabenerledigung in der öffentlichen Verwaltung.

Die von uns erhobenen Schlüsselqualifikationen stellen kritische Erfolgsfaktoren des Entscheidens dar. So haben bestimmte kognitive als auch soziale Fähigkeiten eine Einfluß auf die erfolgreiche Aufgabenerledigung. Neben einer schnellen und sicheren Er- und Verarbeitung von Informationen, der Fähigkeit zum vernetzten und analytischen Denken und der präzisen Kalkulation von Handlungsfolgen, bedürfen die Führungskräfte auch der Steuerung von sozialen Netzwerken und der Fähigkeit, Interessenausgleiche zwischen unterschiedlichen Beteiligten herbeizuführen.

Auch wenn wir getrennte Dimensionen erfaßt haben, so ließen sich diese Merkmale in einer kombinierten Größe „Problemlösefähigkeit" bei der Personalauswahl anwenden. Die von uns ermittelten einzelnen Prädiktoren müßten dann bei den Bewerbern erhoben werden. Zu diesem Zweck kann auf unterschiedliche Instrumente zurückgegriffen werden. Zum einen

---

404 Vgl. *Wiese, Walter,* Beamtenrecht, 1979, S. 15 ff. sowie *Becker, Bernd,* Öffentliche Verwaltung, 1989, S. 824.
405 Vgl. § 30 BLV.
406 Vgl. *Meixner, Hans-Eberhard,* Personalauswahl, 1983, S. 146 ff.

könnte der von uns entwickelte Fragebogen selbst zu einem Diagnosein-
strument weiterentwickelt und zur Anwendung gebracht werden. Darüber
hinaus ließen sich dann auch entsprechende Persönlichkeitstests[407] entwik-
keln oder es könnten Simulationen[408] und auch verschiedene Typen von
Fallstudien[409] zur Messung der Prädiktoren eingesetzt werden. Potentiell
erfolgreiche Bewerber sollten vergleichsweise hohe Ausprägungen der von
uns ermittelten kognitiven als auch sozialen Fähigkeiten aufweisen. Entsprechend müßte jedem Prädiktor ein „Cutoff-Wert" zugeordnet werden,
der von den Bewerbern nicht unterschritten werden darf. Somit wird bei
der Messung verhindert, daß ein Prädiktor durch den anderen kompensiert
werden kann.[410]

Mit der Berücksichtigung von Schlüsselqualifikationen bei der Personalauswahl läßt sich dann auch an jüngere, internationale Entwicklungen anknüpfen. Anders als in der Bundesrepublik ist im angelsächsischen Bereich
der Zugang zum öffentlichen Dienst nicht nur an begrenzte formale Voraussetzungen wie z.b. bestimmte Ausbildungsnachweise geknüpft, sondern
es werden hier von vornherein bestimmte Managementfähigkeiten von den
Bewerbern erwartet.[411] So wurde beispielsweise für den Senior Executive
Service (SES)[412] in Australien ein Katalog aufgabenrelevanter „Core Competencies" bzw. Schlüsselqualifikationen empirisch abgeleitet.[413] Aus den
gängigen Rekrutierungsverfahren für das Personal im australischen SES
ergibt sich nun, daß eine notwendige Voraussetzung der Bewerber für den
SES in der Erfüllung aller aufgestellten, managementrelevanten Schlüsselqualifikationen liegt.[414]

Dadurch wird einerseits der Versuch unternommen, eine Passung zwischen den variierenden, komplexen Anforderungen und den Qualifikationen der Führungskräfte sicherzustellen. Da somit alle Führungskräfte des
SES über eine vergleichbare Bandbreite relevanter Schlüsselqualifikatio-

---

407 Vgl. *Schircks, Arnulf D.,* Management Development, 1994, S. 101 ff.
408 Vgl. *Putz-Osterloh, Wiebke,* Problemlösen, 1990, S. 197 ff.
409 Vgl. *Domsch, Michel,* Fallstudien, 1990, S. 484 ff.
410 Vgl. *Weinert, Ansfried B.,* Organisationspsychologie, 1987, S. 219.
411 Vgl. *Commonwealth Secretariat,* United Kingdom, 1995, S. 45 und *Dixon, John/Kouzmin, Alex,* Human Resource Development. 1996, S. 2078 ff.
412 Als Äquivalent zum höheren Dienst.
413 Vgl. *Public Service Board of Victoria,* Framework, 1989, S. 3 ff. und *Public Service Board of Victoria,* Development, 1990, S. 46 ff.
414 Vgl. *Public Service Commission,* Selection, 1989.

nen verfügen, resultiert hieraus auch die Möglichkeit eines weitgehend flexiblen bzw. mobilen Personaleinsatzes.[415] Da gemäß unseren Untersuchungsergebnissen die Problemlösefähigkeiten der Führungskräfte eine wesentliche Bedingung für eine erfolgreiche Aufgabenerledigung darstellen, sollten diese und ggf. weitere Schlüsselqualifikationen zu einem Auswahlkriterium bei der Personalrekrutierung in der öffentlichen Verwaltung gemacht werden.

Da der Zugang zum öffentlichen Dienst hingegen über formale Kriterien gesteuert wird, sollen die beruflich relevanten Qualifikationen jedoch weitgehend erst über die Durchführung von Vorbereitungsdiensten vermittelt werden.[416] Dabei wird unterstellt, daß die dabei erworbenen allgemeinen Laufbahnbefähigungen den Anforderungen der Gesamtzahl an Positionen bzw. Ämtern in einer Laufbahngruppe entsprechen. Ein wesentlicher Schwerpunkt des Vorbereitungsdienstes liegt in der Vermittlung und Einübung verwaltungsrechtlicher Subsumtionsfähigkeiten.[417] Entsprechend dominieren auch juristische Lehrinhalte, insbesondere zum allgemeinen und besonderen Verwaltungsrecht. Die rechtspositivistische Auffassung von Verwaltungsrecht, wie sie sich in den Ausbildungsinhalten des Vorbereitungsdienstes widerspiegelt, hat eine prägende Wirkung auf den Entscheidungsstil der Führungskräfte. Eine überwiegend juristische Ausbildung führt dazu, daß sich die Führungskräfte im Rahmen ihres Entscheidungsverhaltens auf den Aspekt der Normenkonformität konzentrieren.[418]

Eine juristische Orientierung erweist sich jedoch nur bei der Erledigung wenig komplexer, überwiegend konditional programmierter Aufgaben als vorteilhaft, bei denen es ausschließlich um eine Subsumtion von Sachverhalten unter feststehende Rechtsnormen geht. Sobald allerdings die Entscheidungsspielräume zunehmen, Entscheidungssituationen von den Führungskräften somit erst zu erarbeiten sind, gewinnen die individuellen Problemlösefähigkeiten der Führungskräfte an Bedeutung.

Eine auf normative Regelorientierung bezogene Ausbildung greift unter diesen Bedingungen zu kurz.[419] Die Ausbildung müßte um die Vermittlung

415 Vgl. *Public Service Commission*, Selection, 1989, S. 7.
416 Vgl. *Becker, Bernd*, Öffentliche Verwaltung, 1989, S. 848 ff.
417 Vgl. *Mintken, Karl-Heinz*, Berufsausbildung, 1994, S. 387 ff.
418 Vgl. *Lange, Hermann*, Rekrutierungspolitik, 1988, S. 325 ff.
419 Vgl. *Hill, Hermann*, Effizienzsteigerung, 1994, S. 310.

aufgabenrelevanter Schlüsselqualifikationen ergänzt werden.[420] Zu diesem Zweck könnte dann wieder auf die von uns ermittelten erfolgserheblichen Problemsösefähigkeiten zurückgegriffen werden. Aus den einzelnen von uns ermittelten kognitiven und sozialen Merkmalen ließen sich Lernziele ableiten. In dieser Hinsicht könnten dann auch die Curricula in den Vorbereitungsdiensten angepaßt bzw. um relevante Schlüsselqualifikationen ergänzt werden, um auch zielgerichtet auf eine adäquate Aufgabenwahrnehmung „vorbereiten" zu können.[421] Dabei zu berücksichtigende Besonderheiten bei der Vermittlung von Schlüsselqualifikationen werden noch an späterer Stelle zu erörtern sein.

## 4.3 Die Berücksichtigung von Schlüsselqualifikationen bei der Steuerung des Personaleinsatzes

In den weiteren Ausführungen wollen wir erörtern, wie nun auch die Berücksichtigung von Schlüsselqualifikationen zu einem verbesserten Personaleinsatz in der öffentlichen Verwaltung beitragen kann. Die Personaleinsatzplanung zielt auf eine möglichst optimale Zuordnung von Aufgaben und Mitarbeitern ab.[422] Wesentlich für eine qualitative Zuordnung ist, daß die jeweiligen Anforderungen der Aufgabenstellungen den verschiedenen Kenntnissen und Fähigkeiten der Mitarbeiter gegenübergestellt werden. Der Entscheidungserfolg hängt gemäß dem von uns zugrunde gelegten „fit-Theorem" davon ab, inwieweit eine Passung zwischen dem von bestimmten Problemlösefähigkeiten abhängigen Entscheidungsverhalten und den situativen Merkmalen gegebener Arbeitsanforderungen hergestellt werden kann.

Soweit nun allerdings zur Steuerung des Personaleinsatzes in der öffentlichen Verwaltung weiterhin auf das Karriere- bzw. Laufbahnsystem zurückgegriffen wird, ist eine Optimierung der Verteilung des Personals auf passende Aufgabenbedingungen nur eingeschränkt möglich bzw. nur zufällig gegeben. Das Laufbahnsystem geht von der Fiktion homogener Tätigkeitsstrukturen aus und sieht in diesem Zusammenhang bestenfalls eine,

---

420  Vgl. *Luhmann, Niklas/Mayntz, Renate,* Personal, 1973, S. 203.
421  Vgl. hierzu die unterschiedlichen Ansätze bei *Möller, Hans-Werner,* Bildungsreform, 1995, S. 249 ff.
422  Vgl. *Scholz, Christian,* Personalmanagement, 1993, S. 317 ff. sowie *Oechsler, Walter A.,* Personal, 1994, S. 117 und *Jung, Hans,* Personalwirtschaft, 1995, S. 229 ff.

innerhalb jeweiliger Laufbahngruppen geordnete, Abfolge individueller Personalbewegungen vor.[423]

Anstatt, wie in Vertragssystemen üblich, jeweils neue Passungen zwischen Qualifikationsstrukturen der Führungskräfte sowie den gegebenen Aufgabenanforderungen vorzunehmen, zielt das Laufbahnsystem auf eine der grundlegenden Logik nach permanente Qualifikationsverbesserung durch Erfahrungszuwachs im Zuge einer vertikalen Aufwärtsmobilität ab. Entsprechend durchlaufen die Führungskräfte ein System persönlicher bzw. dienst-rechtlich erheblicher Ränge, das durch die Struktur der Ämterfolge formal vorbestimmt ist. Das Laufbahnsystem erweist sich dann auch weitgehend nur bei der Erfüllung eindeutig definierter Aufgaben als vorteilhaft.[424] Ein insbesondere im Vorbereitungsdienst erworbenes, generalisierendes juristisches Entscheidungswissen und eine Orientierung an den dienstrechtlich fixierten Pflichten sind ausreichend, um im Sinne eines vorgezeichneten Verfahrens der Subsumtion zu einer zweckgerechten und rechtmäßigen Erledigung von Aufgaben zu kommen. Unter diesen Bedingungen ist davon auszugehen, daß die erworbene Laufbahnbefähigung der Gesamtzahl an Ämtern einer Laufbahngruppe entspricht.

Mit dem Übergang zu komplexen Aufgabenstellungen reichen ein vorwiegend juristisches Entscheidungswissen und eine Pflichtenorientierung nun nicht mehr aus, um zu angemessenen Problemlösungen zu kommen.[425] Gerade unter diesen Bedingungen erweist sich eine Personalsteuerung anhand des Laufbahnsystems als dysfunktional, da hier nicht schon erfolgswirksame „matching-Relationen" zwischen spezifischen Aufgaben und erforderlichen Entscheidungsstilen bzw. Qualifikationen der Führungskräfte systematisch hergestellt werden können.[426]

Auf diese Zuordnungsprobleme versucht man nun, einerseits mit der laufenden Einführung und Weiterentwicklung von Befähigungsbeurteilungen zu reagieren, deren Ergebnisse dann bei Personalentscheidungen herangezogen werden können.[427] Neben individuellen Bewertungsschwierig-

---

423 Vgl. *Becker, Bernd*, Öffentliche Verwaltung, 1989, S. 808 ff. und *Mayntz, Renate*, Soziologie, 1978, S. 135 ff.

424 Vgl. *Wiese, Walter*, Beamtenrecht, 1979, S. 102 ff.

425 Vgl. *Brühl, Raimund*, Verwaltungsverfahren, 1990, S. 54 ff.

426 Vgl. *Rowe, Alan J./Boulgarides, James D.*, Decision Styles, 1983, S. 3 sowie *Driver, Michael S./Rowe, Alan J.*, Decision-Making Styles, 1979, S. 144 ff.

427 Vgl. *Schäfer, Rolf*, Beurteilung, 1983, S. 183 ff.

keiten bleibt allerdings offen, ob und inwieweit die im Rahmen der Beurteilung jeweils zu berücksichtigenden Merkmale nun auch wirklich für eine erfolgreiche Bewältigung zukünftiger Aufgaben erheblich sind.

Der Personaleinsatz ließe sich nun möglicherweise optimieren, wenn eine zielgerichtete Passung zwischen den Anforderungen gegebener Aufgabenstellungen und relevanten Schlüsselqualifikationen vorgenommen würde. Mit den von uns ermittelten Dimensionen zu den Problemlösefähigkeiten von Führungskräften läßt sich auf Größen zurückgreifen, die, entsprechend unseren Untersuchungsergebnissen, einen wesentlichen Einfluß auf eine erfolgreiche Aufgabenerledigung haben. Die von uns beschriebenen kognitiven und sozialen Merkmale von Experten und Generalisten könnten dann wieder zu einem Ansatzpunkt der Entwicklung entsprechender Potentialanalysen gemacht werden.[428] Wesentliche Voraussetzung für eine verbesserte Zuordnung von Führungskräften auf entsprechende Anforderungen ist aber, daß die ermittelten Potentiale nun auch zur Grundlage von Personaleinsatzentscheidungen gemacht werden, also das Laufbahnsystem zugunsten einer Steuerung nach relevanten Schlüsselqualifikationen modifiziert wird. So ließen sich z.B. bestimmte Schlüsselqualifikationen den Anforderungsprofilen von Führungspositionen zuordnen und die Erfüllung dieser Schlüsselqualifikation entscheidet dann über die jeweilige Besetzung der Position.

Beispiele dazu lassen sich dann wieder in angelsächsischen Verwaltungen finden. So ist die britische Verwaltung nach unterschiedlichen Berufsgruppen strukturiert. Die höheren und höchsten Positionen (grades 1-7) bilden die sog. „Open Structure". Diese Positionen werden dann jeweils mit der Person besetzt, die die bestmöglich passenden (Schlüssel-) Qualifikationen dafür besitzt, unabhängig von der vorigen Verwendung bzw. Tätigkeit der Person.[429] Dieses Verfahren setzt dann auch eine zentrale Steuerung der Stellenbesetzung voraus.[430]

---

428 Zu den unterschiedlichen Instrumenten vgl. *Schircks, Arnulf D.,* Management Development, 1994, S. 101 ff.

429 Vgl. *Commonwealth Secretariat,* United Kingdom, 1995, S. 10 ff. sowie *HMSO, Civil Service,* 1995, S. 22 ff. und *Hede, Andrew,* Higher Civil Services, 1991, S. 497 ff.

430 Für die Stellenbesetzung der Open Structure ist der *Civil Service Commissioner* verantwortlich.

Ein ähnliches System ist in der australischen Verwaltung vorzufinden. Wie bereits erwähnt, liegt eine wesentliche Voraussetzung für den Zugang zum SES in der Erfüllung einer Anzahl managementrelevanter Schlüsselqualifikationen.[431] Der individuelle Erfüllungsgrad bestimmter Schlüsselqualifikationen entscheidet dann jeweils über die Besetzung von Positionen.

Der Vorteil einer Steuerung der Personalverwendung von Führungskräften über Schlüsselqualifikationen liegt zum einen in der Öffnung gegenüber einem größeren Personenkreis, der für die zu besetzende Position in Frage kommt (open competition). Es kann auf Kriterien zurückgegriffen werden, die eine Vergleichbarkeit zwischen den Führungskräften ermöglicht. Durch eine verbesserte Plazierung lassen sich die vorhandenen Potentiale besser ausschöpfen. Auch die Besetzung höherer und höchster Führungsfunktionen auf Zeit wäre damit weniger von laufbahnmäßigen Zwängen abhängig.[432] Neben mobilitätssteigernden Effekten resultiert aus einer Steuerung nach Schlüsselqualifikationen dann auch die Möglichkeit zur Herstellung einer bestmöglichen Passung zwischen Aufgabenanforderungen und den Qualifikationsstrukturen der Führungskräfte.[433]

Nach den Erkenntnissen der vorliegenden Untersuchung würde eine systematische Berücksichtigung der hier ermittelten, entscheidungsrelevanten Schlüsselqualifikationen im Rahmen der Personaleinsatzplanung auch im Bereich der deutschen öffentlichen Verwaltung zu Leistungssteigerungen führen. Entscheidend ist dabei allerdings, ob und wie diese Erkenntnisse im Zuge der Weiterentwicklung eines öffentlichen Personalmanagements verwertet werden.

## 4.4 Die Berücksichtigung von Schlüsselqualifikationen bei der Fort- und Weiterbildung von Führungskräften

Im folgenden wollen wir nun noch darauf eingehen, wie sich aufgabenrelevante Schlüsselqualifikationen im Rahmen der Fort- und Weiterbildung von Führungskräften nutzen lassen. Die Fort- und Weiterbildung in der öffentlichen Verwaltung soll die Führungskräfte zielgerichtet auf die sich

---

431 Vgl. *Public Service Commission*, Selection, 1989, S. 7.
432 Vgl. *Staatskanzlei Rheinland-Pfalz*, Führungsfunktionen, 1995
433 Vgl. hier die Beispiele bei *Public Service Commission,* Selection, 1989 sowie *Public Service Board of Victoria*, Framework, 1989.

ändernden Anforderungen vorbereiten.[434] Die Fortbildung von Führungskräften konzentriert sich in der Regel weniger auf fachspezifische Lernin-
halte, als auf die Vermittlung fachübergreifender Fähigkeiten. Allerdings
ist festzustellen, daß für die Führungskräfte in der öffentlichen Verwaltung
bislang kein systematisches Fort- und Weiterbildungssystem existiert.[435]
Dies wird schon anhand der Vielfalt existierender Anbieter mit teilweise
unterschiedlichen Zielsetzungen deutlich.[436] Betrachtet man die gegenwär-
tigen Entwicklungen im Bereich der Fort- und Weiterbildung von Führungskräften in der öffentlichen Verwaltung, so zeigt sich, daß man durchaus bemüht ist, der wachsenden Bedeutung unterschiedlicher Schlüsselqualifikationen Rechnung zu tragen. Auffällig ist jedoch die Tatsache, daß
hier, im Gegensatz zu anderen Systemen,[437] Schlüsselqualifikationen nicht
schon zur Grundlage eines übergeordneten Personalmanagementkonzeptes
gemacht werden. Eine Einbindung der Fort- und Weiterbildungsangebote
in eine systematische Personalplanung und -steuerung existiert in den sel-
tensten Fällen.[438] Es wird sich lediglich auf die Vermittlung allgemein fest-
gelegter Schlüsselqualifikationen im Rahmen vereinzelter Führungskräfte-
fortbildungen konzentriert.

So wird auch immer wieder der Versuch unternommen, aufgabenrelevante
vante Schlüsselqualifikationen für Führungskräfte zu definieren, um sie
dann zur Grundlage eines Fortbildungskonzeptes zu machen. Beispielsweise sollen an der Führungsakademie des Landes Baden-Württemberg Spit-
zenbedienstete der Landesverwaltung auf die Übernahme von Führungspositionen vorbereitet werden. Die Zielsetzung entsprechender Fortbildungsveranstaltungen liegt in der Vermittlung von „Querschnittskompetenzen",
was die Führungskräfte zur Lösung komplexer Sachverhalte befähigen
soll.[439]

---

434 Vgl. *Hartkopf, Günter,* Fortbildung, 1979, S. 370 ff.

435 Vgl. *Kühnlein, Gertrud/Wohlfahrt, Norbert,* Mobilität, 1994, S. 68 ff. und *Damkowski, Wulf/Precht, Claus,* Public Management, 1995, S. 220.

436 Vgl. hierzu die Beschreibung der unterschiedlichen Fortbildungsinstitutionen bei
*Kranzer, Monika,* Fort- und Weiterbildung, 1996, sowie *Göck, Ralf,* Führungskräftefortbildung, 1993.

437 Vgl. *Public Service Commission,* Selection, 1989, S. 7.

438 Vgl. *Kratzer, Monika,* Fort- und Weiterbildung, 1996, S. 104 ff.

439 Vgl. *Göck, Ralf,* Führungskräftefortbildung, 1993, S. 56 ff. und *Teufel, Gerhard,*
Führungsakademie, 1988, S. 91 sowie *Kratzer, Monika,* Fort- und Weiterbildung,
1996, S. 204 ff.

Das Führungskolleg bei der Hochschule für Verwaltungswissenschaften in Speyer hat die Zielsetzung der Vermittlung von zusätzlichem Führungswissen und eines praktisch verwertbaren Wissens über Managementmethoden für Führungskräfte verschiedener Landesverwaltungen.[440] Auch hier wird die Vermittlung von Schlüsselqualifikationen angestrebt, unter anderem die Fähigkeit, „ .auf verschiedene und neuartige Situationen kurzfristig, flexibel und problemadäquat zu reagieren." [441]

Bei diesen und auch weiteren Bemühungen,[442] ist jedoch festzustellen, daß die jeweils für relevant erachteten Schlüsselqualifikationen nicht schon systematisch aus konkreten, aktuellen Anforderungen an die Führungskräfte abgeleitet worden sind.[443] In dieser Hinsicht kann die vorliegende Untersuchung einen Beitrag leisten, da hier bestimmte Stile bzw. Kompetenzen identifiziert werden, die bei zunehmend komplexen Anforderungen zu einem verbesserten Entscheidungsverhalten und damit letztendlich zu einer erfolgreicheren Aufgabenerledigung führen. Unter den gegebenen organisatorischen Rahmenbedingungen sind es gerade die Experten, die aufgrund der Anwendung fachlicher Modelle und einer vermutlich erhöhten kognitiven Komplexität, zu einem effizienteren Aufbau ihrer Entscheidungssituationen kommen. Hingegen verfügen die Generalisten über ausgeprägtere soziale Fähigkeiten, wie z.B. die Steuerung sozialer Netzwerke oder auch die Fähigkeit zum Ausgleich unterschiedlicher Interessen. Dem gemäß ließen sich nun aus den von uns ermittelten Dimensionen Lernziele ableiten. Entsprechende Problemlösekompetenzen könnten somit im Rahmen von Fortbildungsveranstaltungen gefördert werden, damit die Führungskräfte zu einer möglichst effektiven Nutzung ihrer Entscheidungsspielräume befähigt werden.[444]

Aus didaktischer Perspektive ist bei der Vermittlung von Schlüsselqualifikationen allerdings zu beachten, daß auch eine geeignete Lernumwelt geschaffen wird.[445] Förderlich für eine Entwicklung von Schlüsselqualifikationen sind zum einen angemessen komplexe Aufgabenstellungen und die

---

440 Vgl. *Göck, Ralf*, Führungskräftefortbildung, 1993, S. 64 und *Kratzer, Monika*, Fort- und Weiterbildung, 1996, S. 208 ff.

441 Vgl. *Göck, Ralf*, Führungskräftefortbildung, 1993, S. 67.

442 Vgl. auch die weiteren Beispiele bei *Leis, Günther*, Personalentwicklung, 1994, S. 115 ff.

443 Vgl. *Göck, Ralf*, Führungskräftefortbildung, 1993, S. 60 und S 73.

444 Vgl. *Möller, Hans-Werner*, Verwaltungsreform, 1995, S. 55 ff.

445 Vgl. *Reetz, Lothar*, Berufsausbildung, 1990, S. 26 ff

Gewährung eines Handlungs- und Entscheidungsspielraums.[446] Durch das Lösen von konkreten Problemen wird Prozeßwissen erzeugt, was bei gleichzeitiger Reflexion zur Herausbildung höherer kognitiver Potentiale und damit zu einer erhöhten Handlungskompetenz führen kann.[447] Eine Stabilisierung dieser Kompetenzen läßt sich durch eine wiederholte Anwendung des Gelernten bei strukturell ähnlichen, aber inhaltlich variierten Aufgabenstellungen fördern.[448]

Zu beachten ist auch, daß sich Schlüsselqualifikationen nur schwer außerhalb des verwaltungsberuflichen Kontextes, in abstrakten Situationen, erfolgreich vermitteln lassen. Die Vermittlung von Schlüsselqualifikationen ist um so wirksamer, wenn konkrete, aufgabenspezifische Inhalte sowie Bedingungen des Verwaltungshandelns in die Lernsituation integriert werden bzw. wenn das Lernen im realen Aufgabenkontext stattfindet.[449] Der Grad der Abweichung zwischen vertrauten situativen Merkmalen und den Merkmalen neuer Aufgabenkontexte entscheidet dann maßgeblich über den Transfererfolg.[450] In dieser Hinsicht bietet das Lernen „on the job" besonders günstige Bedingungen für die Vermittlung und den Transfer von Schlüsselqualifikationen. Das starre Laufbahnsystem in der öffentlichen Verwaltung gibt jedoch zur Zeit nur wenig Raum für die gezielte Anwendung entsprechender Instrumente, wie z.B. job-enrichment, job-enlargement oder job-rotation.[451]

446 Vgl. *Laur-Ernst, Ute,* Schlüsselqualifikationen, 1990, S. 26 ff.
447 Vgl. *Witt, Ralf,* Schlüsselqualifikationen, 1990, S. 94 ff. und *Bergius, Rudolf,* Analyse, 1972, S. 229 ff.
448 Vgl. *Laur-Ernst, Ute,* Schlüsselqualifikationen, 1990, S. 46 f. sowie *Bergius, Rudolf,* Analyse, 1972, S. 229 ff.
449 Vgl. *Rosenstiel, Lutz von,* Motivation, 1994, S. 58.
450 Vgl. *Zabeck, Jürgen,* Kritik, 1990, S. 82 und *Bergius, Rudolf,* Analyse, 1972, S. 229 ff. sowie *Bunk, Gerhard P./Kaiser, Manfred/Zedler, Reinhard,* Schlüsselqualifikationen, 1991, S. 367.
451 Vgl. *Kilian, Helmut,* Personalentwicklung, 1993, S. 38 ff. sowie *Scholz, Christian,* Personalmanagement, 1993, S. 348.

# Kapitel 5

## Schluß: Beiträge zu einer allgemeinen Theorie des Entscheidungsverhaltens von Führungskräften

Wie es auch schon für weitere Studien zutrifft,[452] sind wir in dieser Untersuchung der Frage nachgegangen, welche Bedeutung die Entscheidungsstile von Führungskräften für eine leistungswirksame Aufgabenerledigung haben. Im folgenden wollen wir uns mit den meta-theoretischen Beiträgen zu einer allgemeinen Theorie des Entscheidungsverhaltens von Führungskräften auseinandersetzen. Dabei wollen wir erörtern, wie sich die Ergebnisse unserer Untersuchung in den Kontext einer allgemeinen Theorie des Entscheidungsverhaltens von Führungskräften integrieren lassen. In dieser Hinsicht wollen wir insbesondere der Frage nachgehen, welche Erkenntnisse sich aus der von uns gewählten Konzeptbildung und der Art der Verknüpfung der Untersuchungsgrößen ergeben. Darüber hinaus wollen wir dann auch darlegen, inwieweit sich die von uns gewählte Methode als ergiebig erweist und wie die Geltungskraft der Untersuchungsergebnisse einzuschätzen ist.

1) Bei der Präzisierung unseres theoretischen Bezugsrahmens haben wir in Anlehnung an vergleichbare us-amerikanische Studien auf das neo-behavioristische Stimulus-Organismus-Reaktions-Schema zurückgegriffen.[453] Die Auswahl dieses Ansatzes erscheint uns insoweit besonders zweckmäßig, da somit eine Möglichkeit zur Erfassung des Einflusses personeller Größen auf das Entscheidungsverhalten bzw. -ergebnis unter Berücksichtigung weiterer Umwelt- und Situationsgrößen gegeben ist, ohne dabei von vornherein einem Reduktionismus bzw. der Reifikation zu verfallen. Ein wesentlicher Gesichtspunkt ist dabei, daß sich das konkrete Verhalten erst über die individuelle Wahrnehmung und Verarbeitung von Umweltsignalen ergibt. Eine solche Perspektive gibt uns dann auch den nötigen Spielraum, um überhaupt personenabhängige Unterschiede (Stile) beim Entscheidungsverhalten erfassen und analysieren zu können.

---

452 Vgl. *Henderson, John C./Nutt, Paul C.*, Decision Style, 1980, S. 371 ff. und *Hunt, Raymond G./Krzystofiak, Frank J./Meindl, James R./Yousry, Abdalla, M.*, Cognitive Style, 1989, S. 436 ff. sowie *Driver, Michael J./Rowe, Alan J.*, Decision-Making Styles, 1979, S. 141 ff. und *Driver, Michael J./Mock, Theodore J.*, Human Information Processing, 1975, S. 490 ff.
453 Vgl. *Driver, Michael J./Rowe, Alan J.*, Decision-Making Styles, 1979, S. 141 ff. und *Rowe, Alan J./Boulgarides, James D.*, Decision Styles, 1983, S. 3 ff.

Entsprechend dieser Anordnung erweist sich dann auch die Operationalisierung unserer personellen „Organismus-Größen" im Vergleich zu andersartigen Operationalisierungen als äußerst ergiebig. Entsprechend unserem Untersuchungsdesign haben wir auf einen Vergleich zwischen Experten und Generalisten abgestellt. Betrachtet man insbesondere weitere kognitions-psychologische Ansätze der Entscheidungsstilforschung, so wird hier immer wieder der Versuch gemacht, zu einer Erfassung mehr oder weniger abstrakter Persönlichkeitsmerkmale zu kommen. So läßt sich in diesem Zusammenhang auf höchst unterschiedliche Konstrukte, wie z.B. Grade der kognitiven Komplexität[454], analytischer vs. intuitiver Stil[455] oder auch linke vs. rechte Hemisphärendominanz[456] verweisen. Im Gegensatz zu diesen Ansätzen sind wir, ausgehend von der klassischen Unterscheidung zwischen „Lokalen" und Kosmopoliten"[457], zu einer Erhebung entscheidungsrelevanter Merkmale von Führungskräften gekommen. Die von uns getroffene Unterscheidung zwischen Experten und Generalisten erweist sich auch für weitere Untersuchungen als besonders lohnenswert, da somit ein unmittelbarer Bezug zur konkreten Aufgabenerledigung bzw. zum Entscheidungsverhalten gewährleistet ist und eben nicht schon in abstrakter Art und Weise auf individuelle Denk- und Informationsverarbeitungsmuster Bezug genommen wird.

Gleichzeitig stellt sich dann auch der von uns gewählte Aufbau und die Auswahl der abhängigen „Reaktions-Größen" als sehr ertragreich dar. Die Leistungswirksamkeit des Entscheidens haben wir über eine gestufte Abfolge subjektiver und objektiver Output-Größen erhoben. Dadurch läßt sich zu stärker differenzierten Ergebnissen kommen. Die Variable Situationskontrolle gibt darüber Aufschluß, inwieweit sich die Führungskräfte zu einer Kontrolle der effektivitätserheblichen Bedingungen angemessenen Entscheidens in der Lage sehen. Die Höhe der Situationskontrolle ist somit ein Indikator für ein gelungenes „Coping" der Führungskräfte.[458] Die Qualität

454 Vgl. *Streufert, Siegfried*, Complex Decision Making, 1970, S. 409 ff. und *Schroder, Harold M./Driver, Michael J./Streufert, Siegfried*, Informationsverarbeitung, 1975.

455 Vgl. *Hunt, Raymond G./Krzystofiak, Frank J./Meindl, James R./Yousry, Abdalla, M.*, Cognitive Style, 1989, S. 436 ff.

456 Vgl. *Taggart, William/Robey, Daniel*, Dual Nature, 1981, S. 187 ff.

457 Vgl. *Gouldner, Alvin/Newcomb, Ester R.*, Administrative Rollen, 1971, S. 239 ff.

458 Vgl. *Gebert, Diether*, Belastung, 1981, S. 11 ff. und *Gebert, Diether/Rosenstiel, Lutz von*, Organisationspsychologie, 1992, S. 111 ff. und *Frey, Dieter/Greif, Siegfried*, Sozialpsychologie, 1987, S.100 f.

der Arbeitsleistung zielt hingegen auf die Erfassung der quasi objektiv erreichten Arbeitsleistung der Organisation ab. Diese zweistufige Erhebung der Leistungswirksamkeit von Entscheidungen bietet den Vorteil, daß die Varianz der einen Variablen (Situationskontrolle) lediglich auf personenbedingte Einflüsse zurückzuführen ist, während die Qualität der Arbeitsleistung zusätzlich durch weitere Kontextfaktoren, wie z.B. die Leistungsfähigkeit organisatorischer Rahmenbedingungen unmittelbar beeinflußt wird. Dies wird auch dadurch deutlich, daß in unserer Untersuchung die Qualität der Arbeitsleistung vergleichsweise positiver bewertet wird als die jeweils erreichte Situationskontrolle.

Ohne bereits weitere direkte Vergleichsmöglichkeiten zu haben, erweist sich nun auch der subjektive Ansatz der Erhebung der abhängigen Variablen als ertragreich. In Anlehnung an vergleichbare internationale Entwicklungen wurden die Führungskräfte zu einer Einschätzung der Qualität der Arbeitsleistung ihrer gesamten Einheit im Vergleich zu anderen Verwaltungseinheiten aufgefordert.[459] Auch wenn im Rahmen eines solchen Vorgehens generell konsistenztheoretische Probleme der sozialen Erwünschtheit des Antwortverhaltens hineinreichen, so konnten wir dennoch eine insgesamt angemessene Streuung dieser Variablen feststellen, so daß wir eine hinreichend valide Erfassung dieses Merkmals unterstellen können. Der Umstand, daß lediglich die oberen Merkmalsbereiche (durchschnittliche und überdurchschnittliche Qualität der Arbeitsleistung) besetzt sind, ist vermutlich darauf zurückzuführen, daß die befragten Regierungspräsidien von vornherein den äußerst leistungsstarken Verwaltungen zuzurechnen sind.

In entsprechender Art und Weise haben wir auch unsere zentrale bedingende Variable, die Entscheidungsstile von Experten und Generalisten, über subjektive (Selbst-) Wahrnehmungen der Führungskräfte erhoben. Hier stand dann die konkrete Befragung nach individuell erheblichen Wegen bzw. Schemata der Entscheidungsfindung im Vordergrund.

Unter Berücksichtigung der hier aufgeführten Erkenntnisse erweist sich der von uns gewählte Aufbau und die Konzeptualisierung dieser Untersuchung als ertragreich für die Behandlung entsprechender Problem- und Fragestellungen.

---

459 Vgl. *Luthans, Fred/Welsh, Dianne H.B./Taylor, III, Lewis A.*, Managerial Effectiveness, 1988, S. 154.

2) Die in unserer Untersuchung gefundenen Wirkungszusammenhänge haben nun bestätigenden bzw. auch weiterführenden Charakter, da zum einen den Annahmen situativer Betrachtungen entsprechend, die Leistungswirksamkeit des Entscheidens durch Bedingtheiten der externen Umwelt, d.h. durch die Komplexität von Aufgaben vermittelt wird.[460]

Gleichzeitig konnten wir in diesem Zusammenhang dann auch feststellen, daß die Leistungswirksamkeit des Entscheidens durch weitere Bedingtheiten der internen Umwelt beeinflußt wird. So bedürfen die Führungskräfte bestimmter organisatorischer Ermöglichungsbedingungen, um zu angemessenen Entscheidungen zu kommen. Entsprechend weisen unsere Untersuchungsergebnisse darauf hin, daß die Prozeßsteuerungsleistungen der Arbeits- und Führungsorganisation, wie z.B. die Geschwindigkeit von Entscheidungswegen oder auch ständige Rückmeldungen und Leistungsbewertungen durch die politische Spitze für Experten als auch Generalisten gleichermaßen für eine angemessene Entscheidungsfindung von Bedeutung sind. Die Generalisten bedürfen aufgrund ihrer kommunikativ politischen Strategie der Entscheidungsfindung zusätzlicher Strukturierungsleistungen, wie z.B. einer angemessenen Aufgaben- und Kompetenzverteilung und einer ausreichenden Abstimmung mit anderen Einheiten. Somit zeigt sich, daß die Gestaltung organisatorischer Rahmenbedingungen weiterhin für die Effektivität der Leistungserstellung von Bedeutung ist.

Darüber hinaus liegt ein wesentlicher Erkenntnisbeitrag unserer Untersuchung in der Ermittlung der personellen Ursachen für eine hohe Leistungswirksamkeit des Entscheidens. So bewirkt ein expertenhafter ausschließlicher Rückgriff auf fachliche Informationen und Modelle beim Entscheiden, daß quasi von vornherein Akzeptanzproblemen vorgebeugt wird. Gleichzeitig kommen die Experten mit vergleichsweise weniger Informationsverarbeitungsaufwand zu einem Aufbau von Entscheidungssituationen. Entsprechend den Ergebnissen der Kognitionsforschung führt eine differenzierte Strukturiertheit und Geschlossenheit „innerer Modelle" zu einer selektiveren und auch schnelleren Erfassung von Entscheidungsbedingungen und damit zu einer effizienteren Bewältigung von Komplexi-

---

460 Vgl. *Schroeder, Harold M./Driver, Michael J./Streufert, Siegfried*, Informationsverarbeitung, 1975, S. 86 ff. sowie *Streufert, Siegfried/ Swezey, Robert W.*, Complexity, 1986, S. 88

tät.[461] Gemäß weiterer Studien der Entscheidungsforschung hat dieses Vorgehen jedoch keine nachteiligen Auswirkungen auf die Genauigkeit und Qualität der Informationsverarbeitungsprozesse.[462] Ganz im Gegenteil konnten auch wir feststellen, daß die Experten insgesamt betrachtet zu einer vergleichsweise höheren Leistungswirksamkeit des Entscheidens gelangen. Für die Gruppe der Generalisten gilt hingegen, daß eine kommunikativ politische Strategie der Entscheidungsfindung wesentlich aufwendiger ist und sich unter den gegebenen Bedingungen bürokratischer Organisationsverhältnisse vergleichsweise schlechter durchsetzen läßt, was letztendlich zu Effektivitätseinbußen führt.

Schließlich ist dann in diesem Zusammenhang auch noch darauf hinzuweisen, daß wir mit der Situationskontrolle ein gut funktionierendes Maß für die persönlich unterstellte Leistungsfähigkeit des eigenen Entscheidens gefunden haben.

3) Weiterhin erweist sich nun auch die von uns angewandte Methodik für die Behandlung entsprechender Problem- und Fragestellungen als weiterführend. Gemäß unseren methodologischen Vorentscheidungen haben wir auf eine empirisch-systematische Untersuchung zur Aufdeckung von Wirkungsweisen von Entscheidungsstilen von Führungskräften zurückgegriffen. Zur Erfassung relevanter Merkmale wurden die Führungskräfte zu ihren jeweiligen (Selbst-) Wahrnehmungen, Einstellungen und Bewertungen befragt. Dabei zeigt sich zum einen, daß auch schon das von uns eingesetzte Instrument des strukturierten Fragebogens zu tauglichen Ergebnissen führt.[463] Mit der von uns gewählten Methode der Befragung läßt sich auf ein Instrument zurückgreifen, das relativ einfach zu handhaben ist und zudem bei entsprechender Operationalisierung auch relativ valide Ergebnisse liefert.

Da es im allgemeinen nicht möglich ist, komplexe Merkmale, wie z.B. die Gestaltung der Organisationsstruktur oder auch Typen von Entscheidungsstilen durch eine einzige Variable angemessen zu erfassen, haben wir in diesen Fällen Faktorenanalysen angewandt.[464] Über das Verfahren der

---

461 Vgl. *Schroeder, Harold M./Driver, Michael J./Streufert, Siegfried*, Informationsverarbeitung, 1975, S. 86 ff. sowie *Streufert, Siegfried/ Swezey, Robert W.*, Complexity, 1986, S. 88 und *Fink, Wolfgang F.*, Informationsverhalten 1987, S. 271 ff.
462 Vgl. *Paquette, Laurence/Kida Thomas*, Decision Strategy, 1988, S. 128 ff.
463 Vgl. *Domsch, Michel, Schneble, Andrea*, Mitarbeiterbefragungen, 1995, S. 635 ff.
464 Vgl. *Brosius, Gerhard*, Advanced, 1989, S. 138 ff.

Faktorenanalyse ließen sich dann auch in erkennbar plausibler Art und Weise unterschiedliche Indikatoren zu einem komplexen Merkmal zusammenfassen, welche dann in den weiteren Untersuchungsablauf integriert werden konnten.

Es zeigt sich, daß bei der Bearbeitung vergleichbarer Fragestellungen nicht immer auf die Anwendung von Tests zurückgegriffen werden muß. In den eher experimentell angelegten Forschungsarbeiten werden verschiedene Entscheidungsstile anhand unterschiedlicher psychologischer Tests, wie z.b. den Embedded Figures Test oder auch dem Myers-Briggs-Type-Indicator erhoben.[465] Abgesehen von Problemen der Validität und Reliabilität[466] erweist sich ein derartiges methodisches Vorgehen dann auch als relativ aufwendig.

4) Im Hinblick auf die praktische Verwertbarkeit der Ergebnisse dieser Studie haben wir verschiedene Möglichkeiten zur Berücksichtigung von Entscheidungsstilen im Rahmen des Personalmanagements diskutiert. So kann der von uns entwickelte Fragebogen auch zur subjektiver Erhebung von Fortbildungsbedarf eingesetzt werden. Eine solche Strategie der Bildungsbedarfsanalyse erscheint dann auch erfolgversprechender zu sein als z.B. Arbeitsfelduntersuchungen,[467] da in diesem Fall an empirisch gehaltvolle Wirkungszusammenhänge angeknüpft werden kann.

5) Was schließlich die Geltungskraft der von uns ermittelten Zusammenhänge anbetrifft, so können wir unter Berücksichtigung der jeweils gegebenen Signifikanzniveaus davon ausgehen, daß die Ergebnisse zumindest für den definierten Bereich der Führungskräfte in Regierungspräsidien repräsentativ sind. Auch wenn hier sicherlich Besonderheiten der öffentlichen Leistungserbringung, wie z.B. nicht-marktliche Entscheidungsverhältnisse oder auch die Gesetzesorientierung zu Buche schlagen, so lassen sich aus den Untersuchungsergebnissen weiterführende Beiträge für eine allgemeine Theorie des Entscheidungsverhaltens von Führungskräften ableiten.

---

465 Vgl. *Streufert, Siegfried/Nogami, Glenda Y.*, I/O Psychology, 1989, S. 98 ff.
466 Vgl. *Fink, Wolfgang F.*, Informationsverhalten, 1987, S. 19 ff.
467 Vgl. *Meixner, Hans-Eberhard*, Aus- und Fortbildung, 1984, S. 85 ff. und *Regnet, Erika*, Weiterbildung, 1994, S. 49 ff.

Gerade im Hinblick auf die Bedingtheit erhöhter Aufgabenkomplexität, die Unterscheidungsmerkmale der Entscheidungsstile und im gewissen Umfang auch die Ausgestaltung der Organisationsvariablen, lassen sich die gefundenen Ergebnisse auch auf privatwirtschaftliche Bereiche übertragen.[468]

---

468 Vgl. *Driver, Michael J./Mock, Theodore J.*, Human Information Processing, 1975, S. 490 ff.

# Literaturverzeichnis

*Aberbach, Joel D./ Derlien, Hans-Ulrich/Mayntz, Renate/Rockmann, Bert A.*, [Federal Executives, 1990]: American and German Federal Executives - Technocratic and Political Attitudes, in: International Social Science Journal 123/1990, S. 3-18

*Aberbach, Joel D./Putnam, Robert D./Rockmann, Bert A.*, [Western Democracies, 1981]: Bureaucrats and Politicians in Western Democracies, Cambridge 1981

*Aberbach, Joel D./Rockman, Bert A.*, [Bureaucratic Roles, 1988]: Political and Bureaucratic Roles in Public Service Reorganization, in: *Campbell, Colin S. J./Peters, Guy B.* (eds.), Organizing Governance - Governing Organizations, Pittsburgh 1988, S. 79-98

*Alexis, Marcus/Wilson, Charles Z.*, [Decision Making, 1967]: Organizational Decision Making, Englewood Cliffs, N.J., 1967

*Baker, John R.*, [Management, 1989]: From Management to Leadership: A Comparative Perspective on Leadership in the Australian Public Service, in: Australien Journal of Public Administration, Vol. 48, No. 3/1989, S. 249-264.

*Bamberg, Günter/Coenenberg, Adolf Gerhard*, [Entscheidungslehre, 1994]: Betriebswirtschaftliche Entscheidungslehre, 8., überarb. Aufl., München 1994

*Bargehr, Brigitte*, [Marketing, 1991]: Marketing in der öffentlichen Verwaltung. Ansatzpunkte und Entwicklungsperspektiven, Stuttgart 1991

*Bea, Franz-Xaver*, [Informationsbedarf, 1987]: Informationsbedarf für Entscheidungen in öffentlichen Verwaltungen, in: Eichhorn, Peter (Hrsg.), Doppik und Kameralistik, Baden Baden 1987, S. 17-28

*Beck, Joachim/Benz, Angelika/Bolay Friedrich W.* et al. (Hrsg.), [Staat, 1995]: Arbeitender Staat. Studien zur Regierung und Verwaltung. Klaus König zum 60. Geburtstag, Baden Baden 1995

*Becker, Bernd*, [Entscheidungen, 1981]: Entscheidungen in der öffentlichen Verwaltung, in: *König, Klaus* (Hrsg.); Öffentliche Verwaltung in der Bundesrepublik Deutschland, Baden-Baden 1981, S. 279-320

*Becker, Bernd,* [Öffentliche Verwaltung, 1989]: Öffentliche Verwaltung. Lehrbuch für Wissenschaft und Praxis, Percha, 1989

*Behrens, Fritz,* [Bezirksregierung Düsseldorf, 1995]: Eine Behörde im Wandel - Zwischenbilanz der Modernisierungsmaßnahmen bei der Bezirksregierung Düsseldorf, in: Hill, Hermann/Klages, Helmut (Hrsg.), Lernen von Spitzenverwaltungen. Eine Dokumentation des 2. Speyerer Qualitätswettbewerbs 1994, Berlin 1995, S. 41-57

*Berger, Ulrike/Bernhard-Mehlich, Isolde,* [Entscheidungstheorie, 1993]: Die verhaltenswissenschaftliche Entscheidungstheorie, in: Kieser, Alfred (Hrsg.), Organisationstheorien, Stuttgart 1993, S. 127-159

*Bergius, Rudolf,* [Analyse, 1972]: Analyse der „Begabung": Die Bedingungen des intelligenten Verhaltens, in: Roth, Heinrich (Hrsg.), Begabung und Lernen, Stuttgart 1972, S. 229-263

*Blümel, Willi/Hill, Hermann* (Hrsg.), [Zukunft, 1991]: Die Zukunft der kommunalen Selbstverwaltung. Vorträge und Diskussionsbeiträge der 58. Staatswissenschaftlichen Fortbildungstagung 1990 der Hochschule für Verwaltungswissenschaften Speyer, Berlin 1991

*Böhret, Carl,* [Planungspraxis, 1975]: Grundriß der Planungspraxis, Opladen 1975

*Böhret, Carl,* [Führungsausbildung, 1989]: Anmerkungen zur Führungsausbildung in Bund und Ländern: Anforderungen und Realität, in: Siedentopf, Heinrich (Hrsg.), Führungskräfte in der öffentlichen Verwaltung, 1. Aufl., Baden-Baden 1989, S. 157-168

*Böhret, Carl/Jann, Werner/Kroenenwett, Eva,* [Handlungs-spielräume, 1982]: Handlungsspielräume und Steuerungspotential der regionalen Wirtschaftsförderung. Eine empirische Untersuchung anhand von Programmen in zwei Bundesländern, Baden-Baden 1982

*Böhret, Carl/Klages, Helmut/Reinermann, Heinrich/Siedentopf, Heinrich* (Hrsg.), [Innovationskraft, 1987]: Herausforderungen an die Innovationskraft der Verwaltung, Opladen 1987

*Bonorden, Volker*, [Konzepte, 1995]: Konzepte und Aktivitäten der Freien und Hansestadt Hamburg, in: Hill, Hermann/Klages, Helmut (Hrsg.), Reform der Landesverwaltung. Tagung der Hochschule für Verwaltungswissenschaften Speyer vom 29.-31. März 1995, Berlin 1995, S. 119-128

*Bortz, Jürgen*, [Empirische Forschung, 1984]: Lehrbuch der empirischen Forschung für Sozialwissenschaftler, Berlin 1984

*Bosetzky, Horst/Heinrich, Peter,* [Mensch, 1994]: Mensch und Organisation. Aspekte bürokratischer Sozialisation. Eine praxisorientierte Einführung in die Soziologie und die Sozialpsychologie der Verwaltung, 5., überarb. und erw. Aufl., Köln 1994

*Braun, Günther E.,* [Ziele, 1988]: Ziele in öffentlicher Verwaltung und privatem Betrieb. Vergleich zwischen öffentlicher Verwaltung und privatem Betrieb sowie eine Analyse der Einsatzbedingungen betriebswirtschaftlicher Planungsmethoden in der öffentlichen Verwaltung, Baden-Baden 1988

*Brandstätter, Hermann/Gahlen, Bernhard (Hrsg.),* [Entscheidungsforschung, 1975]: Entscheidungsforschung, Tübingen 1975

*Braun, Günther E.,* [Ziele, 1992]: Ziele in der öffentlichen Verwaltung. Die Sicht der öffentlichen Betriebswirtschaftslehre, in: VOP, 3/1992, S. 162-169

*Brinkmann, Gerhard,* [Nicht-Juristen, 1973]: Die Diskriminierung der Nicht-Juristen im allgemeinen höheren Verwaltungsdienst der Bundesrepublik Deutschland, in: Zeitschrift für die gesamte Staatswissenschaft, 129. Bd., 1973, S. 150-167

*Brosius, Gerhard*, [Basics, 1988]: SPSSIPC + Basics und Graphics. Einführung und praktische Beispiele, Hamburg 1988

*Brosius, Gerhard*, [Advanced, 1989]: SPSSPC + Advanced Statistics und Tables. Einführung und praktische Beispiele, Hamburg 1989

*Brühl, Raimund*, [Verwaltungsverfahren, 1990]: Entscheiden im Verwaltungsverfahren. Praxisnahe Anleitungen zur Verfahrensgestaltung, Entscheidungsfindung und Bescheidtechnik, Köln 1990

*Budäus, Dietrich*, [Public Management. 1994] Public Management. Konzepte und Verfahren zur Modernisierung öffentlicher Verwaltungen, Berlin 1994

*Bühl, Achim/Zöfel, Peter,* [SPSS, 1994]: SPSS für Windows Version 6. Praxisorientierte Einführung in die moderne Datenanalyse, Bonn 1994

*Bulling, Manfred,* [Kooperatives Verwaltungshandeln, 1989]: Kooperatives Verwaltungshandeln (Vorverhandlungen, Arrangements, Agreements und Verträge) in der Verwaltungspraxis, in: Die öffentliche Verwaltung, 42. Jg., Heft 7/1989, S. 277- 289

*Bunge, Jürgen,* [Generalist, 1985]: Generalist und Spezialist. Aufgaben und Ausbildung des öffentlichen Dienstes im Wandel, Frankfurt/a.M. 1985

*Bunk, Gerhard P./Kaiser, Manfred/Zedler, Reinhard,* [Schlüsselqualifikationen, 1991]: Schlüsselqualifikationen- Intention, Modifikation und Realisation in der beruflichen Aus- und Weiterbildung, in: MittAb, Nr. 2/1991, S. 365-374.

*Burla, Stephan,* [Nonprofit-Organisationen, 1987]: Rationales Management in Nonprofit-Organisationen, Bern 1989

*Buschor, Ernst,* [Verwaltungsorganisation, 1989]: Verwaltungsorganisation im Spannungsfeld von Rechtsverfahren, Politik, Ressortinteressen und Effizienzpostulaten, in: Verwaltung und Organisation, 1/2 1989, S. 10-14

*Buse, Michael/Buschmann, Horst* (Hrsg.), [Bürgernahe Verwaltung, 1987]: Bürgernahe Verwaltung in der Verwaltungsausbildung, Baden-Baden 1982.

*Campbell, John P./Dunette, Marvin O./Lawler, Edward E./Weick, Karl E.,* [Managerial Behavior, 1970]: Managerial Behavior, Performance and Effectiveness, New York 1970

*Clauß, G./Ebner, H.,* [Statistik, 1982]: Statistik. Für Soziologen, Pädagogen, Psychologen und Mediziner, Band 1, 4., unveränderte Auflage, Thun 1982

*Commonwealth Secretariat,* [United Kingdom, 1995]: Current Good Practices and New Developments in Public Service Management. A Profile of the Public Service of the United Kingdom, London 1995

*Commonwealth Secretariat,* [Performance, 1996]: Working Towards Results: Managing Individual Performance in the Public Service, London 1996

*Cooper, Cary L.* (ed.), [Problems, 1979]: Behavioral Problems in Organizations, Englewood Cliffs, New Jersey 1979

*Damkowski, Wulf/Precht, Claus*, [Public Management, 1995]: Public Management. Neuere Steuerungskonzepte für den öffentlichen Sektor, Stuttgart 1995

*Deckert, Klaus/Wind, Ferdinand*, [Steuerungsmodell, 1996]: Das nue Steuerungsmodell. Von der Vision zur Aktion, Köln 1996

*Derlien, Hans-Ulrich*, [Bureaucracy, 1996]: Germany: The Intelligence of Bureaucracy in a Dezentralized Polity, in: Olsen, Johan P./Peters, B. Guy, Lessons from Experience. Experiential Learning in Administrative Reforms in Eight Democracies, Oslo 1996, S. 145-179

*Dixon, John/Kouzmin, Alex*, [Human Resource Development, 1996]:Human Resource Development and Management Education in Commercialising Public Sectors. Some Australian Trends, in: International Journal of Public Administration, 19(11&12), 1996, S. 2059-2093

*Domsch, Michel*, [Fallstudien, 1990]: Fallstudien, in: Sarges, Werner (Hrsg.), Management-Diagnostik, Göttingen 1990, S. 484-489

*Domsch, Michel, Schneble, Andrea*, [Mitarbeiterbefragungen, 1995]: Mitarbeiterbefragungen, in: Rosenstiel, Lutz von/Regnet, Erika/Domsch, Michel, (Hrsg.), Führung von Mitarbeitern. Handbuch für erfolgreiches Personalmanagement, 3., überarb. und erw. Aufl., Stuttgart 1995, S. 635-648

*Dörner, Dietrich/Kreuzig, Heinz W./Reither, Franz/Ständel, Thea* (Hrsg.), [Lohhausen, 1983]: Lohhausen. Vom Umgang mit Unbestimmtheit und Komplexität, Bern 1983.

*Dose, Nicolai*, [Steuerungsmedien, 1995]: Zur begrifflichen Identität und funktionalen Unterschiedlichkeit von Steuerungsmedien und Steuerungsressourcen, in: Beck, Joachim/Benz, Angelika/Bolay, Friedrich W. et al., (Hrsg.), Arbeitender Staat. Studien zur Regierung und Verwaltung. Klaus König zum sechzigsten Geburstag, Baden Baden 1995, S. 107-121

*Driver, Michael J./Mock, Theodore J.,* [Human Information Processing, 1975]: Human Information Processing, Decision Style Theory and Accounting Information Systems, in: The Accounting Review, Heft 7/1975, S. 490-508

*Driver, Michael J./Rowe, Alan J.,* [Decision-Making Styles, 1979]: Decision-Making Styles: A New Approach to Management Decision Making, in: Cooper, Cary L. (ed.), Behavioral Problems in Organizations, Englewood Cliffs, New Jersey 1979, S. 141-182

*Eder, Klaus,* [Prozedurales Recht, 1990]: Prozedurales Recht und Prozeduaralisierung des Rechts. Einige begriffliche Klärungen, in: Grimm, Dieter (Hrsg.), Wachsende Staatsaufgaben - sinkende Steuerungsfähigkeit des Rechts, 1. Aufl., Baden-Baden 1990, S. 155-185

*Eichhorn, Peter* (Hrsg.), [Verwaltungslexikon, 1985]: Verwaltungslexikon, Baden-Baden 1985

*Eichhorn, Peter,* [Herausforderungen, 1994]: Herausforderungen für Führungskräfte in öffentlichen Unternehmen, in: Eichhorn, Peter/Engelhardt, Werner Wilhelm, (Hrsg.), Standortbestimmung öffentlicher Unternehmen in der sozialen Marktwirtschaft, Gedenkschrift für Theo Thiemeyer, Schriftenreihe der Gesellschaft für öffentliche Wirtschaft, Heft 35, Baden-Baden 1994, S. 227-243

*Epstein, Seymour,* [Persönlichkeitstheorie, 1984]: Entwurf einer integrativen Persönlichkeitstheorie, in: Filipp, Sigrun-Heide (Hrsg.), Selbstkonzept-Forschung. Probleme, Befunde, Perspektiven, 2. Aufl., Stuttgart 1984, S. 15-45

*Fiedler, Fred E.,* [Leadership, 1967]: A Theory of Leadership Effectiveness, New York 1967

*Filipp, Sigrun-Heide,* [Kritische Lebensereignisse, 1981]: Ein allgemeines Modell für die Analyse kritischer Lebensereignisse, in: Filipp, Sigrun-Heide (Hrsg.), Kritische Lebensereignisse, München, 1981, S. 3-52

*Filipp, Sigrun-Heide,* [Lebensereignisse, 1981]: Kritische Lebensereignisse, München 1981

*Filip, Sigrun-Heide* (Hrsg.), [Selbstkonzept, 1984]: Selbstkonzept-Forschung. Probleme, Befunde, Perspektiven, 2. Aufl., Stuttgart 1984

*Filipp, Sigrun-Heide,* [Selbstkonzept-Forschung, 1984]: Entwurf eines heuristischen Bezugsrahmens für Selbstkonzept-Forschung: Menschliche Informationsverarbeitung und naive Handlungstheorie, in: Filipp, Sigrun-Heide (Hrsg.), Selbstkonzept-Forschung. Probleme, Befunde, Perspektiven, 2. Aufl., Stuttgart 1984, S. 129-152

*Filipp, Sigrun-Heide,* [Selbstschemata, 1978]: Aufbau und Wandel von Selbstschemata über die Lebensspanne, in: Oerter, Rolf (Hrsg.), Entwicklung als lebenslanger Prozeß. Aspekte und Perspektiven, 1. Aufl., Hamburg 1978, S. 111-135

*Filipp, Sigrun-Heide/Scheller, Reinholf,* [Wirkung, 1988]: Zur reziproken Wirkung berufsbezogenen Verhaltens und selbstbezogenen Wissens, Trierer Psychologische Berichte, Band 15, Heft 4/1988

*Fink, Wolfgang F.,* [Informationsverhalten, 1987]: Kognitive Stile, Informationsverhalten und Effizienz in komplexen betrieblichen Beurteilungsprozessen, Frankfurt/M. 1987

*Fisch, Rudolf/Boos, Margarete* (Hrsg.), [Komplexität, 1990]: Vom Umgang mit Komplexität in Organisationen. Konzepte-Fallbeispiele-Strategien, Konstanz 1990

*Fisch, Rudolf/Wolf, Michael F.,* [Komplexität, 1990]: Die Handhabung von Komplexität beim Problemlösen und Entscheiden, in: Fisch, Rudolf/Boos, Margarete (Hrsg.), Vom Umgang mit Komplexität in Organisationen. Konzepte-Fallbeispiele-Strategien, Konstanz 1990, S. 11-39

*Fleming, Michael C./Nellis, Joseph G.,* [Statistics, 1994]: Principles of Applied Statistics, London 1994

*Forster, John/Graham, Peter/Wanna, John* (eds.), [Entrepreneurial Management, 1996]: Entrepreneurial Management in the Public Sector, Brisbane 1996

*Frese, Erich,* [Organisation, 1987]: Grundlagen der Organisation. Die Organisationssstruktur der Unternehmung, 3., neubearb. Aufl., Wiesbaden 1987

*Freudenberg, Dierk,* [Bezirksregierung 1, 1993]: Die kranke Bezirksregierung (Teil 1), in: VOP, 4/1993, S. 234-237

*Freudenberg, Dierk,* [Bezirksregierung 2, 1993]: Die kranke Bezirksregierung (Teil 2), in: VOP, 5/1993, S. 346-350

*Freudenberg, Dierk,* [Bezirksregierung 3, 1993]: Die kranke Bezirksregierung (Teil 3), in: VOP 6/1993, S. 407-413

*Freudenberg, Dierk,* [Entscheiden, 1983]: Planen und Entscheiden in der öffentlichen Verwaltung, Herford 1983

*Frey, Dieter/Greif, Siegfried,* [Sozialpsychologie, 1987]: Sozialpsychologie. Ein Handbuch in Schlüsselbegriffen, 2. Auflage, München 1987

*Frey, Dieter/Irle, Martin* (Hrsg.), [Informationsverarbeitungs-theorien, 1985]: , Theorie der Sozialpsychologie, Band III: Motivations- und Informationsverarbeitungstheorien, Bern 1985

*Friedrichs, Jürgen,* [Methoden, 1980]: Methoden empirischer Sozialforschung, 11. Auflage, Opladen 1980

*Gebert, Diether,* [Organisation, 1978]: Organisation, in: Mayer, Arthur (Hrsg.), Organisationspsychologie, Frankfurt/a. M. 1978, S. 16-42

*Gebert, Diether,* [Belastung, 1981]: Belastung und Beanspruchung in Organisationen. Ergebnisse der Streß-Forschung, Stuttgart 1981

*Gebert, Diether/Rosenstiel, Lutz von,* [Organisationspsychologie, 1992]: Organisationspsychologie. Person und Organisation, 3., überarb. und erw. Aufl., Stuttgart 1992

*Geißler, Hartmut,* [Fehlentscheidungen, 1986]: Fehlentscheidungen. Eine empirisch-explorative Ursachenanalyse, Frankfurt a.M. 1986

*Giesen, Bernhard/Schmidt, Michael,* [Basale Soziologie, 1976]: Basale Soziologie: Wissenschaftstheorie, München 1976

*Göck, Ralf,* [Führungskräftefortbildung, 1993]: Führungskräftebildung. Konzept und Umsetzung am Beispiel der Führungsakademie Baden-Württemberg und des Führungskollegs Speyer, 1. Aufl., Baden-Baden 1993

*Göck, Ralf,* [Führungskräftefortbildung, 1995]: Führungskräfte-fortbildung. Konzept und Umsetzung am Beispiel der Führungsakademie des Landes Baden-Württemberg und des Führungskollegs Speyer, in: Verwaltung und Fortbildung, 23. Jg., 3/1995, S. 181-209

*Gouldner, Alvin W./Newcomb, Ester R.*, [Untersuchung, 1971]: Eine Untersuchung über administrative Rollen, in: Mayntz, Renate, Bürokratische Organisation, 2. Auflage, Köln 1971, S. 239-248

*Gratz, Jürgen,* [Regierungspräsidien, 19982]: Die Regierungspräsidien - Allgemeine Mittelbehörde des Landes Baden-Württemberg, in: BWVPr, Heft 10/1982, S. 218-221

*Greer, Patricia*, [Government, 1994]: Transforming Central Government. The Next Steps Initiative, Buckingham, 1994

*Grimm, Dieter,* (Hrsg.), [Steuerungsfähigkeit, 1990]: Wachsende Staatsaufgaben - sinkende Steuerungsfähigkeit des Rechts, 1. Aufl., Baden-Baden 1990

*Grimm, Dieter (Hrsg.),* [Staatsaufgaben, 1996]: Staatsaufgaben, Baden-Baden 1996

*Grunow, Dieter/Hegner, Friedhart/Kaufmann, Franz Xaver*, [Finanzamt, 1978]: Steuerzahler im Finanzamt, Frankfurt/M. 1978

*Grunow, Dieter*, [Bürgernähe, 1982]: Bürgernähe der Verwaltung als Qualitätsmaßstab und Zielbezug alltäglichen Verwaltungshandelns, in: Hesse, Joachim Jens (Hrsg.), Politikwissenschaft und Verwaltungswissenschaft, Politische Vierteljahresschrift, 23. Jg., Opladen 1982, S. 237-253.

*Grunwald, Wolfgang,* [Schlüsselqualifikationen, 1990]: Aufgaben und Schlüsselqualifikationen von Managern, in: Sarges, Werner, (Hrsg.), Management-Diagnostik, Göttingen 1990, S. 161-171

*Hahne, Ulf,* [Regionalförderung, 1995]: Neuere Entwicklungen in der Regionalförderung, in: Ridinger, Rudolf/Steinröx, Manfred (Hrsg.), Regionale Wirtschaftsförderung in der Praxis, Köln 1995, S. 8-30

*Hartkopf, Günter,* [Fortbildung, 1979]: Aktuelle Fragen der Aus- und Fortbildung, in: Verwaltungsrundschau, Heft 11/1979, S. 370-374

*Hauschildt, Jürgen,* [Entscheidungsziele, 1977]: Entscheidungsziele. Zielbildung in innovativen Entscheidungsprozessen. Theoretische Ansätze und empirische Prüfung, Tübingen 1977

*Hauschildt, Jürgen, Gemünden, Hans Georg/Grotz-Martin Silvia/ Haidle, Ulf,* [Entscheidungen, 1983]: Entscheidungen der Geschäftsführung. Typologie, Informations-verhalten, Effizienz, Tübingen 1983

*Hauschildt, Jürgen,* [Effizienz, 1990]: Komplexität, Zielbildung und Effizienz von Entscheidungen in Organisationen, in: Fisch, Rudolf/Boos, Margarete (Hrsg.), Vom Umgang mit Komplexität in Organisationen. Konzepte-Fallbeispiele-Strategien, Konstanz 1990, S. 131-147

*Hede, Andrew,* [Higher Civil Services, 1991]: Country Report. Trends in the Higher Civil Service of Anglo-American Systems, in: Governance, Vol. 4, No. 4/1991, S. 489-510

*Heimovics, Richard D./Hermann, Robert D.,* [Mangement Skills, 1989]: The Salient ManagementSkills. A Conceptual Framework for a Curriculum for Managers in Nonprofit Organisations, in: American Review of Public Administration, 19. Jg. 1989, S. 295-312

*Henderson, John C./Nutt, Paul C.,* [Decision Style, 1980]: The Influence of Decision Style on Decision Making Behavior, in: Management Science, Vol. 26, No. 4/1980, S. 371-386

*Hesse, Joachim Jens* (Hrsg.), [Verwaltungswissenschaft, 1982]: Politikwissenschaft und Verwaltungswissenschaft, Politische Vierteljahresschrift, 23. Jg., Opladen 1982

*Hill, Wilhelm,* [Managementlehre, 1985]: Betriebswirtschaftslehre als Managementlehre, in Wunderer, Rolf (Hrsg.), Betriebswirtschaftslehre als Management- und Führungslehre, Stuttgart 1985, S. 111-146

*Hill, Hermann,* [Effizienzsteigerung, 1994]: Personal als Schlüsselfaktor für Effizienzsteigerung, in: Der Landkreis, Heft 7/1994, S. 310-313

*Hill, Hermann/Klages, Helmut* (Hrsg.), [Spitzenverwaltungen, 1995]: Lernen von Spitzenverwaltungen. Eine Dokumentation des 2. Speyerer Qualitätswettbewerbs 1994, Berlin 1995

*Hill, Hermann/Klages, Helmut,* [Reform, 1995]: Reform der Landesverwaltung. Tagung der Hochschule für Verwaltungswissenschaften Speyer vom 29.-31. März 1995, Berlin 1995

*Hill, Hermann/Klages, Helmut,* [Spitzenverwaltungen, 1995]: Lernen von Spitzenverwaltungen. Eine Dokumentation des 2. Speyerer Qualitätswettbewerbs 1994, Berlin 1995

*HMSO,* [Civil Service, 1995]: The Civil Service, London 1995

*Hoffmann, Friedrich,* [Organisationsforschung 1976]: Entwicklung der Organisationsforschung, 3., durchgesehene Aufl., Wiesbaden 1976

*Hoffmann-Riem, Wolfgang* (Hrsg.), [Bürgernahe Verwaltung, 1980]: Bürgernahe Verwaltung? Analysen über das Verhältnis von Bürger und Verwaltung, Neuwied 1980

*Hoffmann-Riem, Wolfgang/Schmidt-Aßmann, Eberhard/Schuppert, Gunnar Folke* (Hrsg.), [Verwaltungsrecht, 1993]: Reform des Allgemeinen Verwaltungsrechts. Grundfragen, Baden-Baden 1993

*Hofmann, Laila Maija/Regret, Erika* (Hrsg.), [Weiterbildungskonzepte, 1994]: Innovative Weiterbildungskonzepte. Trends, Inhalte und Methoden der Personalentwicklung in Unternehmen, Göttingen 1994

*Hofstede, Geert/Kassem, M. Sami* (eds.), [Organization Theory, 1976]: European Contributions to Organization Theory, Assen 1976

*Huber, Ludwig,* [Sozialisation, 1983]: Ausbildung und Sozialisation in der Hochschule, Enzyklopädie Erziehungswissenschaft, Band 10, Stuttgart 1983

*Hummell, Hans,* [Mehrebenenanalyse, 1972]: Probleme der Mehrebenenanalyse, Stuttgart 1972

*Hunt, Raymond G./Krzystofiak, Frank J./Meindl, James R./Yousry, Abdalla, M.,* [Cognitive Style, 1989]: Cognitive Style and Decision Making, in: Organizational Behavior and Human Decision Processes 44/1989, S. 436-453

*Janning, Hermann et al.,* [Modell Soest, 1994]:Das Modell Soest - Der Umbau der Kommunalverwaltung auf Kreisebene, in: 15, Stuttgart 1994

*Jung, Hans*, [Personalwirtschaft, 1995]: Personalwirtschaft, München 1995

*Karger, Joachim*, [Strukturierungsmethoden, 1987]: Akzeptanz von Strukturierungsmethoden in Entscheidungsprozessen. Eine empirische Untersuchung, Frankfurt/M. 1987

*Kieser, Alfred/Kubicek, Herbert*, [Organisationsstheorien I, 1978]: Organisationstheorien I, Wissenshcaftstheoretische Anforderungen und kritische Analyse klassischer Ansätze, Stuttgart 1978

*Kieser, Alfred/Kubicek, Herbert*, [Organisationstheorien II, 1978]: Organistionstheorien II. Kritische Analysen neuerer sozialwissenschaftlicher Ansätze, Stuttgart 1978

*Kieser, Alfred/Kubicek, Herbert*, [Organisation, 1992]: Organisation, 3., völlig neu bearb. Aufl., Berlin 1992

*Kieser, Alfred* (Hrsg.), [Organisationstheorien, 1993]: Organisationstheorien, Stuttgart 1993

*Kieser, Alfred*, [Bürokratie, 1993]: Max Webers Analyse der Bürokratie, in: Kieser, Alfred (Hrsg.), Organisationstheorien, Stuttgart 1993, S. 37-62

*Kieser, Alfred*, [Situativer Ansatz, 1993]: Der Situative Ansatz, in: Kieser, Alfred (Hrsg.), Organisationstheorien, Stuttgart 1993, S. 161-191

*Kilian, Helmut*, [Personalentwicklung, 1993]: Personalentwicklung als Führungsaufgabe. Konzepte und Modelle des Managements, Ammersbek 1993

*Kirsch, Werner*, [Entscheidungsprozesse I-III, 1977]: Einführung in die Theorie der Entscheidungsprozesse. Zweite, durchgesehene und ergänzte Auflage der Bände I bis III als Gesamtausgabe, Wiesbaden 1977

*Kirsch, Werner*, [Verhaltenswissenschaftliche Fundierung, 1979]: Die verhaltenswissenschaftliche Fundierung der Betriebswirtschaftslehre, in: Raffée, Hans/Abel, Bodo, Wissenschaftstheoretische Grundfragen der Wirtschaftswissenschaften, München 1979, S. 105-120

*Kirsch, Werner*, [Entscheidungsprobleme, 1988]: Die Handhabung von Entscheidungsproblemen. Einführung in die Theorie der Entscheidungsprozesse, 3., völlig überarbeitete und erweiterte Auflage, München 1988

*Klages, Helmut* (Hrsg.), [Führung, 1989]: Führung und Arbeitsmotivation in Kommunalverwaltung. Ergebnisse einer empirischen Untersuchung, Gütersloh, 1989

*Klages, Helmut/Hippler, Gabriele*, [Mitarbeitermotivation, 1991]: Mitarbeitermotivation als Modernisierungsperspektive. Ergebnisse eines Forschungsprojektes über „Führung und Arbeitsmotivation in der öffentlichen Verwaltung", durchgeführt am Forschungsinstitut für öffentliche Verwaltung bei der Hochschule für Verwaltungswissenschaften Speyer, Gütersloh 1991

*Koch, Rainer,* [Personalsteuerung, 1975]: Personalsteuerung in der Ministerialbürokratie. Eine theoretisch-empirische Studie zur Möglichkeit organisatorischer Neuerungen, Baden-Baden 1975

*Koch, Rainer,* [Publikumsorientierung, 1982]: Einstellungen öffentlicher Bediensteter und Publikumsorientierung, in: Buse, Michael/Buschmann, Horst (Hrsg.), Bürgernahe Verwaltung in der Verwaltungsausbildung, Baden-Baden 1982, S. 90-94

*Koch, Rainer*, [Paradigmentwicklung,1984]: Paradigmentwicklung und Institutionalisierung der Verwaltungswissenschaft, Beiträge zur Verwaltungswissenschaft Nr. 1, Hochschule der Bundeswehr Hamburg 1984

*Koch, Rainer,* [Methodologische Entwicklungen, 1984]: Methodologische Entwicklungen in der Verwal-tungswissenschaft, Beiträge zur Verwaltungswissenschaft Nr. 6, Hochschule der Bundeswehr Hamburg, 1984

*Koch, Rainer,* [Sozialisation, 1984]: Berufliche Sozialisation öffentlicher Bediensteter. Zur Ausweitung eines integrierten Verwaltungsstudiums auf das berufliche Selbstverständnis, München 1984

*Koch, Rainer*, [Perspektive, 1987]: Verwaltungsforschung in Perspektive, in: Koch, Rainer (Hrsg.), Verwaltungsforschung in Perspektive. Ein Colloquium zur Methode, zum Konzept und zum Transfer, Baden-Baden 1987, S. 13-23

*Koch, Rainer*, [Wirtschaftlichkeitsprobleme, 1990]: Entscheidungsverhalten bei Wirtschaftlichkeits-problemen. Eine entscheidungstheoretische Analyse der Jahresprüfungsberichte der Landesrechnungshöfe, in: Fisch, Rudolf/Boos, Margarete (Hrsg.), Vom Umgang mit Komplexität in Organisationen. Konzepte-Fallbeispiel-Strategien, Konstanz 1990, S. 181-196

*Koch, Rainer*, [Entscheidungsverhalten, 1990]: Entscheidungsverhalten höherer Funktionsträger. Zur empirischen Bestimmung des Rationalisierungsbedarfs für das Führungs- und Entscheidungsinstrumentarium, in: Der Öffentliche Dienst, Heft 1-2/1990, 43. Jg., S. 1-48

*Koch, Rainer*, [Politikeinfluß, 1991]: Politikeinfluß im Entscheidungsverhalten höherer Verwaltungsbediensteter. Ein Beitrag der empirischen Entscheidungsforschung zum Verhältnis von Politik und Verwaltung, in: Hartwich, Hans-Hermann/Wewer, Göttrik (Hrsg.), Regieren in der Bundesrepublik II. Formale und informale Komponenten des Regierens in den Bereichen Führung, Entscheidung, Personal und Organisation, Opladen 1991, S. 155-168

*Koch, Rainer*, [Entscheidungsunterstützung, 1992]: Entscheidungsverhalten und Entscheidungsunterstützung höherer Verwaltungsbediensteter. Zur Weiterentwicklung des Führungs- und Entscheidungsinstrumentariums öffentlicher Verwaltungen, in: Verwaltungsarchiv, Heft 1/1992, 83. Jg., S. 26-52

*Koch, Rainer*, [Entscheidungsstile, 1993]: Entscheidungsstile und Entscheidungsverhalten von Führungskräften öffentlicher Verwaltungen, in: Verwaltung und Fortbildung (VuF), 21. Jg., Nr. 4/1993, S. 179-197

*Koch, Rainer*, [Erfolgsbedingungen, 1993]: Erfolgsbedingungen des Entscheidungsverhaltens höherer Verwaltungsbe-diensteter. Zur Weiterentwicklung des Führungs- und Entscheidungsinstrumentariums öffentlicher Verwaltungen, in: Becker, Bernd/Bull, Hans Peter/Seewald, Otfried (Hrsg.), Festschrift für Werner Thieme zum 70. Geburtstag, Köln 1993, S. 509-538

*Koch, Rainer,* [Senior Civil Servants, 1994]: Senior Civil Servants as Entrepreneurs. Towards the Impact of New Public Management Concepts on Personnel Management, Beiträge zur Verwaltungswissenschaft Nr. 26, Universität der Bundeswehr Hamburg, Hamburg 1994

*König, Klaus,* [Erkenntnisinteressen, 1970]: Erkenntnisinteressen der Verwaltungswissenschaft, Berlin 1970

*König, Klaus,* [Verwaltungsmodernisierung, 1977]: Drei Welten der Verwaltungsmodernisierung, in: Lüder, Klaus (Hrsg.), Staat und Verwaltung, 50 Jahre Hochschule für Verwaltungswissenschaften Speyer, Berlin 1977, S. 399-424

*König, Klaus,* [System, 1981]: System und Umwelt der öffentlichen Verwaltung, in: König, Klaus/von Oertzen, Hans-Joachim/Wagener, Frido, (Hrsg.), Öffentliche Verwaltung in der Bundesrepublik Deutschland, 1. Aufl., Baden-Baden 1981, S. 13-36

*König, Klaus/Schmidt-Streckenbach,* [Nachwuchskräfte, 1983]: Zur Lage der Nachwuchskräfte für den höheren allgemeinen Verwaltungsdienst (I), in: Verwaltungsrundschau, 19. Jg., Heft 11/1983, S. 365-413

*König, Klaus/Beck, Joachim,* [Modernisierung, 1997]: Modernisierung von Staat und Verwaltung. Zum Neuen Öffentlichen Management, Baden-Baden 1997

*Korac Kakabadse, Andrew/Korac Kakabadse, Nada/Myers, Andrew,* [Leadership, 1996]: Leadership and the public sector. An international comparative benchmarking analysis, in: Public Administration an Development, Vol. 16, 1996, S. 377-396

*Kostka, Dieter,* [Verwaltungsaufgaben, 1992]: Umgang mit komplexen Verwaltungsaufgaben in der Wirtschaftsförderung. Typische Verlaufsmuster und Wege zur Erweiterung persönlichen Handlungsspielraums, Opladen 1992

*Köstlin-Gloger, Gabriele,* [Kognitive Stile, 1974]: Sozialisation und Kognitive Stile, Weinheim 1974

*Kratzer, Monika,* [Fort- und Ausbildung, 1997]: Fort- und Ausbildung im öffentlichen Dienst, München 1996

*Kubicek, Herbert/Welter, Günther,* [Organisationsstruktur, 1985]: Messung der Organisationsstruktur, Stuttgart 1985

*Kühnlein, Gertrud/Wohlfahrt, Norbert,* [Mobilität, 1994]: Zwischen Mobilität und Modernisierung. Personalentwicklungs- und Qualifizierungsstrategien in der Kommunalverwaltung, Berlin 1994

*Laatz, Wilfried,* [Methoden, 1993]: Empirische Methoden. Ein Lehrbuch für Sozialwissenschaftler, Frankfurt am Main 1993

*Ladeur, Karl-Heinz,* [Abwägung, 1985]: "Abwägung" - ein neues Paradigma des Verwaltungsrechts. Von der Einheit der Rechtsordnung zum Rechtspluralismus, Frankfurt/M. 1985

*Landesrechnungshof Nordrhein-Westfalen,* [Jahresbericht, 1990]: Jahresbericht des Landesrechnungshofs Nordrhein-Westfalen über das Ergebnis der Prüfungen im Geschäftsjahr 1994, Düsseldorf 1995

*Landtag von Sachsen-Anhalt, Enquete Kommission „Verwaltungsreform",* [Verwaltungsreform, 1994]: Bericht der Enquete-Kommission „Verwaltungsreform". Vorschläge zur Neuorganisation der Verwaltung in Sachsen-Anhalt, Magdeburg 1994

*Lane, Jan-Erik,* [Public Sector, 1993]: The Public Sector. Concepts, Models and Approaches, London 1993

*Lange, Hermann,* [Rekrutierungspolitik, 1988]: Organisationswandel und Rekrutierungspolitik im öffentlichen Dienst, in: Die öffentliche Verwaltung, Heft 8/1988, S. 323-332

*Lantermann, Ernst O.,* [Interaktionen, 1980]: Interaktionen. Person, Situation und Handlung, München 1980

*Laucken, Uwe,* [Verhaltenstheorie, 1974]: Naive Verhaltenstheorie, Stuttgart 1974

*Laur-Ernst, Ute,* [Schlüsselqualifikationen, 1990]: Schlüsselqualifikationen bei der Neuordnung von gewerblichen und kaufmännischen Berufen - Konsequenzen für das Lernen, in: Reetz, Lothar/Reitmann, Thomas (Hrsg.), Schlüsselqualifikationen: Fachwissen in der Krise?, Hamburg 1990, S. 36-55

*Laux, Helmut/Liermann, Felix,* [Organisation, 1987]: Grundlagen der Organisation. Die Steuerung von Entscheidungen als Grundproblem der Betriebswirtschaftslehre, Berlin 1987

*Lehmbruch, Gerhard,* [Einführung, 1971]: Einführung in die Politikwissenschaft, 4, unveränderte Aufl., Stuttgart 1971

*Lehner, Franz,* [Regieren, 1979]: Grenzen des Regierens. Eine Studie zur Regierungsproblematik hochindustrialisierter Demokratien, Königstein/Ts. 1979

*Leis, Günther,* [Personalentwicklung, 1994]: Möglichkeiten und Grenzen der Personalentwicklung in der öffentlichen Verwaltung, in: Verwaltung und Fortbildung (VuF), 22. Jg., Nr. 2/1994, S. 105-131.

*Lenk, Klaus,* [Gestaltungsprozeß, 1994]: Die Schaffung zukunftsweisender Verwaltungsstrukturen als Gestaltungsprozeß, in: Reichel, Horst (Hrsg.), Informatik-Wirtschaft-Gesellschaft, Berlin 1994, S. 18-28

*Lenk, Klaus,* [Informationsmanagement, 1985]: Querschnittsaufgabe Informationsmanagement, in: ÖVD/Online, Heft 6/1985, S. 59-63

*Lepper, Manfred,* [Verwaltungsdienst, 1978]: Der höhere Verwaltungsdienst-ein Stiefkind des Ausbildungswesens, in: DÖV, 31. Jg., Heft 12/1978, S. 421-427

*Loeser, Roman,* [Verwaltungsrecht, 1994]: System des Verwaltungsrechts, Band 1, Allgemeine Lehren, Methoden und Techniken, Baden-Baden 1994

*Luchters, Johan H.M.,* [Schlüsselqualifikationen I, 1989]: Niederlande: Der Ermittlung von Schlüsselqualifikationen für höhere Führungskräfte in der öffentlichen Verwaltung (Teil 1), in: Verwaltung und Fortbildung, 17. Jg., Nr. 1/1989, S. 39-53.

*Luchters, Johan H.M.,* [Schlüsselqualifikationen II, 1989]: Niederlande: Die Ermittlung von Schlüsselqualifikationen für höhere Führungskräfte in der öffentlichen Verwaltung (Teil 2 ), in: Verwaltung und Fortbildung, 17. Jg., Nr. 2/1989, S. 85-99

*Luhmann, Niklas,* [Verfahren, 1969]: Legitimation durch Verfahren, Fürstenberg 1969

*Luhmann, Niklas/Mayntz, Renate,* [Personal, 1973]: Personal im öffentlichen Dienst - Eintritt und Karrieren -. Studienkommission für die Reform des öffentlichen Dienstrechts, Band 7, Baden-Baden 1973

*Luhmann, Niklas*, [Aufklärung 1, 1991]: Soziologische Aufklärung 1. Aufsätze zur Theorie sozialer Systeme, 6. Auflage, Opladen 1991

*Luhmann, Niklas*, [Aufklärung 2, 1991]: Soziologische Aufklärung 2. Aufsätze zur Theorie der Gesellschaft, 4. Auflage, Opladen 1991

*Luhmann, Niklas*, [Aufklärung 3, 1991]: Soziologische Aufklärung 3. Soziales System, Gesellschaft, Organisation, 2. Auflage, Opladen 1991

*Luthans, Fred/Welsh, Dianne H.B./Taylor III, Lewis A.*, [Managerial Effectiveness, 1988]: A Descriptive Model of Managerial Effectiveness, in: Group & Organization Studies, Vol. 13, No. 2/1988, S. 148-162

*March, James G./Simon, Herbert A.*, [Organisation, 1976]: Organisation und Individuum. Menschliches Verhalten in Organisationen, Wiesbaden 1976

*March, James G.*, [Entscheidung, 1990]: Entscheidung und Organisation. Kritische und konstruktive Beiträge, Entwicklungen und Perspektiven, Wiesbaden 1990

*March, James, G.*, [Beschränkte Rationalität, 1990]: Beschränkte Rationalität, Ungewißheit und die Technik der Auswahl, in:*March, James G.* (ed.), Entscheidung und Organisation. Kritische und konstruktive Beiträge, Entwicklungen und Perspektiven, Wiesbaden 1990, S. 297-328

*Mattern, Karl-Heinz*, [Allgemeine Verwaltungslehre, 1982]: Allgemeine Verwaltungslehre, Regensburg 1982

*Mayntz, Renate*, [Organistion, 1972]: Soziologie der Organisation, Reinbek 1972

*Mayntz, Renate/Scharpf, Fritz W.*, [Policy-Making, 1975]:Policy-Making in the German Federal Bureaucracy, Amsterdam 1975

*Mayntz, Renate*, [Conceptual Models, 1976]: Conceptual Models of Organizational Decision-Making and their Application to the Policy Process, in: Hofstede, Geert/Kassem, M. Sami (eds.), European Contributions to Organization Theory, Assen 1976, S. 114-125

*Mayntz, Renate*, [Soziologie, 1978]: Soziologie der öffentlichen Verwaltung, 1. Aufl., Heidelberg 1978

*Mayntz, Renate/Holm, Kurt/Hübner, Peter*, [Methoden, 1978,]: Einführung in die Methoden der empirischen Soziologie, 5. Auflage, Opladen 1978

*Mayntz, Renate* (Hrsg.), [Implementation, 1980]: Implementation Politischer Programme, Königstein 1980

*Mayntz, Renate* (Hrsg.), [Implementation II, 1983]: Implementation Politischer Programme II, Ansätze zur Theoriebildung, Opladen 1983

*McKevitt, David/Lawton, Alan* (eds.), [Public Sector, 1994]: Public Sector Management. Theory, Critique and Practice, London 1994

*Mertens, Dieter*, [Schlüsselqualifikationen, 1974]: Schlüsselqualifikationen. Thesen zur Schulung für eine moderen Gesellschaft, in: Mitteilungen der Arbeitsmarkt- und Berufsforschung, 7. Jg., 1974, S. 36-43.

*Meixner, Hans-Eberhard,* [Personalauswahl, 1983]: Verfahren und Instrumente der Personalauswahl, in: DÖD, 36. Jg., Nr.7/1983, S. 146-153

*Meixner, Hans-Eberhard,* [Aus- und Fortbildung, 1984]: Aus- und Fortbildung in der öffentlichen Verwaltung, Köln 1984

*Mintken, Karl-Heinz*, [Berufsausbildung, 1994]: Berufsausbildung im öffentlichen Dienst, in: Die Personalvertretung, 37. Jg., 1994, S.387-394

*Möller, Hans-Werner,* [Bildungsreform, 1995]: Verwaltungsreform durch Bildungsreform. Eine kritische Analyse der Curricula für die Beamtenausbildung an den Fachhochschulen für öffentliche Verwaltung, 1. Aufl., Baden-Baden 1995

*Möller, Hans-Werner,* [Verwaltungsreform, 1995]: Verwaltungsreform durch Bildungsreform?, in: VOP, 5/1995, S. 315-323

*Müller, Axel,* [Entscheidungsprozesse, 1984]: Entscheidungsprozesse in öffentlichen Verwaltungen und privaten Unternehmen, Frankfurt/M. 1984

*Mummendey, Hans-Dieter*, [Selbstkonzept, 1987]: Selbstkonzept, in: Frey, Dieter/Greif, Siegfried (Hrsg.), Sozialpsychologie. Ein Handbuch in Schlüsselbegriffen, 2. Auflage, München 1987

*Naschold, Frieder,* [Modernisierung, 1994]: Modernisierung des Staates. Zur Ordnungs- und Innovationspolitik des öffentlichen Sektors, 2., unver. Aufl., Berlin 1994

*Naschold, Frieder/Pröhl, Marga* (Hrsg.), [Produktivität, 1995]: Produktivität öffentlicher Dienstleistungen, Bd. 2, Dokumentation zum Symposium, Gütersloh 1995

*Nerdinger, Friedemann W.,* [Handeln, 1995]: Motivation und Handeln in Organisationen. Eine Einführung, Stuttgart 1995

*Newell, Allen/Simon, Herbert A.,* [Problem, 1972]: Human Problem Solving., Englewood Cliffs 1972

*Niedersächsischer Landesrechnungshof,* [Jahresbericht, 1990]: Jahresbericht des Niedersächsischen Landesrechnungshofes 1995 zur Haushalts- und Wirtschaftsförderung. Bewertungen und Denkschrift zur Haushaltsrechnung des Landes Niedersachsen für das Haushaltsjahr 1993, Hildesheim 1995

*Niedersächsischer Minister des Innern,* [GOBezReg., 1981]: Geschäftsordnung für die Bezirksregierungen, in der Fassung des RdErl.d.MI v. 29.9.1981

*Nocke, Joachim,* [Wissen,1980]: Wissen in der Organisation. Strukturelle und funktionale Abhängigkeiten der Verwaltungsqualifikation, Berlin 1980

*Nowotny, Ewald,* [Sektor, 1991]: Der öffentliche Sektor, Einführung in die Finanzwissenschaft. 2. neu bearbeitete und erweiterte Auflage, Berlin 1991

*OECD,* [Government, 1995]:Government in transition. Public Management Reforms in OECD Countries, Paris 1995

*Oechsler, Walter A.,* [Zweckbestimmung, 1982]: Zweckbestimmung und Ressourceneinsatz öffentlicher Betriebe. Methodologie, Beratung und Management, Baden-Baden 1982

*Oechsler, Walter A./Steinebach, Nikolaus,* [Leistung, 1983]: Leistung und Leistungsbegriff im höheren Dienst, in: Verantwortung und Leistung, Schriftenreihe der Arbeitsgemeinschaft der Verbände des höheren Dienstes, Heft 8/1983

*Oechsler, Walter A.,* [Personal, 1994]: Personal und Arbeit. Einführung in die Personalwirtschaft unter Berücksichtigung des Arbeitsrechts, 5., überarb. und erw. Aufl., München 1994

*Paquette, Laurence/Kida, Thomas,* [Decision Strategy, 1982]: The Effect of Decision Strategy and Task Complexity on Decision Performance, in: Organizational Behavior and Human Decision Processes, 41/1988, S. 128-142

*Petsch, Hans-Joachim/Tietgens, Hans* (Hrsg.), [Allgemein-bildung, 1989]: Allgemeinbildung und Computer, Bad Heilbronn 1989

*Pfohl, Hans-Christian,* [Entscheidungsfindung, 1977]: Problemorientierte Entscheidungsfindung in Organisationen, 1. Aufl., Berlin 1977

*Pippke, Wolfgang,* [Karrieredeterminanten, ]1975: Karrieredeterminanten in der öffentlichen Verwaltung, Hierarchiebedingte Arbeitsanforderungen und Beförderungspraxis im höheren Dienst, Baden-Baden 1975

*Popper, Karl,* [Logik, 1989]: Logik der Forschung, 9., verbesserte Auflage, Tübingen 1989

*Portele, Gerhard/Huber, Ludwig,* [Hochschule, 1983]: Hochschule und Perösnlichkeitsentwicklung, in: Huber, Ludwig (Hrsg.), Ausbildung und Sozialisation in der Hochschule, Enzyklopädie Erziehungswissenschaft, Band 10, Stuttgart 1983, S. 92-110

*Pörzgen, Brigitte,* [Selbstkonzept, 1993]: Das Selbstkonzept als Ergebnis der Einnahme eines intentionalen Standpunktes in sozialen Interaktionen, in: Pörzgen, Brigitte/Witte, Erich H. (Hrsg.), Selbstkonzept und Identität, Beiträge des 8. Hamburger Symposiums zur Methodologie der Sozialpsychologie, Braunschweig 1993, S. 17-27

*Pörzgen, Brigitte/Witte, Erich H.* (Hrsg.), [Symposium, 1993]: Selbstkonzept und Identität, Beiträge des 8. Hamburger Symposiums zur Methodologie der Sozialpsychologie, Braunschweig 1993

*Public Service Board of Victoria,* [Framework, 1989]: A Framework for Training, Management Education and Development in the Victorian Public Service, 1989

*Public Service Board of Victoria,* [Development Planning, 1990]: Performance Management and Development Planning, 1990

*Public Service Commission,* [Selection, 1989]: A Guide for Senior Executive Selection Advisory Comittees, Canberra 1989

*Putnam, Robert D.,* [Political Attitudes, 1973]: The Political Attitudes of Senior Civil Servants in Western Europe: A Preliminary Report, in: British Journal of Political Sciences, Vol. 3, 1973, S. 257-290

*Putnam, Robert D.,* [Elite Transformation, 1977]: Elite Transformation in Advanced Industrial Societies. An Empirical Assessment of the Theory of Technocracy, in: Comprative Politcal Studies, Vol. 10, No. 3, 1977, S. 383-412

*Putz-Osterloh, Wiebke,* [Problemlösen, 1990]: Problemlösen, in: Sarges, Werner (Hrsg.), Management-Diagnostik, Göttingen 1990, S. 193-199

*Raffée, Hans/Abel, Bodo* (Hrsg.), [Wissensschaftstheoretische Grundfragen, 1979]: Wissenschaftstheoretische Grundfragen der Wirtschaftswissenschaften, München 1979

*Reber, Gerhard,* [Verhalten, 1973]: Personales Verhalten im Betrieb. Analyse entscheidungstheoretischer Ansätze, Stuttgart 1973

*Reetz, Lothar,* [Schlüsselqualifikationen I, 1989]: Zum Konzept der Schlüsselqualifikationen (Teil I), in: Berufsbildung in Wissenschaft und Praxis, 18. Jg., Heft 5/1989, S. 3-10

*Reetz, Lothar,* [Schlüsselqualifikationen II, 1989]: Zum Konzept der Schlüsselqualifikationen (Teil II), in: Berufsbildung in Wissenschaft und Praxis, 18. Jg., Heft 6/1989, S. 24-30

*Reetz, Lothar,* [Berufsausbildung, 1990]: Zur Bedeutung der Schlüsselqualifikationen in der Berufsausbildung, in: Reetz, Lothar/Reitmann, Thomas (Hrsg.), Schlüsselqualifikationen: Fachwissen in der Krise?, Hamburg 1990, S. 16-35

*Regnet, Erika,* [Weiterbildung, 1994]: Anforderungen an die Führungskräfte der Zukunft - Aufgabe und Chance für die Weiterbildung, Hofmann, Laila Maija/Regnet, Erika (Hrsg.), Innovative Weiterbildungskonzepte. Trends, Inhalte und Methoden der Personalentwicklung in Unternehmen, Göttingen 1994, S. 39-52

*Reichard, Christoph,* [Betriebswirtschaftslehre, 1987]: Betriebswirtschaftslehre der öffentlichen Verwaltung, 2., völlig neubearb. u. erw. Aufl., Berlin 1987

Reichard, Christoph, [Schlüsselqualifikationen, 1990]: Aufgaben und Schlüsselqualifikationen von Managern, in: Sarges, Werner (Hrsg.), Management-Diagnostik, Göttingen 1990, S. 161-171

Reichard, Christoph/Wollmann, Hellmut (Hrsg.), [Moder-nisierungsschub, 1996]: Kommunalverwaltung im Modernisierungsschub, Basel 1996

Reichel, Horst (Hrsg.), [Informatik, 1994]: Informatik-Wirtschaft-Gesellschaft, Berlin 1994

Reinermann, Heinrich, [Verwaltungsaufgaben, 1988]: Verwaltungsaufgaben beim Einsatz der Ressource Information, in: Reinermann, Heinrich et al. (Hrsg.), Neue Informationstechniken - Neue Verwaltungsstrukturen, Heidelberg 1988, S. 3-8

Ridinger, Rudolf/Steinröx, Manfred (Hrsg.), [Wirtschaftsförderung, 1995]: Regionale Wirtschaftsförderung in der Praxis, Köln 1995

Ritter, Ernst-Hasso, [Kooperativer Staat, 1990]: Das Recht als Steuerungsmedium im kooperativen Staat, in: Grimm, Dieter (Hrsg.), Wachsende Staatsaufgaben - Sinkende Steuerungsfähigkeit des Rechts, 1. Aufl., Baden-Baden 1990, S. 69-122

Röber, Manfred, [Modernisierungsdebatte, 1996]: Über einige Mißverständnisse in der verwaltungswissenschaftlichen Modernisierungsdebatte, in: Reichard, Christoph/Wollmann, Hellmut (Hrsg.), Kommunalverwaltung im Modernisierungsschub, Basel 1996, S. 98-110

Röber, Manfred/Damskis, Horst/Möller, Bärbel, [Verwaltungskultur, 1996]: Verwaltungskultur in den neuen Bundesländern, in: Murswieck, Axel (Hrsg.), Regieren in den neuen Bundesländern. Institutionen und Politik, Opladen 1996, S. 89-117

Robey, Daniel/Taggart, William, [Human Information Processing, 1981]: Measuring Manager´s Mind: The Assessment of Style in Human Information Processing, in: Academy of Management Review, Vol. 6, No. 3/1981, S. 375-383

Rosemann, Bernhard/Schweer, Martin, [Führungsverhalten, 1996]: Führungssituation und Führungsverhalten, in Verwaltungsrundschau, Nr. 9/1996, S. 301-304

*Rosenstiel, Lutz von,* [Organisationspsychologie, 1980]: Grundlagen der Organisationspsychologie. Basiswissen und Anwendungsbeispiele, Stuttgart 1980

*Rosenstiel, Lutz von,* [Motivation, 1994]: Motivation durch Mitwirkung: Wege und Ziele des Lernens, in: Hofmann, Laila Maija/Regnet, Erika (Hrsg.), Innovative Weiterbildungskonzepte. Trends, Inhalte und Methoden der Personalentwicklung in Unternehmen, Göttingen 1994, S. 53-60

*Rosenstiel, Lutz von/Regret, Erika/Domsch, Michel* (Hrsg.), [Führung 1995]: Führung von Mitarbeitern. Handbuch für erfolgreiches Personalmanagement, 3., überarb. und erw. Aufl., Stuttgart 1995

*Roters, Wolfgang,* [Funktionalreform, 1978]: Funktionalreform in der Mittelstufe der öffentlichen Verwaltung der Bundesländer, in: Verwaltungsrundschau, Heft 9/1978, 24. Jg., S. 287-293

*Roth, Erwin,* [Methoden, 1984]: Sozialwissenschaftliche Methoden. Lehr- und Handbuch für Forschung und Praxis, München 1984

*Roth, Heinrich* (Hrsg.), [Lernen, 1972]: Begabung und Lernen, Stuttgart 1972

*Rowe, Alan J./Boulgarides, James D.,* [Decision Styles, 1983]: Decision Styles - A Perspective, in: Leadership and Organisation Development Journal, Heft 4/1983, S. 3-9

*Rummler, Hans-Michael,* [Schlüsselqualifikationen, 1991]: Die Bedeutung von Schlüsselqualifikationen für die Weiterbildung von Führungskräften, Frankfurt/a.M. 1991.

*Sarges, Werner* (Hrsg.), [Diagnostik, 1990]: Managment-Diagnostik, Göttingen 1990

*Schäfer, Rolf,* [Beurteilung, 1983]: Die dienstliche Beurteilung. Problem, Entwicklungen Lösungsmöglichkeiten, in: ZBR, Heft 6/1983, S. 173-180

*Schäfers, Bernhard* (Hrsg.), [Soziologie, 1986]: Grundbegriffe der Soziologie, Opladen 1986

*Scharpf, Fritz W.,* [Interessenlage, 1983]:Interessenlage der Adressaten und Spielräume der Implementation bei Anreizprogrammen, in: Mayntz, Renate (Hrsg.), Implementation politischer Programme II, Ansätze zur Theoriebildung, Opladen 1983, S. 99-116

*Scharpf, Fritz W.,* [Institutionelle Reform, 1987]: Grenzen der institutionellen Reform, in: Ellwein, Thomas/Hesse, Joachim Jens/Mayntz, Renate/Scharpf, Fritz W., Jahrbuch zur Staats- und Verwaltungswissenschaft, Band 1, Baden-Baden 1987, S. 111-151

*Schircks, Arnulf D.,* [Management Development, 1994]: Management Development und Führung. Konzepte, Instrumente und Praxis des strategischen und operativen Management Development, Göttingen 1994

*Schirmer, Frank,* [Work-Activity, 1991]: Aktivitäten von Managern: Ein kritischer Review über 40 Jahre „Work-Activity"-Forschung, in: Managementforschung 1, 1991, S. 205-253

*Schmidt, Walter,* [Verwaltungsentscheidungen, 1971]: Die Programmierung von Verwaltungsentscheidungen, in: AöR, 23. Jg., Heft 3/1971, S. 321-354

*Schneewind, Klaus A.,* [Selbstkonzept, 1977]: Selbstkonzept, in: Hermann, Theo/Hofstätter, Peter R./Huber, Helmut P., Handbuch psychologischer Grundbegriffe, München 1977, S. 424-431

*Scholz, Christian,* [Personalmanagement, 1993]: Personalmanagement. Informationsorientierte und verhaltenstheoretische Grundlagen, 3., neubearb. und erw. Aufl., München 1993

*Schroder, Harold M./Driver, Michael J./Streufert, Siegfried,* [Informationsverarbeitung, 1975]: Menschliche Informationsverarbeitung. Die Strukturen der Informationsverarbeitung bei Einzelpersonen und Gruppen in komplexen sozialen Situationen, Weinheim 1975

*Schuppert, Gunnar Folke,* [Grenzen und Alternativen] Grenzen und Alternativen von Steuerung durch Recht, in: Grimm, Dieter (Hrsg.), Wachsende Staatsaufgaben - sinkende Steuerungsfähigkeit des Rechts, Baden-Baden 1990, S. 217-249

*Schuppert, Gunnar Folke,* [Öffentliche Aufgaben, 1981]: Die Erfüllung öffentlicher Aufgaben durch verselbständigte Verwaltungseinheiten, Göttingen 1981

*Schuppert, Gunnar Folke,* [Steuerung, 1993]: Verwaltungswissenschaft als Steuerungswissenschaft. Zur Steuerung des Verwaltungshandelns durch Verwaltungsrecht, in: Hoffmann-Riem, Wolfgang/Schmidt-Aßmann,Eberhard/ Schuppert, Gunnar Folke (Hrsg.), Reform des Allgemeinen Verwaltungsrechts. Grundfragen, Baden-Baden 1993, S. 65-114

*Seidel, Eberhard/Redel, Wolfgang* (Hrsg.), [Führungsorganisation, 1987]: Führungsorganisation, München 1987

*Seibel, Wolfgang,* [Verwaltungsreformen, 1996/97]: Verwaltungsreformen, in: König, Klaus/ Siedentopf, Heinrich (Hrsg.), Öffentliche Verwaltung in Deutschland, Baden-Baden 1996/97, S.87-106

*Seiffert, Helmut/Radnitzky, Gerard,* [Wissenschaftstheorie, 1992]: Handbuch zur Wissenschaftstheorie, München 1992

*Sieben, Günter/Schildbach, Thomas,* [Entscheidungstheorie, 1994]: Betriebswirtschaftliche Entscheidungstheorie, 4., durchgesehene Aufl., Düsseldorf 1994

*Simon, Herbert A.,* [Behavior, 1957]: Administrative Behavior, 2. Aufl., New York 1957

*Simon, Herbert A.,* [Models, 1957]: Models of Man, New York 1957

*Simon, Herbert A.,* [Decision, 1970]: The New Science of Management Decision, in. Cyert, C.A./Welsch, (eds.), Management Decision Making, Harmondsworth 1970, S. 13-29

*Simon, Herbert A.,* [Entscheidungsverhalten, 1982]: Entscheidungsverhalten in Organisationen. Eine Untersuchung von Entscheidungsprozessen in Verwaltung und Management, Übers. d. 3., stark erw. u. mit e. Einf. vers. amerikan. Aufl., Landsberg am Lech 1982

*Staak, Magnus,* [Entscheidungsstrukturen, 1988]: Der Einfluß sozialstaatlicher Tendenzen auf die Entscheidungsstrukturen der öffentlichen Verwaltung, in: Thieme, Werner (Hrsg.), Veränderungen der Entscheidungsstrukturen in der öffentlichen Verwaltung, Baden-Baden 1988, S. 29-56

*Staatskanzlei Rheinland-Pfalz,* [Führungsfunktionen, 1995]: Führungs-funktionen auf Zeit. Dokumentation eines Expertengesprächs, in: Voran, Schriften zur Verwaltungsmodernisierung in Rheinland-Pfalz, Heft 1/1995

*Staehle, Wolfgang H.,* [Management, 1994]: Management. Eine verhal-tenswissenschaftliche Perspektive, München 1994

*State Services Commission,* [Public Service, 1994]: New Zealand Public Service Chief Executives' Competencies, Wellington, 1994.

*Stehle, Willi,* [Biographische Fragebogen, 1990]: Biographische Fragebo-gen in: Sarges, Werner, (Hrsg.), Management-Diagnostik, Göt-tingen 1990, S. 416-420

*Steinkemper, Bärbel,* [Bürokraten, 1975]: Klassische und politische Büro-kraten in der Ministerialverwaltung der Bundesrepublik Deutschland, Köln 1975

*Stewart, John/Ranson, Stewart,* [Public Domain, 1994]: Management in the Public Domain, in: Mckevitt, David/Lawton, Alan (eds.), Public Sector Management. Theory, Critique and Practice, London 1994, S. 54-70

*Stöbe, Sybille/Brandel, Rolf,* [Bezirksregierungen, 1996]: Die Zukunft der Bezirksregierungen. Modernisierungsperspektiven für die staatli-che Mittelinstanz, Berlin 1996

*Streufert, Siegfried,* [Complex Decision Making, 1970]: Complexity and Complex Decision Making: Convergences between Differentia-tion and Integration Approaches to the Prediction of Task Per-formance, in: Journal of Experimental Social Psychology, No. 6/1970, S. 494-509

*Streufert, Siegfried/Swezey, Robert W.,* [Complexity, 1986]: Complexity, Managers and Organizations, Orlando 1986

*Streufert, Siegfried/Nogami, Glenda Y.,* [I/O Psychology, 1989]: Cognitive Style and Complexity: Implications for I/O Psychology, in: In-ternational Review of Industrial and Organizational Psychology, 1989, S. 93-143

*Sturm, Roland,* [Großbritannien, 1991]: Großbritannien. Wirtschaft, Ge-sellschaft, Politik, Opladen 1991

*Taggart, William/Robey, Daniel,* [Dual Nature, 1981]: Minds and Managers: On the Dual Nature of Human Information Processing and Management, in: Academy of Management Review, Vol. 6, No. 2/1981, S. 187-195

*Teufel, Gerhard,* [Führungsakademie, 1989]: Die Führungsakademie des Landes Baden-Württemberg. Bericht über das erste Ausbildungsprogramm, in: Verwaltungsarchiv, 79/1988, S. 85-95.

*Thieme, Werner* (Hrsg.), [Entscheidungsstrukturen, 1988]: Veränderungen der Entscheidungsstrukturen in der öffentlichen Verwaltung, Baden-Baden 1988

*Thieme, Werner,* [Entscheidungen, 1981]: Entscheidungen in der öffentlichen Verwaltung, Köln 1981

*Thieme, Werner,* [Entscheidungstheorie, 1979]: Entscheidungstheorie und Entscheidungsfähigkeit, in: Verwaltung unnd Fortbildung (VuF), 7. Jahrg., 3/1979, S. 97-107

*Thieme, Werner,* [Verwaltungslehre, 1984]: Verwaltungslehre, 4., erw. und völlig neubearb. Aufl., Köln 1984

*Thom, Norbert* (Hrsg.), [Management, 1989]: Management im Wandel. Freiburger Gespräche 87/88 zu den Themen „Anforderungen an die Manager der 90er Jahre" und „Wirtschaft und Ethik", Hamburg 1989

*Tietgens, Hans,* [Erschließungskompetenz, 1989]: Von den Schlüsselqualifikationen zur Erschließungskompetenz, in: Petsch, Hans-Joachim/Tietgens, Hans, Allgemeinbildung und Computer, Bad Heilbronn, 1989, S. 34-43

*Voigt, Rüdiger* (Hrsg.), [Recht, 1986]: Recht als Instrument der Politik, Opladen 1986

*Voigt, Rüdiger,* [Steuerungsinstrument, 1986]: Grenzen rechtlicher Steuerung. Zur Brauchbarkeit des Rechts als Steuerungsinstrument, in: Voigt, Rüdiger (Hrsg.), Recht als Instrument der Politik, Opladen 1986

*Wagener, Frido,* [Regierungsbezirke, 1982]: Die Regierungsbezirke im Gesamtaufbau der Verwaltung, in: Verwaltungsarchiv, Heft 4/1982, S. 153-166

*Wahl, Rainer,* [Aufgabenabhängigkeit, 1993]: Die Aufgabenabhängigkeit von Verwaltung und Verwaltungsrecht, in: Hoffmann-Riem, Wolfgang/Schmidt-Aßmann,Eberhard/ Schuppert, Gunnar Folke (Hrsg.), Reform des Allgemeinen Verwaltungsrechts. Grundfragen, Baden-Baden 1993, S. 177-218

*Weinert, Ansfried B.,* [Organisationspsychologie, 1987]: Lehrbuch der Organisationspsychologie. Menschliches Verhalten in Organisationen, 2., erw. Aufl., München 1987

*Wendelmann, Gerhard,* [Verwaltungsmodernisierung, 1995]: Der Bochumer Weg zur Verwaltungsmodernisierung, in: *Hill, Hermann/Klages, Helmut* (Hrsg.), Lernen von Spitzenverwaltungen. Eine dokumentation des 2. Speyerer Qualitätswettbewerbs 1994, Berlin 1995, S. 123-160

*Wiese, Walter,* [Beamtenrecht, 1979]: Beamtenrecht. Handbuch des öffentlichen Dienstes, Bd. 2, Teil 1, Köln 1979

*Willke, Helmut,* [Staat, 1983]: Entzauberung des Staates. Überlegungen zu einer sozietalen Steuerungstheorie, Königstein/Ts. 1983

*Witkin, Hermann A.,* [Cognitive Style, 1969]: Some implications of research on cognitive style for problems of education, in: Gottsegen, Gloria B./Gottsegen, Monroe G., (Hrsg.), Professional School Psychology, Vol. III, New York 1969, S. 198-227

*Witkin, Hermann A./Goodenough, Donald R.,* [Cognitive Styles, 1982]: Cognitive Styles. Essence and Origins, 2. Aufl., New York 1982

*Witt, Ralf,* [Schlüsselqualifikationen, 1990]: Schlüsselqualifikationen als Inhaltsproblem, in: Reetz, Lothar/Reitmann, Thomas (Hrsg.), Schlüsselqualifikationen: Fachwissen in der Krise?, Hamburg 1990, S. 91-118

*Wunderer, Rolf* (Hrsg.), [Managementlehre, 1985]: Betriebswirtschaftslehre als Management- und Führungslehre, Stuttgart 1985

*Zabeck, Jürgen,* [Kritik, 1989]:" Schlüsselqualifikationen" - Zur Kritik einer didaktischen Zielformel, in: Wirtschaft und Erziehung, 41. Jg., Heft 3/1989, S. 77-86999

*Zimbardo, Philip G.,* [Psychologie, 1983]: Psychologie, 4. überarb. Auflage, Berlin 1983